BERNARD JAKOBY

WIR SEHEN UNS WIEDER!

Visionen in Todesnähe
und Kontakte mit Verstorbenen

nymphenburger

INHALT

EINLEITUNG

In dieser Welt, die von Kriegen beherrscht ist und wo der Klimawandel äußerst bedrohliche Formen annimmt, ist die Menschheit wie nie zuvor mit Ängsten aller Art konfrontiert, insbesondere mit der Angst, ausgelöscht zu werden, also der Angst vor dem Tod schlechthin. Trotz allem wird das Thema nach wie vor tabuisiert. Es ist nicht leicht, sich mit unserer vermeintlichen Endlichkeit auseinanderzusetzen.

Da der Gedanke an den Tod verdrängt wird, sind viele Menschen überfordert, wenn ein enger Angehöriger stirbt. Sie wissen nicht mit der Situation umzugehen, noch erkennen sie die inneren Vorgänge im Sterben. Wer sich noch nie mit der Realität des Todes beschäftigt hat, kann Hilflosigkeit, gar Panik empfinden.

Mit diesem Buch möchte ich das Thema wieder an die Öffentlichkeit bringen, mit der Botschaft: Man braucht den Tod nicht zu fürchten, weder den eigenen, noch den unserer Lieben. Und: „Wir sehen uns wieder!" Ich möchte den Leserinnen und Lesern konkrete Handreichungen geben, die helfen sollen, mit den Phänomenen, die im Sterben auftreten, umzugehen.

Es zeigt sich, dass wir in einen weitaus höheren Sinnzusammenhang eingebunden sind. Wer versteht, dass wir ewige geistige Wesen sind, wird sich getröstet fühlen. Wer die Herausforderung eines Verlustes annehmen kann, wie er ist, vermag zu erkennen, dass wir keine Angst haben brauchen vor den Wechselfällen des Lebens, da keine Seele jemals verloren gehen kann.

Neben der konkreten Schilderung des inneren Sterbeprozesses fokussiert dieses Buch sich auf eine Vielzahl von relativ unbekannten Phänomenen in Todesnähe. Kurz vor dem Tod haben viele Sterbende sogenannte Sterbebettvisionen, in denen sich ihr Bewusstsein erweitert, was zu außersinnlichen Wahrnehmungen führt. Sie erblicken verstorbene Angehörige, die sie in Empfang nehmen wollen. Dabei sind die Erlebenden bei völlig klarem Bewusstsein und haben Zugang zur physischen Welt wie auch zu einer anderen Dimension. Diese Visionen sind Vorboten des Todes und lösen oftmals die Ängste der Sterbenden vor diesem auf.

Die meisten Menschen wissen nur wenig oder gar nichts über diesen inneren Sterbeprozess und die Visionen der Sterbenden. Das Wissen darum kann dazu beitragen, bei den Angehörigen Unsicherheiten und Ängste zu überwinden.

Nahtoderfahrungen und die vielfältigen Phänomene in Todesnähe zeigen eindeutig auf, dass wir es mit einer jenseitigen Wirklichkeit zu tun haben. Besonders die Nahtoderfahrungen sind in den vergangenen fünfzig Jahren Gegenstand zahlloser Studien geworden, mit der übereinstimmenden Erkenntnis, dass Bewusstsein unabhängig vom Körper existiert.

Die vielen dokumentierten Fälle, aus denen ich zitiere, sind der Beweis, dass der Tod in Wirklichkeit ein Wandlungsprozess in ein erweitertes Bewusstsein geistiger Freiheit und Liebe ist.

Auf ein wenig bekanntes Phänomen möchte ich auch in diesem Buch eingehen: die gemeinsame Todeserfahrung. Dabei werden begleitende Angehörige in den Sog der Ablösung der Seele miteinbezogen, erleben Außerkörperlichkeit, sehen das Licht und erhalten Einblicke in himmlische Welten – all das und mehr in der Begleitung der soeben Verstorbenen. Die geteilte Todeserfahrung wird wie eine Nahtoderfahrung erlebt, wobei die Erlebenden sich nicht in Todesnähe befunden haben. Die Auswirkungen resultieren wie bei Nahtoderfahrungen in Persönlichkeitsveränderungen.

In den letzten Jahren sind zahlreiche umfangreiche Studien über Begegnungen mit Verstorbenen veröffentlicht worden. Das wirft einen neuen Blick darauf, dass wir im Hier und Jetzt nicht von den Verstorbenen getrennt sind. Diese können sehr wohl an unserem Leben nach wie vor teilnehmen. Nachtodkontakte werden tagtäglich überall auf der Welt millionenfach erlebt. Ob durch Gegenwartsempfinden, Geruchswahrnehmungen, Erscheinungen oder in Träumen von Verstorbenen – all das verweist darauf, dass Verstorbene durch ihre Präsenz darauf aufmerksam machen, dass sie nach wie vor um uns sind und wir sie wiedersehen werden.

Dass die geistige Welt unsere Realität durchdringt, wird auch durch Medien bestätigt. Wir können durch ein Medium mit Verstorbenen kommunizieren. Seit Jahrzehnten wurden Medien und ihre Botschaften wissenschaftlich untersucht. Der Grad der Genauigkeit ihrer Aussagen verweist darauf, dass das Überleben des Bewusstseins die einzig gültige Erklärung dafür ist.

In einem Kapitel „Liebe zwischen den Welten" lesen Sie von der außergewöhnlichen Kontaktaufnahme eines Verstorbenen über 30 Jahre nach dem Tod. Die Vielzahl der unterschiedlichen Zeichen seiner Gegenwart, die bis heute anhalten, ist sehr aufschlussreich und ungewöhnlich.

In einem abschließenden Kapitel finden Sie Gedichte, Meditationen, Anregungen für die Sterbebegleitung und die Begleitung Trauernder und Gedichte, die hilfreich für das Abschiednehmen sein können – für den Sterbenden ebenso wie für die Angehörigen.

KAPITEL 1

STERBEN ALS UNIVERSELLES GESCHEHEN

Die große Herausforderung unseres Lebens ist die Auseinandersetzung mit unserer Sterblichkeit. Sterben bedeutet von außen gesehen das Ende des Körpers und des persönlichen Lebens auf der Erde. Gleichsam ist der Tod ein Übergang in einen neuen Anfang. Wir kehren zu unserem göttlichen Ursprung zurück, eines feinstofflichen Energiefeldes, das alles Sein durchdringt. Sterben ist eine Transformation in eine andere Form des Seins.

In Wirklichkeit stirbt nur der physische Körper, die Seele aber existiert weiter. Menschen auf der ganzen Welt berichten über ihre Erfahrungen und Einblicke in andere Dimensionen, in denen ihnen Verstorbene begegnen, und sie erleben immense Bewusstseinserweiterungen in das Herz der Schöpfung. All das wird in den Sterbebettvisionen, durch Nahtoderfahrungen oder empathische Todeserlebnisse immer wieder erlebt.

Das wird durch die Begleitung von Sterbenden bestätigt, denn auch im Sterbeprozess treten diese Phänomene immer wieder auf.

Durch die langsame Loslösung der Seele vom Körper öffnet sich ein Tor in die uns stets umgebende geistige Welt. Für Begleitende bedeutet das, offen zu sein für das geistige Wandlungsgeschehen, da im Sterben ein transzendenter Zustand erfahrbar wird. Es bedarf eines ganzheitlichen Ansatzes eines Begleiters, um den Sterbeprozess zu durchschauen und die Metamorphose der Ablösung der Seele zu verstehen.

Der Tod ist nicht das Gegenteil des Lebens. Das Leben an sich ist immer mit dem göttlichen Urgrund verbunden, ohne Anfang, ohne Ende, unbegreiflich, unendlich. Alles Sichtbare und Unsichtbare, die Vielfalt im Einzelnen, sowie alle verschiedenen Dimensionen haben ihre Quelle in und aus dem absoluten Sein Gottes. Das ist immerwährendes Leben. Leben ist immer und überall – nur die Ausdrucksformen verwandeln sich.

Die Transzendenzerfahrungen der Sterbenden bergen eine unsichtbare Größe in sich, die dem Göttlichen zuzuschreiben sind. Der Sterbende tritt in eine höhere, erweiterte Erfahrung des ewigen Lebens ein.

DER INNERE STERBEPROZESS

Das finale Sterben setzt ein, wenn sich die Wahrnehmung einstellt, dass der Sterbende am Ende seiner Kräfte ist. Seine Lebensenergie nimmt deutlich ab. Das zeigt sich auch darin, dass er auf die Hilfe anderer angewiesen ist. Der Sterbende kann keine Dinge mehr festhalten oder eigenständig aufstehen. Durch die langsame Loslösung der Seele vom Körper erlebt er veränderte und erweiterte Bewusstseinszustände. So mancher kann damit gut umgehen, andere wiederum haben Angst und widersetzen sich. Sie spüren den nahenden Tod und entwickeln Gegenwehr und Widerstand. Dabei ist es für Begleitende wichtig, den Sterbenden dabei zu unterstützen, seinen bevorstehenden Tod zu akzeptieren.

Der Sterbende bekommt alles mit, was um ihn herum geschieht. Er ist geistig wacher als je zuvor und nimmt durch den erweiterten Bewusstseinszustand alle Gedanken, Gefühle und Gespräche der Anwesenden wahr. Das ist unabhängig davon, ob sich der Sterbende im Koma, im Wachbewusstsein oder in Bewusstlosigkeit befindet.

Mitfühlende Unterstützung ist wichtig und macht das Sterben leichter. Als Begleitende werden wir Zeugen des geistigen Wandlungsgeschehens. Der Sterbende verfügt über ein inneres Wissen von seinem bevorstehenden Tod. Deswegen sollte das Verleugnen des wahren Zustandes unterlassen werden wie auch alles Beschönigende. Mitgefühl, Dankbarkeit und Liebe sind erforderlich seitens der Angehörigen. Der Sterbende braucht unsere Unterstützung, um mit sich ins Reine zu kommen.

DIE LEBENSBILANZ

Im Sterbeprozess treten die Bilder unseres Lebens ungeschminkt an die Oberfläche des Bewusstseins. Es sind die unerledigten Dinge, mit denen der Sterbende sich auseinandersetzen muss. Es zeigt sich, dass nichts auf ewig verdrängt werden kann. Spätestens im Sterben sind wir mit uns selbst konfrontiert, und die Frage stellt sich, ob wir Liebe gegeben haben oder eher nicht. Wenn sich zu viel Unversöhntes angehäuft hat, gestaltet sich der Prozess umso schwieriger. Wenn wir schon im Hier und Jetzt unsere Probleme und Konflikte auflösen würden, bräuchten wir das Sterben nicht zu fürchten.

Für die Sterbebegleitung ist es wichtig, zuhören zu können und nicht zu werten. Für den Sterbenden ist es notwendig, allen Ballast, der auf seiner Seele liegt, aussprechen zu können. Dabei kommen so manche Dinge an die Oberfläche, von denen Angehörige nichts geahnt haben. Die Äußerungen des Sterbenden

sollten niemals persönlich genommen werden, da der Sterbende nun seine Wahrheit zum Ausdruck bringt.
Die Auseinandersetzung mit den eigenen Schwächen und Fehlern führt bei vielen noch kurz vor dem Tod zu dem Wunsch nach Aussöhnung und Aussprache, damit das Leben zu einem friedlichen Abschluss geführt werden kann. Wer Unrecht getan hat und das erkennt, wünscht sich Vergebung.

„Ein Mann hatte über 20 Jahre seine einzige Tochter verstoßen, da sie mit einer anderen Frau zusammenlebte. Das konnte er nicht tolerieren. Er lag schon längere Zeit im Sterben und er war sehr unruhig und wirkte bedrückt. Die Sterbebegleiterin sprach ihn an, ob er noch etwas zu erledigen habe? Er äußerte den Wunsch, ob wir nicht seine Tochter Petra benachrichtigen könnten, da er dringend noch einmal mit ihr sprechen müsse. Der Mann hatte erkannt, dass er sich um die Beziehung zu seinem einzigen Kind durch seine Vorurteile gebracht hatte. Wir riefen Petra an und sie war einverstanden, ihren Vater zu besuchen. Wenige Tage später kam sie, und die beiden sprachen sich tränenreich aus. Der Mann bat inständig um Vergebung und sie wurde ihm gewährt. Wenige Stunden später verstarb er friedlich.“

Im Zusammenhang mit Aussöhnung und Vergebung kommt es immer wieder zu einem häufig auftretenden Phänomen: Wenn der Sterbende weiß, dass eine gewünschte Person, mit der er sich aussprechen möchte, ihn besuchen wird, kann er selbst in kritischen Situationen seinen Sterbeprozess so lange anhalten, bis es zu dieser Aussprache kommt. So wichtig ist Versöhnung.

Es ist überaus wichtig für den Sterbenden, dass er seine Gefühle offen zum Ausdruck bringen kann. Deswegen ist es wichtig, vorurteilsfrei zuhören zu können. Die Konfrontation mit dem Unerledigten ist eine Phase aufbrechender Emotionen zwischen Angst und Wut, aber auch Liebe und Dankbarkeit. Die damit verbundenen Ängste müssen durchschritten werden, um in die Akzeptanz des bevorstehenden Todes zu gelangen. Das allein bringt Frieden. Diese Prozesse können wir dem Sterbenden nicht abnehmen, wir können nur mitfühlend für ihn da sein.

STERBEBETTVISIONEN

Wenige Tage oder Stunden vor dem Tod wird das Phänomen der Sterbebettvisionen von Begleitenden überall auf der Welt wahrgenommen. Wenn der Tod nahekommt, nehmen Sterbende durch den erweiterten Bewusstseinszustand vorangegangene Angehörige oder Freunde wahr, die gekommen sind, um den Sterbenden in Empfang zu nehmen. Es zeigt sich, dass sie sich vorübergehend in einer anderen, für uns unzugänglichen und unsichtbaren Dimension befinden. Diese Phänomene werden bei klarem Bewusstsein erlebt. Viele wissen nicht, dass es sich um einen natürlichen Bestandteil des Sterbeprozesses handelt. Obwohl diese Dinge weit verbreitet sind, wird das Thema der Sterbebettvisionen in der Öffentlichkeit nicht angesprochen. Dieser Thematik möchte ich in diesem Buch ein breites Forum schaffen.

DU DARFST JETZT GEHEN!

Da sich das Bewusstsein durch die Loslösung der Seele vom Körper immer mehr erweitert bzw. die Seele unabhängig vom Körper auf Reisen gehen kann, spürt der Sterbende verstärkt den

Schmerz, den Kummer und das Festhaltenwollen der Angehörigen. Er weiß genau, ob jemand bereit ist, ihn gehen zu lassen. Deswegen sterben viele Menschen, wenn Begleitende den Raum nur kurz verlassen. Der Sterbende braucht Ruhe und Frieden, um seinen Übergang in die andere Dimension des Seins zu vollziehen. Nicht-loslassen-Können macht das Sterben schwerer. Der Sterbende kann den Zeitpunkt seines Übergangs ab einem bestimmten Punkt selbst wählen. Es kann natürlich auch sein, dass er unbedingt in der Gegenwart eines bestimmten Menschen hinübergehen will. Dann wird er versuchen, das herzustellen.

Angehörige sollten wissen, dass sich ein Sterbender genauso viele Gedanken macht um die Hinterbliebenen, wie sich Angehörige fragen, wie es wohl nach seinem Tod weitergeht. Durch Akzeptanz und Verständnis für das Sterben machen wir es ihm leichter. Deswegen sollte in diesem Gesamtzusammenhang der einfache Satz „Du darfst jetzt gehen" ausgesprochen werden. Dadurch findet der Sterbende seinen Frieden.

Wenn der Tod kurz bevorsteht, ist es wichtig, unnützes Tun und Hektik zu unterlassen. Wir sollten uns darüber bewusst sein, dass nichts mehr getan werden kann. Weder macht es Sinn, das Bett ständig aufzuschütteln oder ihn noch mit Essen zu traktieren. Wir können jetzt nur noch mitfühlend und unterstützend da sein. Dann stellen sich Ruhe und Frieden ein. Wenn Angehörige das zulassen können, werden sie die Präsenz einer höheren geistigen Macht im Raum spüren. Im Sterben werden ungeheure Energien freigesetzt, bis sich die Seele endgültig vom Körper lösen kann.

DAS LETZTE AUFGEBOT DER PHYSISCHEN RESERVEN

Sterbende nehmen oft schon viele Wochen vor dem Tod keine Nahrung mehr zu sich und irgendwann verweigern sie auch jegliche Flüssigkeitszufuhr, weswegen von Begleitern der Mund befeuchtet wird. Diese Auszehrung am Ende des Sterbeprozesses ist ein natürliches Geschehen. Wichtig zu wissen ist, dass mit zunehmendem Verfall Hunger und Durst verschwinden, eine barmherzige Einrichtung der Natur.

Dennoch kann am Ende des Sterbeprozesses ein plötzliches Aufblühen der Körperkräfte beobachtet werden. Eine plötzliche Bewusstseinsklarheit kann sich einstellen. Selbst Patienten, die schon länger nicht mehr bei Bewusstsein waren, öffnen ihre Augen und sind klar. Dieses Aufblühen verunsichert viele Angehörige, da sie sich das nicht erklären können. Fälschlicherweise wird das mitunter für eine Verbesserung des Zustandes gehalten.

DER AUGENBLICK DES TODES

Im Augenblick des Todes kommen alle Körperfunktionen zur Ruhe und das Ende des Sterbeprozesses durch den letzten Herzschlag und den letzten hörbaren Atemzug setzt ein. Die feinstoffliche Silberschnur, die Körper und Seele zusammengehalten hat, zerreißt. Die Seele kann nun nicht mehr in den Körper zurück. Der Eindruck stellt sich ein, nur noch eine leere Hülle vor sich zu haben. Das, was den individuellen Menschen ausgemacht hat – seine Seele, sein Bewusstsein, seine Ausstrahlung oder seine spezifische Energie – ist nicht länger im Körper. Der Verstorbene empfindet sich als ganz und heil und jeglicher Schmerz ist verschwunden. Er geht über in eine andere Form des Seins und alle Begrenzungen durch den Körper sind aufgehoben. Der Verstorbene nimmt alles wahr, was sich im Umfeld seines Todes ereignet. Seine Präsenz kann im Raum noch deutlich gespürt werden.

DIE ABLÖSUNG DER ELEMENTE AUS SPIRITUELLER SICHT

Geistig betrachtet sind Geburt und Tod die zwei bedeutsamsten Übergänge: ins Leben hinein und aus dem Erdenleben hinaus. Die wahre Bedeutung dieser Ereignisse ist nur vor dem Hintergrund zu verstehen, dass wir ewige geistige Wesen sind. Viele Kulturen verstehen den Tod als den Übergang in eine erweiterte, multidimensionale Dimension, aus der wir kommen und in die wir nach dem irdischen Tod zurückkehren. Sterben ist ein Naturgesetz und durchläuft in Phasen alle Elemente: Erde, Wasser, Feuer, Luft. Das ist konkret der Prozess der Loslösung der Seele vom Körper, wobei die Waage zwischen Leben und Tod zu schwingen beginnt.

Wenn sich das **Erdelement** auflöst, hat der Sterbende kaum noch Energie, den Körper aus eigener Kraft zu bewegen. Die Muskulatur baut langsam ab, wodurch die Lebenskräfte weniger werden. Der Sterbende verliert seine Erdung, das Verhaftetsein mit dem Körper. Viele wissen, dass sie bald sterben werden. Es stellt sich die Frage, wie stark der Lebenswille noch ist. Es gibt nur zwei Wahlmöglichkeiten: den Körper zu verlassen oder am Leben zu bleiben. Die Wahrnehmung des Sterbenden verändert sich. Möglicherweise spürt er die Präsenz von geistigen Wesen im Raum. Nicht jeder kann mit diesen gänzlich neuen Erfahrungen umgehen und es plagen Ängste und Zweifel. Andere sprechen von dem Gefühl, in den Boden zu versinken. Wichtig in dieser Phase ist es, dem Sterbenden zu vermitteln, dass er nicht alleine ist.

Der Verlust der Kontrolle über den Körper kann zu einer Auflehnung gegen das Sterben führen. Viele wollen das Bett verlassen, stöhnen oder schreien und nutzen jede Möglichkeit zur Gegenwehr. Durch die Auflösung des Erdelements fühlen Sterbende Wärme in sich aufsteigen und bitten darum, dass Decken weggenommen werden.

Der Schleier zwischen Diesseits und Jenseits beginnt sich zu lichten und die Seele beginnt mit der Loslösung vom Körper, was zu einem erweiterten Bewusstseinszustand führt. Jetzt beginnt die aktive Sterbephase, die für viel innere Unruhe sorgt. Jetzt ist es besonders wichtig, für den Sterbenden da zu sein. Wenn sich das **Wasserelement** auflöst, verliert der Sterbende die Kontrolle über seine Körperflüssigkeiten. Mund, Nase und Augen trocknen aus. Manche weinen oder können ihre Ausscheidungen nicht mehr kontrollieren. Das äußere Sehen lässt nach, wie auch der Geruchssinn verloren geht. Oft sind gurgelnde Geräusche aus der Kehle oder der Lunge zu hören. Der Sterbende hat die Kontrolle über seinen Verstand und sein Leben verloren. Innere Bilder tauchen auf und viele möchten mit sich ins Reine kommen. Der Sterbende kann ein inneres Empfinden haben, als ob er am eigenen Wasser in der Lunge ertrinkt. Begleitende sollten dem Sterbenden versichern, dass er bald nur noch von Liebe umgeben sein wird. Der Körper wird durchlässig und verliert seine Begrenztheit. Wir können den inneren Wandel, die Geburt in die geistige Welt, wahrnehmen. Angst und Widerstand gegen den Tod können den Prozess in die Länge ziehen. Dieser Ablösungsprozess ist ein völlig natürliches Geschehen, das von der Natur so eingerichtet ist.

Wenn sich das Wasserelement in das **Feuerelement** auflöst, verschwindet die Wärme. Sie zieht sich von den Füßen immer weiter nach oben in Richtung Herz zurück. Das löst Ängste aus, manche sind ärgerlich und äußern, dass sie das Gefühl haben, innerlich zu verbrennen. Es kann keine Flüssigkeit mehr zu sich genommen werden, die Beherrschung der Muskeln setzt aus, bis schließlich die Verdauung versagt. Die Bilder des Lebens treten an die Oberfläche des Bewusstseins.

Gleichzeitig tauchen immer mehr Zeichen aus der Jenseitswelt auf. Der Sterbende sieht vorangegangene Verstorbene, greift vielleicht danach. Diese Visionen sind keine Halluzinationen, sondern Schauungen einer anderen Dimension.

Am Ende des Sterbeprozesses verlässt das **Luftelement** den Körper. Das Atmen wird mühsamer und unruhiger, das Ausatmen länger. Es setzt eine Schnappatmung ein, wodurch der Eindruck entsteht, als sei der Betroffene bereits gestorben. Das Atmen besteht nur noch aus einem kleinen Luftschnappen dann und wann. Durch die Auflösung der Elemente verlässt die Lebenskraft, die Seele, nun endgültig den Körper. Das ist dann der Augenblick des Todes. Alle Körperfunktionen kommen zur Ruhe.

Die Ablösung der Elemente ist äußerlich wahrnehmbar und sichtbar. Sie wurde durch die Jahrtausende überliefert und beschrieben, vor allem im Tibetischen Totenbuch. Dort finden wir konkrete Aussagen über diesen Prozess, wie auch im Ägyptischen und Keltischen Totenbuch. Das ist ein universelles Geschehen, das davon abhängig ist, inwieweit das Unerledigte bearbeitet worden ist oder nicht.

Bei einigen verläuft dieser Prozess sehr schnell, wobei die einzelnen Phasen der Ablösung der Elemente kaum noch unterschieden werden können. Bei anderen zieht sich der Ablösungsprozess über Tage oder Stunden hin. Das alles verweist darauf, dass der Sterbeprozess kulturübergreifend und unabhängig von Religionen ein universelles Geschehen ist, das auf der ganzen Welt ähnlich erlebt wird.

KAPITEL 2

DAS PHÄNOMEN DER STERBEBETTVISIONEN

Unter der Bezeichnung Sterbebettvisionen werden die außersinnlichen Wahrnehmungen Sterbender verstanden. Sie erleben eine Überschreitung der Grenzen des Alltagsbewusstseins und öffnen sich der uns stets umgebenden geistigen Welt. Die Visionen der Sterbenden wurden in den letzten Jahren vielfältig wissenschaftlich untersucht. Sie sind deutliche Hinweise auf das, was uns jenseits des Irdischen erwartet: Sterben ist ein Übergang in eine andere Form des Seins, in ein Leben nach dem Tod.

Sterbende berichten davon, dass sie verstorbene Angehörige oder Freunde sehen, die sie abholen wollen. Derartige Visionen treten meist wenige Tage oder Stunden vor dem Tod auf. Sterbende kommunizieren mit den Wesen, die vom Klinikpersonal oder den Angehörigen meistens nicht gesehen werden. Manchen erscheint das Licht oder ein Lichtwesen. Auch Engel werden wahrgenommen. Die Phänomene treten bei vollem, klarem Bewusstsein auf und sind ein integraler Bestandteil des Sterbeprozesses.

Obwohl Sterbebettvisionen sehr häufig vorkommen und vor allem durch die hospizliche Sterbebegleitung in den letzten Jahrzehnten häufig beobachtet worden sind, sind diese Phänomene einer breiten Öffentlichkeit wenig bekannt. Es besteht ein eigentümliches Schweigen darüber, wie wir es auch bei den Nahtoderfahrungen immer wieder feststellen müssen. Das Wissen darüber, was mit uns geschieht, wenn wir sterben, ist trotz der zahlreichen Studien nicht wirklich in der Öffentlichkeit angekommen. Sterbebettvisionen wie auch Nahtoderfahrungen ermöglichen Einblicke in das Leben nach dem Tod. In beiden Fällen begegnen sie verstorbenen Angehörigen, erblicken jenseitige Landschaften und sind umgeben von Lichtwesen. Derartige jenseitige Szenarien sind von der wissenschaftlichen Sterbeforschung millionenfach auf der ganzen Welt dokumentiert worden. Wir wissen mehr über Todeserfahrungen als jemals zuvor. Dieses Wissen kann dabei behilflich sein, die Grundangst des Menschen vor dem Tod aufzulösen.

Es ist sehr auffällig, dass bei großen medizinischen Kongressen oder Konferenzen über Hospizarbeit, Palliativversorgung oder den Bedürfnissen Sterbender nur sehr selten über Sterbebettvisionen die Rede ist und was sie eigentlich bedeuten. Sie werden in zahlreichen Publikationen als Erfahrungen mit der unsichtbaren Welt beschrieben, werden aber häufig als unerklärliche Phänomene abgetan. Und doch sind diese Erlebnisse, in denen sich der Schleier zwischen dieser und der jenseitigen Welt auflöst, ein integraler Bestandteil des Sterbeprozesses.

Leider werden diese Phänomene im Bereich stationärer oder häuslicher Pflege, in Krankenhäusern oder Altenheimen häufig als Halluzinationen abgetan, die auf Schmerzmittel, Psychopharmaka, Fieber oder Sauerstoffmangel zurückgeführt werden. Oder sie werden durch andere Medikamente unterdrückt, da sie unerwünscht sind.

Sterbebettvisionen sind Vorboten des Todes, doch gleichzeitig nehmen sie den Sterbenden die Angst vor dem Tod. Dass es nach dem Tod in irgendeiner Weise weitergeht, ist ein jahrtausendealter, universeller Glaube, der im Gegensatz zur wissenschaftlichen Kultur des Westens steht, die unerschütterlich an der Endgültigkeit des Todes festhält.

Erfahrungen in Todesnähe belehren uns, dass verstorbene Angehörige uns in Empfang nehmen, und verweisen auf eine für uns unsichtbare geistige Welt. Von den Sterbenden werden sie als realer als real beschrieben. Es bestehen nicht die geringsten Zweifel an der absoluten Authentizität des Erlebten. Genauso werden die Einblicke ins Jenseits, die Begegnung mit Verstorbenen oder das Eintauchen in das allgegenwärtige Licht in den Nahtoderfahrungen beschrieben: als suprareale Erfahrung des Jenseits und Begegnungen mit Gott.

Diese Lebensenderfahrungen helfen den Sterbenden dabei, den nahenden Tod annehmen zu können, oft in freudiger Erwartung und Glückseligkeit. Sie haben ihren Frieden gefunden. Ein gewichtiger Beweis für diese Visionen ist, dass Menschen am Lebensende ausschließlich verstorbene Bezugspersonen wahrnehmen, niemals Lebende. Darüber hinaus ist auch immer von der Wahrnehmung von Personen die Rede, von denen die Sterbenden noch gar nicht wussten, dass sie gestorben sind, und was sich später als wahr herausgestellt hat.

Die Erlebenden sind bei klarem Bewusstsein. Deswegen können sie ihre Wahrnehmung den Begleitenden mitteilen. Sie haben einen gleichzeitigen Zugang sowohl zur physischen Realität wie auch zur geistigen Welt, die als wirklich erachtet wird. Diese Fähigkeit zeigt uns, dass die Sterbenden einen erweiterten Bewusstseinszustand erleben. Angehörige oder Begleitende nehmen zwar die Gesten wahr oder dass der Sterbende in eine bestimmte Ecke des Raumes starrt, können aber die Erscheinungen nicht sehen. Es kann auch zu gleichzeitigen Gesprächen mit einem Verstorbenen kommen, bei denen die Inhalte an die Begleitenden im Raum weitergegeben werden.

Die Visionen sind gewöhnlich von kurzer Dauer – wenige Sekunden oder einige Minuten. Es kommt auch vor, dass sich die Erscheinungen wiederholen oder sich auch mehrere Wesen bei dem Sterbenden aufhalten. Manche werden sogar durch den gesamten Sterbeprozess hindurch von Verstorbenen begleitet.

Ich möchte jetzt auf die unterschiedlichen Formen der Sterbebettvisionen mit ausgesuchten Beispielen eingehen, wie auch auf die spezifischen Träume am Lebensende, die häufig mit dem Wunsch nach Aussöhnung und Vergebung zu tun haben.

FORMEN DER VISIONEN STERBENDER

Es gibt unterschiedliche Formen von Sterbebettvisionen: Verstorbene Angehörige werden erblickt, andere haben tiefe Einblicke in die Jenseitswelt oder erleben Engelvisionen. Sterbende sprechen oft von überfüllten Räumen, d. h., sie erblicken gleich mehrere sie umgebende Verstorbene. Auch andere Phänomene können gleichzeitig wahrgenommen werden und treten selten gesondert auf, wie z. B. die Wahrnehmung von Licht und Klängen oder Visionen anderer Welten, auf die ich im Verlauf des Buches genauer eingehen werde.

Verstorbene Angehörige treten in Erscheinung

Gegen Ende des Lebens nehmen Sterbende Verstorbene wahr, die sie abholen wollen und kommunizieren mit ihnen. Diese visuellen Erscheinungen werden bei vollem und klarem Bewusstsein erlebt und nehmen die Angst vor dem Sterben. Diese Begegnungen werden als überaus real empfunden und helfen den Sterbenden, sich geliebt zu fühlen und inneren Frieden zu finden.

Es erscheinen vor allem nahestehende Angehörige, die für den Sterbenden von Bedeutung sind und mit denen sie eine starke emotionale Verbindung hatten.

Es ist an der Zeit, dass die Gesellschaft, Angehörige und Pflegepersonal eine offenere Haltung gegenüber diesen weit verbreiteten Phänomenen einnehmen. Es handelt sich dabei weder um Halluzinationen, noch sind die Visionen medikamenteninduziert. Diese außersinnlichen Wahrnehmungen sind ein natürlicher Bestandteil des Sterbeprozesses. Im Außen können wir als Begleitende das Einsetzen dieser Visionen daran erkennen, dass der Sterbende mit den Händen nach oben greift, als ob er sich auf etwas zubewegt. Er sieht etwas, was die Umstehenden nicht sehen können. Andere wirken total euphorisch, als ob sie etwas Wunderbares sehen. Manche starren wie gebannt in eine Ecke des Zimmers oder an die Decke, als ob dort jemand stehen würde.

Sterbende sprechen auch von überfüllten Räumen, erblicken zahlreiche Wesen im Raum und rufen nach bestimmten Verstorbenen. Wenn wir Zeuge derartiger Phänomene werden, sollten wir als Begleitende nicht die Hände ergreifen, die nach oben gerichtet sind, da wir dadurch nur die Visionen des Sterbenden stören. Die Sterbebettvisionen enthüllen dem Sterbenden, dass er bald sterben wird, dass er geliebt wird und nicht alleine ist. Die Allermeisten sterben kurz danach in Frieden. Oft sind die Augen geweitet und wirken wie von einem inneren Licht durchstrahlt. Susanne berichtete mir:

„Mein Vater lag schon längere Zeit im Sterben. Eines Morgens bemerkte ich, dass seine Augen wie von einem inneren Licht erleuchtet waren. Er lächelte fröhlich, richtete sich auf und hob die Hände, als ob er jemanden begrüßen wolle. Für mich war offensichtlich, dass seine längst verstorbene Mutter anwesend war. Er murmelte immer wieder: ‚Wie schön, Mama, dass du da bist.' Er wirkte glücklich und im Reinen mit sich wie lange nicht. Er starb wenig später mit einem Lächeln im Gesicht."

Eine Frau, die schon länger an einer auszehrenden Krebserkrankung litt, wurde zuhause von ihrer Tochter gepflegt. Diese erzählte mir:

„Eines Abends sagte meine Mutter, dass es ihr nicht gut gehe und dass sie bald an einem anderen, schöneren Ort sein werde. Sie habe ihren längst verstorbenen Vater gesehen, wie auch meine Schwester, die schon als kleines Kind verstorben war. Beide seien gekommen, sie in den Himmel zu begleiten. Ich war sprachlos über diese Enthüllung. Meine Mutter starb entspannt und friedlich in der kommenden Nacht. Dieses Erlebnis beschäftigt mich bis heute."

In den allermeisten Fällen ist die Begegnung mit einem Verstorbenen äußerst willkommen, da jegliche Ängste aufgelöst werden. Sie finden ihren Frieden und können loslassen.

Erlendur Haraldsson und Karlis Osis legten 1977 eine weltweite Studie über die Visionen Sterbender vor. *„Der Tod – Ein neuer Anfang?"* war eine interkulturelle Erforschung dieses Phänomens in Amerika wie auch in Indien. Das Ergebnis ihrer Forschungen lieferte wissenschaftliches Beweismaterial für ein Leben nach dem Tod. Die paranormalen Sterbebettvisionen wurden von Ärzten, Krankenschwestern und Begleitenden beobachtet und von diesen dem Forscherteam übermittelt.

Ihre Untersuchungen fanden zu einer Zeit statt, als Tod und Sterben noch mehr tabuisiert waren als heute. In einer diesseitig und skeptisch orientierten Welt, in der wir bis heute leben, war es sehr mutig, eine umfangreiche Feldforschung über derartige Phänomene zu betreiben, von denen die wenigsten Menschen überhaupt wissen. Die wohl wichtigste Erkenntnis ihrer Studien ist, dass der Tod nicht das Ende ist, sondern ein Übergang in eine höhere Form des Bewusstseins. Es zeigte sich, dass Sterbende sehr häufig Erscheinungen von verstorbenen Angehörigen erleben. Dazu nun einige prägnante Beispiele:

„Ein 65 Jahre alter Amerikaner, Krebspatient, schien klar und rational zu denken, aber er sah die andere Welt. Er schaute in die Ferne, dann pflegten ihm diese Dinge zu erscheinen und sie schienen für ihn völlig real zu sein. Er starrte dann gewöhnlich die Wand an, seine Augen und sein Gesicht leuchteten auf, als ob er jemanden sähe. Er erzählte von Licht und von Helligkeit. Er sah Menschen, die für ihn wirklich da zu sein schienen und sagte: ‚Das ist meine Mutter.' Nachdem es vorüber war, machte er mit ausgestreckten Händen Gebärden, schloss die Augen und schien sehr friedvoll zu sein." (1)

Hier haben wir geradezu den Prototyp einer Sterbebettvision. Der Mann befindet sich offensichtlich in einem erweiterten Bewusstseinszustand, der ihm erlaubt, in eine andere Dimension der Wirklichkeit zu schauen. Die anwesende Krankenschwester, die Haraldsson ihre Beobachtungen schilderte, sieht weder die Wesen noch das Licht. Der Eindruck lässt sich nicht verleugnen, dass der Sterbende tiefe Wahrnehmungen erlebt. Das Starren in eine Ecke des Raumes oder in eine Ferne ist der Ausdruck dafür. Letztlich sprach er davon, dass seine Mutter ihn erwartet. Vor seiner Vision sei der Mann voll Angst und Unruhe gewesen. Nach den Einblicken in die Jenseitswelt fand er seinen Frieden und konnte wenige Stunden später mit einem Lächeln auf dem Gesicht sterben.

Nach einer derartigen Vision zeigen Sterbende in einem hohen Maß Ruhe, Heiterkeit und Frieden. Sie stehen in totalem Kontrast zu Angst, Depression, Resignation oder Apathie, die mit dem Sterben verbunden sind. Ein 66-jähriger Geschäftsmann litt an einer äußerst schmerzhaften Infektion. Durch die Erscheinung seiner Ehefrau, die schon vor einigen Jahren gestorben war, wandelte sich sein Schmerz in Heiterkeit:

„Nun, es war ein Erlebnis, wie wenn er jemandem begegnete, den er sehr liebte. Er lächelte, richtete sich auf und streckte die Hände aus. Sein Gesichtsausdruck war voller Freude. Ich fragte ihn, was er sah. Er sagte, seine Frau stünde gerade dort und warte auf ihn. Es sah so aus, als ob dort ein Fluss wäre und sie auf der anderen Seite stehen und darauf warten würde, dass er herüberkäme. Er wurde sehr ruhig und friedlich, eine Heiterkeit religiöser Art. Er hatte auch keine Furcht mehr und starb einen sehr friedvollen Tod." (2)

Jenseitsbezogene Erscheinungen rufen Gefühle hervor, die mit der transzendenten Welt in Zusammenhang gebracht werden. Am auffälligsten ist ein damit verbundener Stimmungsumschwung des Sterbenden. Das zeigt sich in einer Veränderung des Gesichtsausdrucks, der als geradezu ekstatisch beschrieben wird, vergleichbar mit einer mystischen Schau.

Ich möchte an dieser Stelle betonen, dass Visionen am Lebensende in großer Zahl tagtäglich auf der ganzen Welt, in Krankenhäusern, Heimen oder Hospizen unabhängig von Religion und Kultur erlebt werden. Das haben interkulturelle Untersuchungen, die auf Befragungen des Klinik- oder Heimpersonals basieren, bestätigt.

Die jüngste groß angelegte Studie über Lebensenderfahrungen stammt von Dr. Peter Fenwick, in Zusammenarbeit mit seiner

Frau Elisabeth: *„Die Kunst des Sterbens – Warum die Seele offenbar weiterlebt und wie man sich schrittweise auf das Sterben vorbereitet"*. Das Buch erschien in einer deutschen Übersetzung erst Ende 2021, wobei die englische Fassung bereits 2008 publiziert wurde.

Fenwick und sein Team interviewten Pflegende, Ärzte, Angehörige, Palliativbetreuende etc. Dabei wird betont, dass es sich bei den Visionen der Sterbenden um spirituelle Erfahrungen handelt. Diese können dabei behilflich sein, mit seinem Leben ins Reine zu kommen und den Tod anzunehmen. Wer eine Erscheinung eines verstorbenen Angehörigen erlebt hat, findet Frieden.

Aufschlussreich sind auch die Erscheinungen von Verstorbenen, von denen der Sterbende zum Zeitpunkt der Vision noch gar nicht wusste, dass diese verstorben waren. David Kessler beschreibt in seinem Buch *„Am Ende ist da nur Freude – Was Sterbenden auf dem Weg ins Jenseits begegnet"* den Fall von Heather, einer langjährigen Krankenschwester, die den Tod ihrer Mutter beobachtete:

„An jenem Abend saßen meine ganze Familie und ich bei Mam. Sie war immer noch hellwach, atmete allerdings hörbar schwerer als sonst. Plötzlich sah sie auf und sagte: ‚Joseph ist gestorben. Warum hat mir das keiner gesagt?' Meine Schwester entgegnete ‚Mam, Daddy ist nicht tot, er ist immer noch in dem Pflegeheim […]. [Sie erwiderte:] ‚Joseph ist schon gekommen, sich zu verabschieden und er hat mir gesagt, dass ich bald bei ihm sein werde.' Wir schauten einander nur an, in dem stillen Einvernehmen, dass meine Mutter halluzinierte […]. Noch einmal wiederholte sie: ‚Nein, er ist nicht tot. Schau, da ist er doch!' Sie sah anscheinend durch uns alle hindurch und sagte dann: ‚Joseph, Du bist zurückgekommen, um mich abzuholen.' In diesem Augenblick winkten mir eine Krankenschwester und mein Cousin, ich solle kommen und im

Schwesternzimmer mit ihnen sprechen. Kaum standen wir vor der Tür, sagte Jackie: ‚Heather, ich weiß gar nicht, wie ich es Dir sagen soll, ich habe im Pflegeheim angerufen und Joseph ist tatsächlich vor einer Viertelstunde gestorben. Er hatte einen Herzinfarkt.' Mam starb zwei Tage danach." (3)

David Kessler war ein Schüler von Elisabeth Kübler-Ross und arbeitet bis heute aktiv in der Hospizarbeit und Sterbebegleitung. In ihrem Buch *„Kinder und Tod"* schildert Kübler-Ross eine äußerst eindrucksvolle Sterbebettvision eines Jungen. Denn auch Kinder haben am Ende einen Augenblick der Klarheit: Sie schlagen kurz vor ihrem Tod die Augen auf und können zusammenhängend sprechen. Sie sind still und von Frieden erfüllt, auch wenn sie vorher starke Schmerzen hatten. Elisabeth bat den Jungen, von seinen inneren Erfahrungen zu erzählen:

„‚Ja, jetzt ist alles gut. Mami und Peter warten schon auf mich', sagte der Junge. Mit einem zufriedenen leisen Lächeln glitt er in das Koma zurück und vollzog den Übergang, den wir Tod nennen. Ich wusste, dass seine Mutter am Unfallort gestorben war, aber Peter war nicht gestorben. Er war mit starken Verbrennungen in eine Spezialstation eines anderen Krankenhauses gebracht worden, weil das Auto Feuer fing, bevor man ihn aus dem Wrack befreien konnte. Da ich bloß Daten sammelte, akzeptierte ich die Information des Jungen und beschloss, nach Peter zu sehen. Es war jedoch nicht nötig, denn gleich darauf erreichte mich ein Anruf von einer anderen Klinik, um mich zu informieren, dass Peter vor einigen Minuten gestorben war." (4)

Jeder Sterbende, ob Kind oder Erwachsener, erwähnte stets, dass jemand ihn erwarte, der bereits verstorben war. In der Gesamtheit der heute ausgewerteten Sterbebettvisionen ist niemals von einer lebenden Person die Rede. Das klare Bewusstsein der Anwesenheit liebevoller Wesen, naher Verwandter oder Freunde, die gestorben waren, sind die häufigsten Wahrnehmungen auf dem Sterbebett. Darüber hinaus gibt es viele Erscheinungen oder Präsenzen von Wesen, von deren Tod sie nichts wussten. Hier noch ein weiteres einprägsames Beispiel, das Elisabeth Kübler-Ross aufgezeichnet hat:

„Ein Kind, das während einer äußerst kritischen Herzoperation beinahe gestorben wäre, erzählte seinem Vater, dass es von einem Bruder empfangen wurde, bei dem er sich sehr wohl gefühlt hatte. Es war, als hätten sie sich gekannt und das Leben miteinander verbracht. Sie hatte jedoch nie einen Bruder gehabt. Ihr Vater war vom Bericht seiner Tochter sehr bewegt und erzählte, dass sie sehr wohl einen Bruder gehabt hatte, der jedoch vor ihrer Geburt gestorben war." (5)

Visionen paradiesischer Welten und Lichtwesen

In manchen Visionen reisen die Sterbenden direkt in die jenseitige Welt, die als realer beschrieben wird als unsere Welt. Wie in den Nahtoderfahrungen ist das Jenseits durchdrungen von Liebe, Licht und Mitgefühl. Manche berichten von Begegnungen mit spirituellen Wesen oder bezeugen, dass der Himmel ein wunderschöner Ort sei.

Eine 55 Jahre alte Frau lag mit Krebs im Sterben. Die Krankenschwester beschreibt sehr eindrücklich ihre Wahrnehmnung des Sterbegeschehens:

„Sie sah offene Tore und hatte den Eindruck, dass sie zu einem Ort mit Blumen, Licht, Farben und einer Fülle von Schönheit gehen würde. Eine Stimme sagte: ‚Komm in meinen Garten.' Sie ärgerte sich über mich, da ich sie störte. Und beschuldigte mich, sie daran gehindert zu haben, an diesen Ort zu gehen. Ein Frieden kam über sie und sie wurde ruhiger und war nicht mehr so rastlos." (6)

Einblicke in jenseitige paradiesische Landschaften kommen nicht so häufig vor wie die Erscheinung von Verstorbenen. Dennoch existieren sie. Sie ähneln den Beschreibungen der Jenseitswelt in den Nahtoderfahrungen: Licht, wunderschöne Landschaften und mitunter begegnen die Sterbenden Gott oder anderen religiösen Figuren. Ebenfalls sprechen sie von der Intensität der Liebe im Licht. Derartige Visionen wirken sich positiv aus, denn sie fühlen sich geborgen und umsorgt.

Studien über Sterbebettvisionen zeigen auf, dass Christen eher Engel, Jesus oder die Gottesmutter Maria sehen, wohingegen Hindus den Gott des Todes, Yama, sehen, Krishna oder eine andere Gottheit. Ein hinduistischer Arzt berichtete folgenden Fall. Der Patient in diesem Beispiel war christlich getauft und stand vor seiner Entlassung:

„Plötzlich stellten sich bei ihm Schmerzen in der Brust ein. Als ich kam, sagte er mir, dass er sterben würde. Ich fragte, warum er so etwas sage. Daraufhin erzählte der Patient, wie er unmittelbar nach dem Einsetzen dieser Schmerzen in der Brust eine Vision gehabt habe, aber dennoch bei vollem Bewusstsein gewesen sei. Er sagte, dass er sich für ein paar Sekunden außerhalb dieser Welt gefühlt hätte. Dabei sah er Christus, wie

dieser langsam durch die Luft herabkam. Christus rief ihn und winkte ihm mit der Hand, dass er kommen solle. Dann verschwand Christus und der Patient war wieder ganz in der Wirklichkeit. Er sagte mir, dass er innerhalb von wenigen Minuten sterben würde. Er schien ganz glücklich und erklärte, dass damit nun sein Lebensziel erreicht wäre, weil Christus ihn gerufen hatte. Er verließ diese Welt ein paar Minuten später." (7)

Bei all diesen Erscheinungen oder Visionen der Sterbenden sollten wir nicht außer Acht lassen, dass die Erscheinungen dabei behilflich sind, den Übergang in eine andere Form des Seins ohne Angst zu erleben. Licht, Helligkeit, Schönheit wie auch das Hören himmlischer Musik beruhigen den Sterbenden. Sie erleben eine Stimmungsaufhellung, was häufig ein von innen kommendes Strahlen auf ihr Gesicht bringt. Auch die Augen sind nach derartigen Schauungen wie von einem inneren Licht erhellt.

„Sie hatte einen sehr seltsamen Ausdruck auf ihrem Gesicht. Ich schüttelte ihr Kissen auf, wobei ich ihren Rücken leicht anhob. Sie hatte einen sehr lichten Augenblick. Ich ging aus dem Raum. Als ich zurückkam, waren ihre Augen offen. Dann hatte sie einen besonderen Blick in den Augen, hob den rechten Arm, als ob sie nach etwas greifen wollte und wurde wieder ruhig. Sie schien irgendwie anders zu sein, irgendwie in eine andere Welt entrückt. Ich sprach mit ihr, aber sie antwortete nicht. Später erzählte sie mir, dass sie Orgelmusik gehört habe und Engel in blendendem Weiß gesehen hatte. Sie lächelte noch strahlender, tief erfüllt von dem Ganzen." (8)

Diese Frau erlebte offensichtlich eine kurze außerkörperliche Erfahrung, die sie in eine andere Dimension führte. Ein junger Student hatte ähnliche Empfindungen, die für Außerkörperlichkeit charakteristisch sind. Er hörte Musik und die Engel singen und fühlte sich schwebend. Vor diesem Erlebnis war er ruhelos und danach fand er seinen Frieden, um kurz darauf zu sterben.

Visionen auf dem Sterbebett spenden viel Trost durch das Einwirken der für uns unsichtbaren Welt. Es handelt sich keineswegs um neu auftretende Phänomene. Schon in den allerersten Anfängen westlicher Literatur wird von diesen Phänomenen berichtet, bis in unsere Zeit. Für die Erlebenden steht eindeutig fest, dass niemand alleine stirbt. Die Visionen der Sterbenden weisen darauf hin, dass wir alle in einen göttlichen Sinnzusammenhang eingebunden sind. Durch den Gottesfunken in unserer Seele sind wir unser Leben lang und darüber hinaus in die Gegenwart der Urkraft eingebunden. In den Visionen einer anderen Welt ist immer wieder von dem EINEN Licht die Rede, das alles durchdringt, auch die himmlischen Landschaften, und von der Liebe, die von dem Licht ausgeht.

Hier ein Beispiel eines Mannes, der einen schweren Schlaganfall erlitten hatte. Er war gelähmt und depressiv. Seine Krankenschwester berichtete:

„Plötzlich begann sein Gesicht zu strahlen. Der Schmerz war weg, er lächelte. Er sagte: ‚wie schön', als ob er etwas sah, was wir nicht sehen konnten und darauf: ‚kein Körper, keine Welt, Blumen, Licht und meine Mary' (seine verstorbene Ehefrau). Er war von allem befreit und friedvoll, sank in ein Koma und starb kurz darauf." (9)

In den dokumentierten Visionen ist auch immer wieder von Toren die Rede:

„Sie sagte, dass die Himmelstore sich auftäten. Hohe Pforten erglänzten in strahlendem Licht, viel heller als hier auf Erden. Alles erstrahlte in überirdischem Glanz." (10)

Menschen, die diese Einblicke in die Jenseitswelt erlebt haben, werden häufig als „strahlend" wahrgenommen, fast wie in einer Art Trance. Wir können davon ausgehen, dass die Erlebenden außersinnliche Wahrnehmungen oder außerkörperliche Erfahrungen gemacht haben. Die Auswirkung eines derartigen Erlebens ist immer beruhigend. Sterbende haben die Angst vor dem Tod und dem Ungewissen verloren und können im Anschluss friedlich sterben.

Sterbende sprechen auch davon, dass Gefühl zu haben, dass sie den Himmel besucht haben. Ihre Erlebnisse verändern ihre Einstellung zum bevorstehenden Tod. Die Visionen stellen den Himmel unter Einsatz von Bildern irdischer Dinge dar. Auch in den Nahtoderfahrungen hat sich gezeigt, dass die Erlebenden die Landschaften oder Farben, die es auf der Erde nicht gibt, wahrnehmen, deswegen ist es sehr schwer, es in Worte zu fassen angesichts dieser transzendenten lichtvollen Schönheit und Lebendigkeit.

Die Visionen der Sterbenden offenbaren, dass hinter allem Sein eine für uns unsichtbare höhere göttliche Macht steht, welche die feinstofflichen Vorgänge und Übergänge im Sterben lenkt. Dabei spielen Engel, die als Boten Gottes gelten, eine nicht zu unterschätzende Rolle. Sie tauchen in den Sterbebettvisionen immer wieder auf und versuchen, den Übergang in die andere Welt so leicht wie möglich zu gestalten.

Der Glaube an Engel überwindet kulturelle und religiöse Schranken, da sie in jeder Glaubensform als wichtige Hilfswesen, besonders für das Sterben, betrachtet werden. Sie trösten und spenden Hoffnung.

Matthew, ein 9-jähriger Junge, erzählt seinem Hospizarzt von seinen Engelsvisionen. Zunächst spricht er von drei leuchtend goldenen Engeln, die ihn unterstützen. Gegen Ende seines Lebens wurden es immer mehr. Kurz bevor er ins Koma glitt, kam der Junge noch einmal zu Bewusstsein. Er hatte seinen Frieden gefunden:

„Ich habe wundervoll geschlafen, und mir tut überhaupt nichts weh. Dr. Lerma, wissen Sie, dass gerade ungefähr 20 Engel bei mir im Zimmer sind? Die Engel sind so strahlend und golden, dass das Licht jeden anderen im Raum golden aussehen lässt." (11)

In einem anderen Fall, den der Hospizarzt in seinem Buch schildert, öffnete seine Patientin Joanna kurz vor ihrem Tod die Augen und spricht von ihren Eindrücken der Jenseitswelt, die sie visionär wahrnahm:

„‚Es ist wunderschön, einfach wunderschön!', hauchte sie. ‚So sieht der Himmel aus? Es gibt Berge und leuchtendes grünes Gras, alle Farben sind so strahlend. Es gibt Engel hier, herrlich blau, weiß und rosa flattern sie fröhlich durch den Raum, direkt durch deine Seele und durch meine Cousine und mich hindurch.'" (12)

Brian hatte Aids. Sein größter Wunsch war es, noch einmal chinesisch essen zu gehen.

„Im Lokal wandte er sich plötzlich aus heiterem Himmel um und streckte den Arm aus, als wolle er abseits des Tisches nach oben greifen. Seine Schwester war sehr irritiert, da sie nichts sehen konnte. ‚[Er rief:] ‚Schau mal! Sie ist ganz in Weiß. Ich habe noch nie so ein Weiß gesehen […] Sie ist ein Engel, ein richtiger Engel.‘ Ich bemerkte, dass das Gesicht meines Bruders plötzlich ganz entspannt war, aber sein Verhalten war mir irgendwie peinlich.‘ Gloria, ihre Schwester, beruhigte sie und sagte: ‚Das ist o.k., so etwas passiert, wenn Leute gehen. Sie sehen Engel und haben andere Visionen […] Es tut mir leid, aber wenn dein Bruder Engel sieht, wird er bald bei ihnen sein.‘“ (13)

So war es. Brian starb drei Tage später. Brian erlebte seine Vision an einem ungewöhnlichen Ort. Das zeigt uns, dass sich derartige Phänomene am Lebensende überall einstellen können, da sie nicht ortsgebunden sind oder abhängig sind von irgendwelchen Umständen.

Andere berichten davon, dass ein Engel sich mit ihnen ihr ganzes Leben angeschaut hat. Engel unterstützen uns dabei, mit uns ins Reine zu kommen durch Selbstvergebung und Selbstliebe, damit wir nicht länger der eigenen Negativität ausgeliefert sind. Wir sind aufgerufen, die eigene innere Güte zu verstärken. Engel sind reale Wesenheiten, die immer bereit sind, uns zu unterstützen, und die uns helfen wollen. Wir müssen sie nur darum bitten.

In den Sterbebettvisionen fühlen die Erlebenden energetisch, dass etwas Größeres und Mächtigeres anwesend ist. Engelswesen vermitteln Zuversicht und Gelassenheit an der Schwelle zur Welt des reinen Geistes.

Visionen von überfüllten Räumen

Es wird immer wieder davon berichtet, dass Sterbende in ihren Visionen gleichzeitig Besuch von mehreren Wesen erhalten, die sie während ihres Lebens gekannt haben. Je näher der Tod rückt, umso mehr Wesen bevölkern den Raum. In der Fachliteratur werden derartige Visionen als Wahrnehmung überfüllter Räume bezeichnet.

Als Menschen erfassen wir nicht vollständig, mit wie vielen Menschen wir im Laufe der Zeit während unseres Lebens in Berührung gekommen sind. Wir erinnern uns selten an jeden, dem wir im Leben begegnet sind, ob während der Kindheit oder als Erwachsener. Eines zeigt sich jedoch in allen dokumentierten Erlebnissen: Die Sterbenden nehmen ausschließlich Verstorbene wahr. Das vermischt sich niemals mit anwesenden Angehörigen. Eine Pflegerin berichtet von Alice, die im Sterben lag. Plötzlich richtete diese sich auf und fragte: „Wer sind die ganzen Leute, wieso ist es hier so voll?“ Die Krankenschwester erinnert sich:

„Ich war völlig verblüfft, als ich zum ersten Mal mitbekam, dass eine sterbende Patientin einen überfüllten Raum wahrnahm. Aber schon bald sollte mir klar werden, wie verbreitet dieses Phänomen ist und was es vielleicht bedeutet. Immer und immer hörte ich Sterbende sagen, sie sähen sehr viele Leute, auch wenn ihr Zimmer in Wirklichkeit leer war. In manchen Fällen erzählten sie mir, wer jeder Einzelne war, andere Male wieder erkannten die Sterbenden nur wenige Personen.“ (14)

All diese Visionen lassen den Schluss zu, dass keiner alleine stirbt, auch wenn das im Außen so aussieht, da die Wesenheiten für uns unsichtbar sind. Bei der Geburt wie im Sterben werden wir von liebevollen Händen empfangen. Ein Sterbender berichtet:

„Gestern Nacht habe ich etwas gesehen, was einfach keinen Sinn ergibt. Ich wachte mitten in der Nacht auf und mein Zimmer war voller Leute. Ich konnte nicht verstehen, was los war […]. Ich schaute in die Gesichter, die ich sah – es wurden immer mehr. Ich erkannte zwar nur wenige, dennoch kamen mir alle irgendwie bekannt vor. Und plötzlich wurde mir klar, dass all diese Leute tot waren. Ich erkannte sogar einen Arbeitskollegen, der vor fünf Jahren an Krebs gestorben war.“ (15)

Visionen von überfüllten Räumen sind für Sterbende und die Personen, die ihnen zur Seite stehen, nichts Neues. Das kommt viel häufiger vor, als viele meinen. Es ist an der Zeit, den vielfältigen Phänomenen, die in Todesnähe wahrgenommen werden, mehr Beachtung zu schenken. Es handelt sich eindeutig nicht um Halluzinationen, sondern um reale Visionen der anderen Welt, die den Sterbenden entlasten und dafür sorgen, dass der nahende Tod angenommen werden kann.

Hier noch ein letztes eindrucksvolles Beispiel von einem Studenten aus Indien, der von der Sterbeerfahrung seines Vaters erzählt:

„Unvermittelt starrte mein Vater eine bestimmte Stelle im Zimmer an. Sie war oben in einer Ecke, hoch über den Köpfen der Leute. Plötzlich sagte er, dass seine

Mutter hier sei. Er erklärte, dass sie und sein Vater ihn beobachten, obwohl sie bereits vor vielen Jahren gestorben waren. Mein Vater schaute immer wieder auf diese eine Stelle an der Wand und nannte alle beim Namen, die ihn an jenem Tag besuchen kamen. Täglich kamen mehr Leute und jeder war bereits verstorben. Besorgt wies meine Mutter darauf hin, aber mein Vater erwiderte, das spiele keine Rolle. Wenige Augenblicke, bevor er diese Welt verließ, öffnete Dad die Augen, lächelte strahlend und sagte zu meiner Mutter: ‚Schau, die liebe Dame ist da, Mutter ist da. Sie ruft und es ist Zeit zu gehen.‘ Mein Vater lächelte und schaute immerzu die gleiche Stelle an, bis sein Gesicht sich entspannte und sein Kopf aufs Kissen zurücksank. Er hörte auf zu atmen und starb.“ (16)

Dieses beeindruckende Erlebnis weist auf den Umstand hin, dass je näher der Tod heranrückt, umso mehr Verstorbene anwesend sind, um den Sterbenden in die andere Welt zu begleiten. Keiner stirbt alleine.

DAS WISSEN DER STERBENDEN ÜBER IHREN BEVORSTEHENDEN TOD

In unserem tiefsten Innern wissen wir Menschen intuitiv, wann die Zeit zum Sterben gekommen ist. Wenn Sterbende davon sprechen, sind Angehörige verstört, besonders wenn sie im Außen keinerlei Anzeichen entdecken, dass der Tod kurz bevorsteht. Bereits zuvor wurde beschrieben, wie Sterbende durch die langsame Ablösung ihrer Seele vom Körper einen erweiterten Bewusstseinszustand erfahren können. Diese Erfahrung lässt sie intuitiv spüren, dass ihr Tod bevorsteht. Es ermöglicht ihnen, das für uns Unsichtbare sichtbar zu machen, ähnlich wie es auch in Sterbebettvisionen erfahren wird. Manche Sterbende sind sogar imstande, den genauen Todeszeitpunkt anzukündigen, wie im folgenden Bericht einer Frau, die lange in einem Altenheim gearbeitet hatte und Sterbende begleitete. Dabei beobachtete sie Erstaunliches:

„Eine Frau wurde mit 97 immer schwächer, irgendwie machte sie sich einfach davon. Sie redete mit jemandem, wir konnten es sehen, aber da war niemand. Später fragten wir sie, wer es gewesen sei und sie sagte, es sei ihre Schwester Alice gewesen, die vor sechs Monaten gestorben war. Sie sagte, Alice würde sie am nächsten Tag um 14.30 Uhr abholen.Ich fing am nächsten Tag um 14.00 Uhr an zu arbeiten und fragte mich, ob sie noch hier sei. Man sagte mir, sie liege im Sterben und weil ich neu in dem Job war, sollte jemand bei mir bleiben und mir während des Sterbevorgangs beistehen. Ganz kurz vor 14.30 Uhr öffnete sie kurz die Augen, flüsterte ‚Alice', streckte die Hand aus und starb ganz friedlich." (17)

Das ist ein gutes Beispiel dafür, dass Verstorbene über einen klaren Einblick in unser irdisches Leben verfügen, der über die irdischen Grenzen hinausgeht. Die Benennung des genauen Todeszeitpunktes und das exakte Eintreffen der Vorhersage sind als klarer Beweis zu werten, dass es sich hier um eine Begegnung aus einer höheren Dimension handelt. Genauso beweiskräftig ist der vorliegende Fall aus Indien, der den Tod eines Menschen beschreibt, der Yoga praktiziert hat.

„In seinem Fall begann der Stimmungsaufschwung 48 Stunden vor dem Tod; der Arzt beschrieb diesen Zustand als vollkommen klares Bewusstsein, gepaart mit Ruhe. Der Betreffende schien eine Ankündigung seines Todes erhalten zu haben, obgleich dafür keine ausreichenden medizinischen Gründe vorlagen. Er bestellte eine Ladung Holz für den Scheiterhaufen und sendete ein Telegramm an seinen Sohn. Am letzten Tag, um 4.00 Uhr, bat er die Familienmitglieder, etwas zu essen, da er um 5.30 Uhr sterben würde. Nach den Bräuchen der Hindus wäre es zu diesem Todeszeitpunkt niemandem erlaubt zu essen. Die Ankündigung bewahrheite sich und er starb um 5.35 Uhr. Er hatte die Reinigungszeremonien des Hinduismus vollzogen, um sich auf den Tod vorzubereiten. Er zeigte nicht die leiseste Angst und man sah ihn, wie er Verwandte tröstete, die weinten." (18)

Das Wissen vom bevorstehenden Tod wird den Sterbenden von der anderen Seite telepathisch vermittelt durch die Boten der Anderswelt, unabhängig davon, ob es sich dabei um geliebte Verstorbene handelt, Geist- oder Lichtwesen oder Engel. Derartige Erscheinungen nehmen die letzten Reste von Angst. Der Sterbende fühlt sich geliebt und kann loslassen. Eine Frau erzählte in einem Seminar:

„Meine Mutter wurde am Herzen operiert und sollte schon nach drei Tagen entlassen werden. Ich wollte sie abholen, als meine Mutter kundtat, dass sie nicht mehr nachhause gehe, da sie noch heute sterben werde. Alle Umstehenden konnten das nicht fassen. Sie sagte, dass

ihre verstorbene Mutter ihr das im Traum übermittelt habe. Nur eine Stunde später erlitt sie einen Herzstillstand und verstarb.“

Es hat sich immer wieder gezeigt, dass es keinen medizinischen Grund für derartige Ahnungen gibt. Auch Sanitäter und Unfallhelfer berichten von Schwerverletzten, die genau wussten, ob sie sterben würden oder nicht. Insofern ist es unabdingbar, dass Mediziner sich mit den veränderten Bewusstseinszuständen am Ende des Sterbeprozesses näher auseinandersetzen, um den Sterbeprozess besser zu verstehen. Wahrnehmungen an der Schwelle des Todes werden von der Forschung als Todesnähebewusstsein bezeichnet. Gegenwärtig wird in wissenschaftlichen Studien die Ähnlichkeit zu den Nahtoderfahrungen bewusst. Die transpersonalen Erfahrungen Sterbender wurden durch zahlreiche Studien immer wieder belegt.

Ob Pflegende, Krankenschwestern oder Angehörige, sie alle berichten von ähnlichen Phänomenen. Kurz vor ihrem Tod sprechen Sterbende häufig von einer bevorstehenden Reise und drängen darauf, dass die Koffer gepackt werden. Das sind symbolische Äußerungen, durch die sie das Wissen um den bevorstehenden Tod zum Ausdruck bringen. Reisen bedeutet Ortsveränderung. Solange wir leben, bewegen wir uns in der Zeit. Wenn wir sterben, fallen wir aus der Zeit in die Zeitlosigkeit. Eine Frau erzählte mir:

„In der letzten Phase seines Lebens war mein Vater nicht mehr bei klarem Bewusstsein und sprach kaum noch mit uns. Umso überraschter war ich, als er kurz vor seinem Tod die Augen aufschlug und mich fragte, ob alles vorbereitet sei. Er wollte doch noch heute eine

Reise antreten. Im ersten Moment hielt ich das für einen Verwirrtheitszustand, doch er insistierte. Dann wurde er plötzlich ohnmächtig und starb kurz darauf. Heute weiß ich, dass mein Vater mir sagen wollte, dass er sterben wird." (19)

Der Sterbende weiß, dass er gehen wird. Er befindet sich im Aufbruch in die Ewigkeit. James Brown, der berühmte amerikanische Soul-Sänger hat am Weihnachtsabend 2006 zu seinem Manager gesagt: „Ich gehe heute Nacht fort." Er war mit einer nicht als bedrohlich eingestuften Lungenentzündung ins Krankenhaus eingeliefert worden. Und er verstarb noch in der gleichen Nacht.

Ein alter Mann wurde ins Hospiz eingeliefert. Er trug einen Lederkoffer, der ihn zu allen wichtigen Stationen seines Lebens begleitet hatte. Er wolle für die Reise gerichtet sein. Kurz darauf starb er friedlich. Andere wiederum fragen nach ihren Papieren oder ob der Pass bereit sei. Das alles sind Metaphern eines klaren Bewusstseins des nahenden Todes, wie auch in den Symbolen des Nachhausegehens zum Ausdruck kommt. Dahinter verbirgt sich der Verweis auf unseren Ursprung im Göttlichen.

Für Begleitende ist es schwierig, mit dem Wechsel zwischen der Realitätsebene und der symbolischen Sprache der Sterbenden umzugehen. Davon sind viele überfordert. Deswegen werden Sterbende nicht selten für verwirrt gehalten. Nur mit Einfühlungsvermögen und Mitgefühl können wir adäquat reagieren: Man hört nur mit dem Herzen gut. Es ist wichtig, dem Sterbenden ohne jegliche Wertung zuzuhören. Dann kann er seine Gefühle offen zum Ausdruck bringen, was in den meisten Fällen dazu führt, dass er seinen nahenden Tod annehmen kann. In der Kommunikation von Herz zu Herz spüren wir das zeitlos Ewige.

Wir erkennen den größeren Sinnzusammenhang des menschlichen Lebens, was die Sichtweise auf Leben und Tod verändert.

Sterben ist ein Prozess des Erwachens in die Liebe, ins Unendliche, eine Transformation in einen körperlosen Bewusstseinszustand. In der Sterbebegleitung begegnen wir gleichzeitig der eigenen Endlichkeit und werden Zeuge des Transzendenten. Wer diesen Wandlungsprozess miterlebt hat, verliert häufig die Angst vor dem eigenen Tod.

WIE STERBENDE SICH VERABSCHIEDEN

Wenn ein Mensch stirbt und seine Seele den Körper endgültig verlassen hat, ist das ein ungeheurer, magischer Moment. Alle Begrenzungen des irdischen Körpers sind aufgehoben und der soeben Verstorbene spürt eine unendliche Freiheit und Gleichzeitigkeit des Erlebens. Er braucht nur an einen bestimmten Angehörigen zu denken, und schon befindet er sich in dessen Gegenwart – unabhängig davon, wo sich der Angehörige aufhält. Der Verstorbene gibt Zeichen seiner Anwesenheit und will kundtun, dass es ihm gut geht.

Es ist außerordentlich verblüffend, wie der Todeszeitpunkt und das Erleben eines Angehörigen, der kontaktiert wird, sich auf die exakte Todeszeit überschneiden. Dafür habe ich ein Beispiel aus meinem eigenen Leben:

Vor 33 Jahren starb meine Mutter am 25.11.1990. Ich hatte die Nacht über bei ihr gewacht und wurde morgens von meinem Bruder abgelöst. Ich fuhr nach Hause, um mich ein wenig auszuruhen. Gegen kurz nach halb zwölf rief er mich an und sagte, dass unsere Mutter im Sterben liege und dass ich sofort ins Krankenhaus kommen solle. Ich stieg in mein Auto und fuhr Richtung Krankenhaus. Im Eingangsbereich der Stadt musste ich vor einer roten Ampel anhalten. Ich werde nie vergessen, wie mir plötzlich die Tränen in die Augen stiegen und wie gleichzeitig eine Welle nie gekannter Liebe durch mein Herz strömte. Ich würde es heute so beschreiben, dass die Seele meiner Mutter in diesem Augenblick durch mein Herz gegangen ist. Dieses unbeschreibliche Gefühl kann ich jederzeit wieder wachrufen.

Ich schaute auf die Uhr zum Zeitpunkt des Erlebens, und es war 11.45 Uhr. Dann fuhr ich ins Krankenhaus, wo mir mitgeteilt wurde, dass meine Mutter exakt um 11.45 Uhr verstorben war. Heute weiß ich, dass meine Mutter im Augenblick des Todes an mich gedacht hat und sie sich dadurch unmittelbar in meiner Gegenwart befand.

Jener kurze Moment an der Ampel hat mein Leben ausschlaggebend verändert, da mir bewusst wurde, dass ich mich in Zukunft mit derartigen Phänomenen intensiv auseinandersetzen möchte. Das hat mich inspiriert, mich mit der Sterbeforschung zu beschäftigen, bis heute.

Carissa Schumacher empfing 2019–2021 Botschaften von Yeshua (Jesus). Darin thematisiert sie das Phänomen wie folgt:

„Geliebte Wesen, ich sage Euch, bestehen Verflechtungen der Liebe und verlässt eine Person das Netz dieser Welt, dann durchschreitet sie Euer Herz. Dieser geliebte Mensch mag sich aus der Spreu gelöst haben, doch er tritt tiefer in Euer Sacred Heart ein und verbindet sich auf der Ebene des Spirit mit Euch […]. Die verstorbene Person durchbohrt Euer Sacred Heart mit liebender Wahrheit und wahrhaftiger Liebe. Erfreut Euch an ihrem Frieden und vergesst nicht, dass ihr Übergang ins Licht ein Weg für Euch ist, Euer eigenes Licht wiederzufinden.“ (20)

Jahre später habe ich versucht, diesen spezifischen Moment in einem Gedicht zu verarbeiten, das ich gerne mit Ihnen teile.

Danke

Als deine Augen sich brachen
im Licht des frühen Mittags,
traf mich
die Energie deiner Liebe
unvorbereitet.

Das Tor zu etwas Unbekanntem
in mir
öffnete sich
durch deine Präsenz.

Das Ewige des Lebens
wurde mir bewusst
im salzigen Geschmack
deiner Tränen der Erlösung.

Die ungebundene Freiheit
hast Du mit mir geteilt
im Augenblick deines Todes.

Durch dieses Geschenk
der Bewusstwerdung
sind wir eins geworden,
in jenem Augenblick der Nähe.

Mein Herz öffnete sich
dem pochenden Strom der befreiten Seele.

Danke, Mama.

In der Forschung wird dieses gleichzeitige Eintreten des Todes eines Menschen und das Erleben einer Kontaktaufnahme als Sterbebettkoinzidenz bezeichnet. Aus meiner jahrzehntelangen Arbeit mit Menschen in Seminaren über Tod und Sterben kann ich persönlich bestätigen, dass Erlebnisse zum Todeszeitpunkt vor, während oder kurz nach dem Tod sehr weit verbreitet sind. Viele Menschen haben die plötzliche Intuition, dass ein nahestehender Mensch verstorben ist. Später stellt sich heraus, dass die Wahrnehmung genau zu dem Zeitpunkt erfolgt ist, als der Sterbende starb. Die Beteiligten sind dabei räumlich weit voneinander entfernt und derjenige, der die Ahnung hat, weiß oft gar nicht, dass der andere ernstlich erkrankt ist.

Der Besuchte sieht eine Erscheinung des Verstorbenen, der sich verabschieden will. Viele kommunizieren, dass es ihnen gut geht. Gewöhnlich wird das im Traum oder beim Hochschrecken aus dem Schlaf erlebt. Eine Frau erzählte, dass sie, während sie einkaufen war, von dem starken Gefühl, dass mit ihrem Vater etwas nicht in Ordnung sei, überwältigt worden sei. Sie machte sich Sorgen und eilte nach Hause. Dort wartete ihre Mutter, die ihr mitteilte, dass ihr Vater durch einen Autounfall ums Leben gekommen sei.

Derartige Wahrnehmungen äußern sich häufig als unspezifische Gefühle. Das verleitet Skeptiker schnell zu der Annahme, dass diese Übereinstimmung ein Zufall gewesen sei. Doch das Timing, worauf die starken Emotionen der Erlebenden deuten, weist eben nicht auf einen Zufall hin. Hierzu ein Beispiel:

„Um 13.30 Uhr starb mein Mann, ohne wieder zu Bewusstsein zu kommen, das er am Abend vorher verloren hatte. Ich konnte meine Tochter Jane nicht sofort anrufen, sie rief so um 14.00 Uhr an und ich sagte ihr, dass ihr Vater um 13.30 Uhr gestorben sei […]. Als sie ins Hospiz kam, um ihren Vater zu sehen, erzählte sie

mir, sie habe zwar ihre Arbeit professionell erledigt und versucht, ihre Sorgen beiseitezuschieben, aber um 13.30 Uhr habe sie auf die Uhr gesehen, um zu prüfen, ob sie im Zeitplan war, und sei aus unerklärlichen Gründen in Tränen ausgebrochen. Wegen der exakten zeitlichen Übereinstimmung haben wir uns immer gefragt, ob mein Mann sie besucht hat, als er hinüberging." (21)

Viele Sterbende besuchen zum Zeitpunkt ihres Todes nahestehende Angehörige. Das wird auch als Abschiedsbesuche bezeichnet. Manche sprechen mit ihnen, andere erscheinen nur, oder das Gefühl von Präsenz wird wahrgenommen. Angehörige vernehmen häufig die Botschaft, dass alles gut ist. Das wird in den meisten Fällen als tröstlich beschrieben. Eine Frau beschreibt ihr Erlebnis:

„Am Montag wurde ich in den frühen Morgenstunden wach, ich war noch etwas benommen, nahm aber wahr, dass ich meine Mutter ganz deutlich in Farben sah; sie stand im Scheinwerferlicht vor einem dunklen Bereich und trug ihre üblichen schlabbrigen Alltagsklamotten. Sie rang die Hände und sagte eindringlich: „Mach dir keine Sorgen, Jane, mir geht es gut." Das wurde wiederholt, dann verblasste sie. Ich drehte mich zur Uhr auf dem Nachttisch, es war 3.20 Uhr. Am nächsten Tag sagte mir die Krankenschwester, meine Mutter sei um 3.20 Uhr gestorben." (22)

Manche spüren den Sterbenden körperlich. Jemand ergreift eine Hand und streichelt die Stirn. Wenig später finden sie heraus, dass die Person zum Zeitpunkt des Erlebens gestorben ist.

„Angela wachte mitten in der Nacht auf und erblickte ihren Bruder am Bettende stehen, der ihr Bein berührte. Sie war sehr beunruhigt und hatte Angst, da sie nicht einordnen konnte, wieso ihr Bruder an ihrem Bett stand. Dann löste sich die Erscheinung auf. Sie schaute auf die Uhr, und es war 5.00 Uhr morgens. Am nächsten Morgen erfuhr Angela, dass ihr Bruder um 5.00 Uhr bei einem Motorradunfall ums Leben gekommen war. Er wollte sie wohl auf ungeschickte Weise beruhigen."

Immer wieder wird darüber berichtet, dass Besuchte körperlich extreme Symptome erleben, oft mehrere Minuten, in denen sich rückblickend die Empfindungen der Sterbenden spiegeln. Eine Frau erzählte mir:

„Ich wollte das Haus verlassen, um zur Arbeit zu gehen. Ich öffnete gerade die Haustür, als ich einen stechenden Schmerz in der Herzgegend spürte. Es fühlte sich an wie ein Herzinfarkt. Es war 7.00 Uhr. Ich setzte mich in die Küche, doch kurz darauf verschwand der Schmerz so plötzlich, wie er gekommen war. Ich machte mich unverzüglich auf den Weg zur Arbeit. Kaum war ich dort angekommen, erhielt ich einen Anruf von meiner Mutter. Sie teilte mir mit, dass mein Vater einen Herzinfarkt erlitten hatte. Man brachte ihn ins Krankenhaus, doch dort verstarb er um 7.00 Uhr – genau zu der Zeit, wo er mir offensichtlich einen Besuch abstattete und ich seine körperlichen Symptome spürte."

Ein Mann erlebte den Übergang seines Vaters auf folgende Weise:

„Ich wachte mit Atemproblemen und schwerem Schmerz in der Brust auf, was immer unerträglicher wurde. Ich geriet in Panik und wusste mir keinen Rat. Doch dann überwältigten mich Gefühle von großem Frieden und Liebe. Ich befand mich offensichtlich außerhalb meines Körpers und war überwältigt von der Liebe, die mich umgab. Ich wollte nicht in meinen Körper zurück. Dann schrillte das Telefon und ich war sofort hellwach. Es war meine Mutter, die mir mitteilte, dass mein Vater vor wenigen Minuten an einem plötzlichen Herzstillstand in ihren Armen gestorben sei. Das Erlebnis hat meine Einstellung zu Leben und Tod für immer verändert. Ich weiß nun, dass der Tod nicht zu fürchten ist und dass mein Vater seinen Frieden gefunden hat."

Diese Erfahrung liest sich wie eine Nahtoderfahrung. Abschiedsbesuche ereignen sich oft in Träumen bei plötzlichem Aufwachen oder in einem hypnagogen Bewusstseinszustand zwischen Wachen und Schlafen. Im Wachzustand wird eher eine Präsenz wahrgenommen. Räumliche Entfernungen stellen dabei keine Barriere dar. Doch häufig verabschieden sich Sterbende im Traum.
Carole erlitt während einer Familienfeier einen Herzinfarkt. Man versuchte, sie zu reanimieren, doch vergebens. Das Ehepaar, von dem hier im Folgenden die Rede ist, hatte sich zur gleichen Zeit zu einem Mittagsschlaf zurückgezogen.

„Eines Nachmittags, als ich wie jeden Tag zum Mittagsschlaf auf dem Sofa liege, habe ich einen Traum. Es ist wie in einem Zwischenreich. Ich sehe Carole. Sie macht ein Gesicht, als ob sie sich in einer schwierigen Lage befindet [...]. Dann sehe ich, wie sie sich zu einem Licht

umwendet, das hinter ihr leuchtet. Ich verstehe, dass sie vor einer Entscheidung steht und lieber gehen möchte.“

In diesem Moment ruft die Mutter Caroles an, um zu informieren, dass Carole gerade gestorben ist.

„Meine Frau, die in unserem Schlafzimmer ihren Mittagsschlaf hält, ist durch das Telefongespräch geweckt worden. Als sie zu mir kommt, teile ich ihr die schlechte Nachricht mit, und sie sagt: ‚Stelle dir vor, ich habe Carole gerade im Traum gesehen, in ihrer üblichen lässigen Kleidung, und sie hat zu mir gesagt, dass sie gehen muss […].‘ Danach haben wir sie nicht mehr wiedergesehen.“ (23)

Das Ehepaar erhielt gleichzeitig einen Abschiedsbesuch von ihrer Freundin. Auch das ist ein Phänomen, das zwar nicht häufig auftritt, aber möglich ist. Der Besuch eines soeben Verstorbenen im Traum deutet auf eine starke emotionale Verbindung hin. Auffällig ist auch, dass der Besucher den Ablauf des Traumgeschehens steuert. „Sie hat mir gesagt, dass sie gehen muss.“ Ähnliche Formulierungen finden sich immer wieder in dem dokumentierten Forschungsmaterial. „Ich bin bereit zu gehen.“ „Ich gehe jetzt.“ „Es geht mir gut, aber ich muss gehen.“

Die Reiseterminologie taucht immer wieder in den Berichten auf. Nicht zufällig wird der Satz „Er hat seine letzte Reise angetreten“ zur Umschreibung des Todes angewandt. Der Sterbende hat vielleicht genau dieses Gefühl, das er vermitteln möchte.

Ein Mann beging aufgrund seiner Bipolarität Suizid. Er hatte mit seiner geschiedenen Frau ein gutes Verhältnis. Am nächsten Morgen um 3.00 Uhr wachte sie aus einem sehr realen Traum auf:

„In ihm saß Vincent am Fuß meines Bettes und sagte mir, ich solle nicht mehr weinen, und jetzt wäre alles vorbei und er endlich im Frieden. Ich stand auf, im Automatikmodus und verrichtete ein paar Arbeiten. Dann ging ich mit Merlin, unserem Hund, zu seiner Wohnung und rief die Polizei. Der Gerichtsmediziner stellte fest, dass Vin tatsächlich so um 3.00 Uhr gestorben war." (24)

Traumbesuche werden als tröstlich und beruhigend empfunden, da sie stets die Botschaft enthalten, dass es dem Verstorbenen gut geht. Durch dieses unerwartete Abschiednehmen haben viele das Gefühl, dass etwas zum Abschluss gebracht wurde. Das erleichtert den Trauerprozess. Die meisten Erlebenden zweifeln nicht im Geringsten an der Realität des Geschehenen. Die Verstorbenen werden als oft als jünger beschrieben, sozusagen in der Blüte ihres Lebens. Hierzu zwei Ausschnitte aus entsprechenden Berichten:

„Um 3.00 Uhr weckte mich etwas, und nachdem ich auf die Uhr gesehen hatte, bemerkte ich, dass vor der Schlafzimmertür mein Vater stand, die Arme zu mir ausstreckte. Allerdings war es eine etwas jüngere Version von ihm, eher 40 bis 50, als die 81, die er tatsächlich war." (25)

„Später wurde ich plötzlich wach […]. Dort, über das Bettchen meines Sohnes gebeugt, war mein Schwiegervater, der nicht wie ein Skelett [aussah], sondern so, wie er früher als gesunder Mann ausgesehen hatte. Obwohl mein Schwiegervater damals in den Fünfzigern war, wirkte er sehr viel jünger, strahlend gesund und glücklich." (26)

Auch in den vielfältigen Nachtodkontakten wie in den Nahtoderfahrungen werden Verstorbene als viel jünger aussehend beschrieben, wie in der besten Zeit ihres Lebens. Das ist stets unabhängig von der Schwere einer Krankheit. Daraus kann der Schluss gezogen werden, dass wir nach dem Übergang in die geistige Welt ganz und heil sind.

Ich möchte noch einmal auf den Umstand verweisen, dass die Besuche von Verstorbenen oft stattfinden, wenn der Erlebende keine Kenntnis davon hatte, dass der Kontaktierende gestorben ist. Oft wussten die Besuchten nicht einmal davon, dass die Person überhaupt erkrankt ist. Das deutet ganz klar darauf hin, dass es sich bei derartigen Phänomenen definitiv nicht um Halluzinationen, Phantasien oder trauerbedingte Wunschvorstellungen handelt. Sie erleben einen Kontakt mit einem soeben Verstorbenen, wobei Todeszeitpunkt und Erleben gleichzeitig sind, und zwar bevor sie von dem Tod erfahren haben. Melinda erlebte eine Begegnung mit ihrem Jugendfreund Tom:

„Tom und ich sind zusammen aufgewachsen. Wir waren Nachbarskinder, aber ich hatte ihn nicht mehr gesehen, seit er Priester geworden war. Eines Nachts wachte ich aus tiefem Schlaf auf. Da stand Tom in Marineuniform am Fußende meines Bettes! Da er Uniform trug, wunderte ich mich, denn ich nahm doch an, er sei katholischer Priester. Er sagte: ‚Leb wohl Melinda, ich gehe jetzt fort', und er verschwand. Mein Mann wachte auf und ich erzählte ihm, was geschehen war. Aber er meinte, das sei nur ein Traum gewesen. Drei Tage später schrieb mir meine Mutter, dass Tom bei Kampfhandlungen gefallen sei. Er war Marinekaplan gewesen." (27)

Dieses Beispiel für einen Abschiedsbesuch im Augenblick des Todes hat eine besonders starke Beweiskraft, da Melinda ohne irgendein Vorwissen von Tom kontaktiert wurde. Zehn Jahre lang hatte sie nichts von ihm gehört. Und doch erschien er ihr in seiner Todesstunde, einfach weil er an sie dachte.

TERMINALE GEISTESKLARHEIT

Ein bislang weniger bekanntes Phänomen in Todesnähe ist die terminale Geistesklarheit. Menschen mit schweren geistigen Erkrankungen, Alzheimer oder Demenz, wachen kurz vor ihrem Tod auf und sind bei klarem Bewusstsein. Psychiatrische Symptome oder Gedächtnisverlust lösen sich dabei auf. Die Betroffenen erkennen ihre Familie wieder, obwohl sie häufig schon jahrelang nicht mehr mit der Außenwelt kommuniziert haben. Sie können sich orientieren, bedanken sich bei den Angehörigen, bringen Dinge ins Reine oder verabschieden sich.

David litt an Lungenkrebs, der sich aggressiv im Gehirn ausgebreitet hatte. Er verlor dadurch die Fähigkeit zu sprechen oder sich zu bewegen. Eine Untersuchung des Gehirns zeigte, dass kaum noch Hirnmasse vorhanden war. Sein Arzt Scott Haig schrieb darüber einen Bericht:

„Als [ich] eines Freitags [m]eine Abendrunde durch [m]eine Station drehte, bemerkte [ich], dass David angefangen hatte, agonal zu atmen – jenes Schlucken und nach Luft schnappen, welches mit dem aktiven Sterbeprozess einhergeht. Doch etwa eine Stunde bevor er starb, erwachte David und sprach ruhig und schlüssig mit seiner Frau und seinen drei Kindern, lächelte sie ein Weilchen an, streichelte ihre Hände und kehrte dann zu

seinem Sterbeprozess zurück. Sein Gehirn stand David nicht zur Verfügung, um sich an jenem Freitag zu verabschieden. Sein Gehirn war bereits zerstört." (28)

Die Frage stellt sich, wie das überhaupt möglich sein kann? Wie kann es sein, dass sich Symptome geistiger Verwirrung kurz vor dem Tod auflösen? Ich denke, dass diese Phänomene damit erklärt werden können, dass sich in diesem Moment die Seele vom Körper löst. Die unsterbliche Seele ist dann von den Begrenzungen des Körpers befreit und kann nun ihre Potenziale voll nutzen. Diese individuellen inwendigen Potenziale existieren auch ohne Anbindung an das Gehirn weiter und der Schleier zwischen dieser und der anderen Welt löst sich auf.

Eine Frau, die unter Alzheimer litt, wurde in einem Pflegeheim mehrere Jahre gepflegt. Der Heimleiter berichtete:

„In den letzten beiden Lebensjahren habe sie auf ihre Umwelt gar nicht mehr reagieren können, sondern nur noch an die Decke gestarrt. Schließlich erlitt sie einen Herzinfarkt, war klinisch tot und wurde wiederbelebt. Nach ihrer Reanimation war sie für mehrere Stunden geistig völlig klar […]. Sie bedankte sich nun bei ihren Kindern, dass diese sie regelmäßig besucht hätten, obwohl sie sich nie hatte dafür dankbar zeigen können. Sie freute sich darüber, Medizinern und Pflegepersonal Dankesworte sagen zu können. Sie zeigte durch all ihre Äußerungen, dass sie in den letzten beiden Jahren eigentlich alles in ihrer Umgebung mitbekommen hatte. Auch ihr Gefühlsleben war in dieser Zeit offenbar völlig intakt gewesen. In der folgenden Nacht beendete ein zweiter Infarkt ihr Erdenleben endgültig." (29)

In diesem sehr eindrucksvollen Beispiel zeigt sich ein Bezug zwischen terminaler Geistesklarheit und den außerkörperlichen Erfahrungen während einer Nahtoderfahrung, die eben auch in ausgesprochen geistiger Klarheit erlebt werden. In beiden Fällen ist die Seele losgelöst vom Körper, wodurch eine Bewusstseinserweiterung erfolgt, welche die Kommunikation bzw. das Aufwachen ermöglichen.

Von Komapatienten wird auch häufig berichtet, dass sie kurz vor ihrem Tod aufwachen und eine Wachheit und geistige Klarheit aufweisen, die wenig verstanden wird. Manche können sich sogar von den Angehörigen verabschieden. Hier der Fall eines 5-jährigen Jungen, der an einem bösartigen Hirntumor litt:

„Das Endstadium der Krankheit war bereits erreicht, und das Kind lag seit drei Wochen im Koma. In dieser Zeit waren seine Familienangehörigen fast ununterbrochen bei ihm und beteten um seine Genesung. Ihr Priester riet ihnen nach drei Wochen, dass sie dem Kind auch erlauben sollten, gehen zu dürfen. Sie nahmen die Empfehlung [an] und beteten mit dieser geänderten Motivation weiter. Plötzlich erlangte der Junge sein Bewusstsein wieder. Er dankte seiner Familie dafür, dass sie ihn gehen ließ und kündigte außerdem an, dass er tatsächlich in Kürze sterben würde. Er starb am nächsten Tag." (30)

In diesem Fall zeigt sich eine Nähe zu den Sterbebettvisionen. Der Junge weiß, dass er sterben wird, und kündigt das auch an, ebenso wie er sich bei seiner Familie bedankt, dass sie ihn gehen lässt. Er kann dieses Wissen nur aus einer außerkörperlichen Perspektive erlangt haben, da sich schon im Koma eine Lockerung der

Seele vom Körper eingestellt hat. Da die Seele reines, transzendentes Bewusstsein ist, bekommt sie alles mit, was um sie herum geschieht. Das wird von Sterbenden genauso beschrieben. Aus der Sterbeforschung wissen wir heute, dass Menschen, die im Koma gewesen sind und wieder aufgewacht sind, alles mitbekommen haben, wer sie wann besucht hat und was im Raum gesprochen wurde.

Auch bei schizophrenen Symptomatiken, wodurch die Patienten seit mehreren Jahren in Kontakt mit ihrer Umwelt waren, zeigte sich am Lebensende eine deutliche Rückbildung ihrer Symptome und die terminale Geistesklarheit durch ein ganzheitlich erlebtes Bewusstsein. Elisabeth Kübler-Ross begleitete chronisch Schizophrene auf ihrer letzten Reise. Auch sie beobachtete, dass einige von ihnen kurz vor ihrem Tod bei klarem Bewusstsein waren und ihre normale Geisteskraft wiedererlangten.

Russell Noyes berichtete von „einer 90 Jahre alten Frau, die durch zwei Schlaganfälle unfähig war zu sprechen oder sich zu bewegen. Doch kurz vor ihrem Tod durchbrach sie plötzlich diesen Zustand. Sie lächelte angeregt, wandte den Kopf, setzte sich mühelos auf, hob die Arme und rief glücklich ihrem Mann etwas zu. Dann legte sie sich zurück und starb." (31)

Die Frau erlebte offensichtlich eine Sterbebettvision und wusste, dass ihr verstorbener Mann sie abholen wollte. Noch erstaunlicher ist es, dass sie plötzlich sprechen konnte und sich bewegte. Das lässt sich rational nicht erklären. Im Sterben kehren wir offensichtlich zu unserer ursprünglichen, höheren Natur zurück, die wie alle Natur primär aus dem *Einen Geist* entstanden ist. Dadurch haben wir Zugang zu einem erweiterten Bewusstsein, wodurch eine gesteigerte Wahrnehmung und Erkennen möglich wird, das unabhängig ist von unseren körperlichen Sinneswahrnehmungen. Diese gesteigerte Wahrnehmung ist ebenso unabhängig vom Gehirn, wie das auch in den Nahtoderfahrungen beschrieben wird.

DIE TRÄUME DER STERBENDEN

Träume und Visionen kommen sehr häufig bei Sterbenden vor. Kurz vor ihrem Tod sprechen sie von Liebe, Erfüllung und Güte, die sie in ihren Träumen als Umschwung von Leid und Kummer hin zur Bejahung und Gelassenheit dem Sterben gegenüber erleben. Lebensenderfahrungen haben immer mit der individuellen Person zu tun und basieren auf Erfahrungen, die der Mensch in seinem Leben gemacht hat. Verstorbene Angehörige werden wahrgenommen, Unvollendetes kommt zum Abschluss, wie auch alte Konflikte bereinigt werden. Eins der wichtigsten Themen ist Vergebung, sich selbst und anderen gegenüber.

Der Sterbende findet Frieden, kommt zur Ruhe und kann sein Leben friedvoll abschließen. Die Lebensendträume auf dem Sterbebett künden trotz des körperlichen und geistigen Verfalls von großer geistiger Klarheit – die Sterbenden sind emotional und seelisch hellwach. Dem Pflegepersonal, Angehörigen oder Ärzten geht es um die Integration der inneren Erfahrungen, denn durch diese ist ein Loslassen möglich. Statt den finalen Sterbeprozess übermäßig zu medikalisieren, ist es von großer Wichtigkeit, die Todesnäheerfahrungen mit ihren seelisch-spirituellen Facetten zu würdigen und zu akzeptieren. Leider lehnen viele Mediziner die auftretenden Phänomene ab, da sie den Tod als Verlöschen aller Lichter, als das endgültige Aus des Menschen betrachten.

Sterbebettträume zeigen auf, wonach wir uns unser Leben lang gesehnt haben – Liebe, Verbundenheit, Schutz, Vergebung, Nicht-vergessen-Werden. Das sind Prozesse, die sich im Innern, auf der seelischen Ebene, ereignen. Alte Beziehungen leben wieder auf, Erinnerungen und Liebeserfahrungen treten an die Oberfläche des Bewusstseins, wie auch Szenen von Aussöhnung und Vergebung. Viele dieser Träume werden inhaltlich wie eine Lebensrückschau erlebt. Sie helfen dabei, das Leben friedvoll abzuschließen und geben dem gelebten Leben einen tieferen Sinn. Angst und Verzweiflung lösen sich auf und die Erlebenden erfahren Trost und Hoffnung und können den bevorstehenden Tod annehmen, nicht zuletzt durch die bewusste Wahrnehmung Verstorbener, die sie in Empfang nehmen wollen.

Der Hospizarzt Christopher Kerr hat im Rahmen einer zehnjährigen Studie mit über 1400 Hospizpatienten die Träume der Sterbenden erforscht. Aus der Studie ging hervor, dass die Sterbenden diese Träume als real und wirklicher als die Wirklichkeit erlebten. Die Sterbenden brachten Ehrfurcht und Staunen zum Ausdruck und erlebten eine Verbundenheit mit den Verstorbenen. Sie sahen nicht länger mit den irdischen Augen, sondern sie nahmen aus der Perspektive der freigesetzten Seele wahr. In den Träumen begegneten sie den Personen wieder, die in ihrem Leben einst von Bedeutung waren. Das führt zu der Erkenntnis, dass die guten Aspekte unseres Lebens nie verloren gehen und dass Liebe für immer bestehen bleibt, da sie uns über den Tod hinaus miteinander verbindet.

Die Visionen und Träume am Lebensende enthalten bewusstseinserweiternde Erfahrungen zwischen dieser und der anderen Welt, die uns sonst nicht zugänglich sind. Doch der Geist bleibt präsent, auch wenn der Körper abbaut.

Frank lag im Hospiz. Sobald er seine Augen schloss, war das Zimmer bevölkert von verstorbenen Angehörigen. Kerr schreibt:

„Im Laufe der Zeit wurde Frank von den Erlebnissen in seinem Innenleben zu dem zurückgeführt, was er immer am meisten wertgeschätzt hatte: die Liebe seiner Frau. Je öfter er von ihr träumte, desto intensiver spürte er ihre Präsenz und wurde von Mal zu Mal gelassener. Schließlich bat er uns, ihn nicht länger zu behandeln. Medizinisch war seine Entscheidung absolut vertretbar und es ist ja tatsächlich so: Oft erkennen Patienten schon vor ihren Ärzten, wenn nichts mehr zu machen

ist […]. Frank wollte endlich zu seiner Ruth in den Himmel. Bevor es zu dieser lang erwarteten Wiedervereinigung kam, konnten wir ihm noch zu Trost und Ruhe verhelfen. Schließlich starb er in der Integrität, die sein gesamtes Leben geprägt hatte.“ (32)

Kerr betont immer wieder in seiner Studie, wie wichtig es ist, den Stimmen der Sterbenden Gehör zu verschaffen. Sie brauchen einen Raum, in dem sie ihr Innerstes zum Ausdruck bringen können. Er stellte fest, dass Träume und Visionen auf dem Sterbebett tatsächlich existieren und regelmäßig in den Sterbeprozessen auftreten. Er und sein Team dokumentierten die Häufigkeit der Inhalte und deren Bedeutung aus der Sicht der Patienten. Das Fazit dieser Studie ist: **Lebensenderfahrungen sind weder Halluzinationen noch Ausdruck eines verwirrten Geistes.** In der Studie wurden die Patienten bis zu ihrem Tod täglich interviewt und gefilmt. Sie reagierten mit Dankbarkeit, da sie die Erfahrung ihrer Visionen und Träume mitteilen konnten und nicht als „verrückt“ abgestempelt wurden. Durch die Bestätigung ihrer Erfahrungen konnten die Sterbenden ihre Lebensenderfahrung als Transformation erkennen.

„Bridget erzählte, sie [habe] oft von zwei verstorbenen Tanten [geträumt], die bei ihr standen und auf sie aufpassten. Daran schlossen sich in der Regel Visionen von ihrer Mutter an. Obwohl diese Frau kein einziges Wort von sich gab, hatte Bridget ein starkes Empfinden für ihre Präsenz. Doch kam sie mit dem, was sie selbst als Vision bezeichnete, nicht klar. Denn sie stürzten sie in eine Art Glaubenskrise, weil sie die Dinge, die sie zu sehen bekam, nicht mit ihren religiösen Vorstellungen in Einklang

bringen konnte. Sie hatte damit gerechnet, Engel zu sehen, aber doch keine toten Menschen[...].“ (33)

In den Lebensenderfahrungen wird das Leben in seiner Gänze thematisiert. Schmerzliches aus der Vergangenheit wird ausgeblendet oder alternative Erinnerungen der früheren lähmenden Belastungen werden geheilt. Negative Erinnerungen verflüchtigen sich. Der Patientin Beverly halfen ihre Träume, ihre früheren Quellen von Liebe und Unterstützung zurückzuholen.

„Beverlys Kindheit war von einer distanzierten, grausamen Mutter dominiert worden. Auf der Schwelle zum Tod führten ihre Lebensenderfahrungen in ihre Kindheit zurück – eine Kindheit ohne die Mutter allerdings, die ihr als Mädchen immer das Gefühl gegeben hatte, unerwünscht zu sein. In ihren Träumen war Beverly wieder neun Jahre alt, ganz allein mit der Quelle bedingungsloser Liebe, die sie zu der Zeit gekannt hatte: ihrem Vater.“ (34)

John, ein hochdekorierter Kriegsveteran, war wegen anhaltender Schlaflosigkeit ins Hospiz überwiesen worden. In seinen Lebensendträumen gelang es ihm, seine Kriegsvergangenheit aufzuarbeiten. Auf dem Sterbebett wurde er von Albträumen heimgeholt, die sich um gefallene Soldaten drehten, die er im Zweiten Weltkrieg nicht hatte retten können. Diese Bilder verfolgten ihn ein Leben lang. Er kam nicht über den Schmerz hinweg. Eines Morgens erzählte er, dass er seinen Frieden gefunden habe, da er die getöteten Kameraden im Traum gesehen hatte:

„Diese erfreuliche Entwicklung führte er auf zwei schöne Träume zurück. Im ersten war er zu dem Tag zurückgeführt worden, an dem er endlich seine Entlassungspapiere vom Militär ausgehändigt bekam. Im zweiten Traum war ihm einer der am Omaha Beach getöteten Soldaten erschienen und hatte zum ihm gesagt, dass sie gleich kommen und ihn holen würden. Instinktiv begriff John, dass mit ‚sie' seine Kriegskameraden gemeint waren und dass sie ihm keine Vorwürfe machen würden, sondern sich im Gegenteil darauf freuten, wieder mit ihm vereint zu sein. Nun endlich war er in der Lage, seinen Krieg zu beenden. Er konnte getrost die Augen schließen und sich ausruhen." (35)

Die Träume halfen John dabei, Frieden zu finden. Er hatte so viele Jahre gegen die Geister des Krieges angekämpft, bis er sich von ihnen befreien konnte. Seine Seele wurde von den psychischen Belastungen vieler Jahre befreit. John musste sich selbst verzeihen, dass er seine Kameraden nicht hatte retten können.

Sterbende gewinnen kurz vor dem Tod durch Visionen oder Träume Einsichten und Erkenntnisse, die zu einem tiefen Seelenfrieden führen.

Es kommt auch vor, dass Menschen, die traumatische Erfahrungen in ihrem Leben gemacht haben, diese im Sterbeprozess noch einmal nacherleben. Es ist jedoch wichtig zu erwähnen, dass es nicht jedem gelingt, tiefe Schuldgefühle aufzulösen und doch finden die Sterbenden durch ihre Träume Trost. In manchen Träumen kommt das ganze bis dahin gelebte Leben zum Vorschein. Das wird wie eine Lebensrückschau erlebt und hilft dabei, seinen eigenen Fehlern und Unterlassungen ins Auge zu sehen. Nur so lässt sich Erfüllung und Vergebung erfahren. Sie befreien sich sozusagen von ihrer Vergangenheit. Letztlich werden wir alle im

Sterbeprozess oder nach dem Tod mit uns selbst und der Eigenverantwortung für unser Leben konfrontiert.

Dwain führte ein gewalttätiges, kriminelles Leben und konsumierte lebenslang harte Drogen. In seinen Lebensendträumen tauchten die Bilder seines Lebens auf und belasteten ihn sehr. Seine Tochter half ihm, seine Vergehen gutzumachen. Er resümierte kurz vor seinem Tod:

„Hier im Hospiz habe ich wahnsinnig viel gelernt. Zum Beispiel, die Leute so zu behandeln, wie ich selbst gerne behandelt würde […]. Doch die Finsternis, in der ich mich befand, war so düster, dass mir alles egal war. Das Einzige, was mich interessierte, waren Dwain und seine Bedürfnisse. Doch so läuft das nicht auf der Welt. Es geht um etwas ganz anderes. Nicht nur um mich. Aber eines weiß ich. Ganz tief in mir habe ich auch ein Herz." (36)

Noch kurz vor seinem Tod gelang es ihm, sich weiterzuentwickeln. Die Lebensenderfahrung, die sein ganzes Leben an die Oberfläche seines Bewusstseins brachte, mündete in einen Prozess der Buße, Versöhnung und Wiedergutmachung. Vor allem aber verhalf ihm seine Tochter zu innerer Ruhe und Befreiung. Dwain starb als ein Mensch, der auf sein Gewissen hörte.

Im Sterbeprozess werden unsere engsten Bindungen und die Liebe, die wir empfangen oder gegeben haben, bewusst. Ebenso wie die Unfähigkeit, emotionale Bindungen aufzubauen. Die größten Themen sind jedoch Vergebung und Selbstvergebung.

John Lerma begleitete über viele Jahre als Hospizarzt Sterbende. In seinem Buch „*Ins Licht*" berichtet er von William, einem SS-Offizier, der während des Zweiten Weltkrieges an Massentötungen in einem KZ beteiligt war. Niemand wusste, in welchem Ausmaß er daran beteiligt war, nicht einmal seine Familie. Er sprach zum ersten Mal darüber zu Dr. Lerma. Seine tiefe Reue führte zu einer intensiven Lebensenderfahrung. William berichtete:

„Die ganze Zeit gab es da ein helles Licht in der Ferne und ich fühlte mich davon angezogen. Doch hatte ich gleichzeitig Angst, weil ich nicht wusste, welche Art von Urteil mich erwartete. Ich wusste, dass es das Licht Gottes war, und ich fühlte mich nicht einmal würdig, es zu sehen. Nachdem ich lange – mir kam es vor wie Jahre – in das Licht geschaut hatte, brachte ich schließlich genügend Energie auf, um Hilfe zu rufen."

Kurz darauf erblickte er ein Lichtwesen, in dem William eine jüdische Frau wiedererkannte, die er damals in die Zyanid-Dusche geführt hatte. Er bat sie inständig um Vergebung.

„Sie sprach mit einer Stimme, aus der mir totale Liebe entgegenstrahlte: ‚Ich hatte dir bereits vergeben, bevor du mich getötet hast.' Sie war dabei weiterzugehen, doch ich rief aus: ‚Warte, gehe nicht!' Sie hielt inne, wandte mir ihr Gesicht zu und streckte mir ihre Arme entgegen. ‚Komm mit mir und ich werde dir helfen, dich von deiner Schuld zu befreien.'"

Befand sich William vorher in einer dunklen Höhle, sah er nun ein strahlend weißes Licht. Doch seine Schuldgefühle holten ihn immer wieder ein. Die Frau erwiderte:

> *„Du hast die Wahl. Du kannst akzeptieren, dass Du das Leben geführt hast, für das Du Dich entschieden hast, und Dir selbst und anderen vergeben und weitergehen. Oder Du kannst den Schmerz erleben, den Du verursacht hast, um ihn loszuwerden.“*

William will das Leid, das er über so viele Menschen gebracht hat, selbst erleben.

> *„In der nächsten Sekunde befand er sich in den Seelen und Körpern jeder einzelnen Person, die er im Konzentrationslager getötet hatte. Er spürte ihren Schmerz und ihre Angst und ihren Tod, alles auf einmal. Er schrie um Gnade und Hilfe. Irgendwann kam die Lichtfrau zurück und fragte William, ob er bereit sei, sich selbst zu vergeben und er antwortete Ja. In diesem Moment waren plötzlich all die Leute, für deren Tod er verantwortlich war, um ihn herum und vergaben ihm. Und ließen ihn wissen, wie glücklich sie waren, dass er erlöst worden war.“ (37)*

Um ganz und heil zu werden, müssen wir lernen, uns aus Angst, Hochmut, Hass und Stolz hin zu reiner Liebe zu entwickeln. Nur durch Liebe und Vertrauen in Gott können wir jede Art von Herausforderung oder Dunkelheit überwinden. Wir können in jedem Augenblick Liebe und Mitgefühl wählen. Durch Verständnis, Güte und Gnade der Vergebung durch Gott können wir alle Wunden unseres Lebens heilen. An der Schwelle zum Tod geht es um aktive, positive innere Prozesse, die dem Sterbenden psychische und seelische Unterstützung geben.

Die Lebensenderfahrungen Sterbender helfen auch den trauernden Angehörigen dabei, den Verlust zu akzeptieren. Sie kommen dadurch besser mit dem Verlust zurecht. Der Trost, den die Sterbenden erfahren, beruhigt auch die Bezugspersonen. Eine Frau erzählte mir:

„Mein Mann sah in einer Vision den Ort, zu dem er nach seinem Tod gehen würde. Er erblickte seine Mutter, die ihn in Empfang nehmen würde. Wir glaubten beide daran, dass er an einem besseren Ort sein würde und unsere Liebe alles überstehen würde. Für mich ist er heute immer noch präsent."

Diese Träume der Sterbenden helfen ebenso den Trauernden, in Frieden loslassen zu können, da sie Höhepunkt und Schluss der menschlichen Entwicklung aufzeigen. Gerade deshalb ist es wichtig für alle Nahestehenden, die Visionen und Träume der Sterbenden ernst zu nehmen und sie als Hoffnungsbotschaften zu begrüßen, nicht als Boten drohenden Todes zu fürchten oder gar zu ignorieren. In Todesnähe verschwimmen die Grenzen zwischen Körper und Geist, Gegenwart und Vergangenheit, zwischen der Lebensrealität und dem Spirituellen. Dies verweist auf einen transzendenten Ort, dessen Erleben Trost spendet. Viele werden durch eine Lebensenderfahrung wieder ganz und heil und verlieren die Angst vor dem Tod. Diese Fähigkeit der Ganzwerdung liegt im tiefsten Innern jedes Menschen, unabhängig von religiösen Bindungen oder deren Fehlen. Das Ego wird transzendiert und das Wohlbefinden des Sterbenden steigert sich.

KAPITEL 3

KERNELEMENTE DER NAHTODERFAHRUNGEN

Nahtoderfahrungen (NTE) sind heute ein Massenphänomen. Nach neuesten wissenschaftlichen Schätzungen haben gegenwärtig 70 bis 80 Millionen Menschen eine NTE erlebt. Das ist darauf zurückzuführen, dass viele Menschen durch verfeinerte Reanimationsmöglichkeiten an der Schwelle zum Tod wiederbelebt und zurückgeholt wurden. Das Phänomen der Nahtoderfahrungen ist in den letzten Jahren Gegenstand zahlreicher wissenschaftlicher Forschungen geworden. Waren die früheren Studien (Moody, Kübler-Ross) eher retrospektiver Natur, d. h., die Forscher befragten die Erlebenden erst Jahre später nach ihren Erfahrungen, sind sie heute eher prospektiver Natur, d. h., Wissenschaftler wie Pim van Lommel und andere befragten Patienten direkt nach einem Herzstillstand. Es geht noch heute um die Frage, ob Bewusstsein nach dem Tode weiterexistiert.

Eine Nahtoderfahrung umfasst alle Eindrücke, die während einer außerkörperlichen Erfahrung in einem erweiterten Bewusstseinszustand berichtet werden: Frieden und Schmerzfreiheit, der Übergang durch einen Tunnel oder eine Dunkelheit, die Begegnung mit Licht, die Lebensrückschau und Begegnungen mit Verstorbenen bis hin zur Verschmelzung mit Gott.

Nahtoderfahrungen erfolgen in einer Phase, in der ein Mensch klinisch tot ist. Sie geschehen genau in der Zeit, in der die Naturwissenschaft jede Fähigkeit des Bewusstseins zur Wahrnehmung oder zwingend eine Erinnerungsmöglichkeit verneint, da die Menschen bewusstlos sind. Genau das Gegenteil geschieht: Es kommt zu einem erweiterten Bewusstseinszustand, in dem die Betroffenen eine Wirklichkeit erleben, die sie als realer als unsere Wirklichkeit beschreiben. Dieser Vorgang konfrontiert uns mit der Tatsache, dass Bewusstsein unabhängig vom Körper existiert und eben nicht vom Gehirn hervorgebracht wird, denn der erweiterte Bewusstseinszustand tritt auch ohne messbare Hirnströme ein. Wir sind also in ein nonlokales, göttliches Bewusstsein eingebunden.

Da Naturwissenschaftler das nicht erklären können, wird dieser Umstand mit der Erklärung abgetan, dass nicht sein kann, was nicht ist – aufgrund ihrer materialistischen Sichtweise. Man kann es nicht messen und auch nicht sehen. Die Nahtoderlebenden erinnern sich – genau in dieser kurzen Zeitspanne des klinischen Todes von wenigen Minuten über allumfassende Wahrnehmungen, Erlebnisse in strahlender Klarheit und über eine unfassbare Liebe außerhalb ihres Körpers. Die Sehfähigkeit ist extrem erhöht und selbst weiteste Entfernungen können wahrgenommen werden. Es fehlen menschliche Worte, um die Andersartigkeit und das Überwältigende einer Erfahrung der Jenseitswelt zum Ausdruck zu bringen. Die Erinnerung an ein derartiges Ereignis verblasst nie.

Die erlebten Merkmale des Übergangs in die andere Welt werden unabhängig von Glaubensvorstellungen oder kulturellem Hintergrund als interkulturelle Phänomene betrachtet. Sie vermitteln ein universelles Wissen darüber, was wir erleben werden, wenn wir sterben. Ich möchte nun die Kernelemente einer Nahtoderfahrung beschreiben.

DIE AUSSERKÖRPERLICHE ERFAHRUNG

Jedes Todeserlebnis setzt durch die Trennung des Bewusstseins (Seele) vom Körper ein. Dadurch sind alle Begrenzungen des irdischen Körpers aufgehoben. Raum und Zeit existieren nicht länger und alles wird gleichzeitig zugänglich. Wenn der Erlebende an einen bestimmten Angehörigen denkt, befindet er sich unmittelbar in dessen Gegenwart. Die außerkörperliche Erfahrung ist die Voraussetzung für das Erleben der geistigen Welt. Wir sind in einem höheren, erweiterten Bewusstseinszustand, der in eine ganzheitliche Wahrnehmungsfähigkeit mündet, jenseits der üblichen körperlichen Sinneswahrnehmungen. Eine Frau erzählte in einem Seminar, dass „diese Form von Wirklichkeit realer [sei] als alles, was [sie] bisher erlebt habe".

Sobald der Körper verlassen wird, hört jeglicher Schmerz auf und ein nie gekannter Frieden stellt sich ein. Der Betroffene erlebt sich als körperlos und weiß, dass er gestorben ist. Eine andere Frau erzählte mir:

„Ich litt an einer Krebserkrankung, die so starke Schmerzen verursachte, dass niemand sie beherrschen konnte. Ich war total verzweifelt. Dann erlitt ich einen Herzstillstand. Nach der Trennung meines Geistes vom Körper war die erste Wahrnehmung, dass ich absolut schmerzfrei war. Ohne jegliches Zeitgefühl schwebte ich direkt ins Universum. Das Gewahrsein von der Einheit allen Seins stellte sich ein, ebenso wie eine bewusste Klarheit, wie ich

das vorher noch nie erlebt hatte. Ich empfand einen tiefen Frieden, der mein Ganzes Sein durchdrang.“

Ein junger Mann erzählte mir am Telefon, wie er seine außerkörperliche Erfahrung erlebt hat:

„Während einer Knieoperation versagte mein Herz. Ich weiß, dass meine Essenz, meine Seele den Körper verließ, und fand mich an der Decke des OP-Saals wieder. Ich blickte herunter auf das Geschehen und sah dabei zu, wie die Ärzte versuchten, mich wiederzubeleben. Ich konnte später genau beschreiben, was die Anwesenden versuchten und sogar die Gedanken der Schwestern und Ärzte erfassen. Dann schwebte ich in den Wartebereich, wo meine Mutter und meine Freundin sich große Sorgen machten. Meine Mutter trug ein hellgelbes Kleid, das ich noch nie an ihr gesehen hatte. Meine Freundin trug eine grüne Hose. Das alles konnte ich nicht wissen, da ich mich zu diesem Zeitpunkt narkotisiert auf dem OP-Tisch befand. Später bewahrheitete sich meine Beobachtung. Meine Wahrnehmung dehnte sich immer mehr aus und ich weiß noch, dass ich mich in einer Dunkelheit, einer Art Tunnel, auf ein helles Licht zubewegte, als ich plötzlich in meinen Körper zurückgezogen wurde. Die Reanimation war erfolgreich verlaufen.“

Anita Moorjani erlebte eine intensive Nahtoderfahrung, die sie in einen grenzenlosen Bewusstseinszustand katapultierte. Die Ärzte hatten sie für tot erklärt. Sie tritt aus ihrem Körper aus und schreibt in ihrem Buch „*Heilung im Licht*“:

„Ich empfand keine gefühlsmäßige Bindung an meinen scheinbar leblosen Körper. Ich fühlte mich frei, befreit und großartig. Jeglicher Schmerz, jegliche Qual, jegliche Traurigkeit und jeglicher Kummer waren verschwunden. Ich fühlte mich vollständig unbelastet. Ich konnte mich nicht entsinnen, mich jeweils so gefühlt zu haben […]. Zum ersten Mal schmeckte ich Freiheit! Ich begann mich schwerelos zu fühlen und bemerkte, dass ich zu jeder Zeit überall sein konnte.“ (38)

Anitas Bewusstsein dehnt sich kontinuierlich aus:

„Je weiter ich mich ausdehnte, desto weniger ungewöhnlich erschien es mir, dass ich mich in diesem wundersamen Zustand befand und immer noch spürte ich, wie ich mich weiter und weiter nach außen hin ausdehnte. Es war, als sei ich nicht länger durch Zeit und Raum beschränkt und dehnte mich kontinuierlich aus, um ein größeres Bewusstseinsspektrum auszufüllen […]. Ich war von etwas umgeben, das ich nur als eine großartige, bedingungslose Liebe beschreiben kann, die mich fest umschloss, während ich fortfuhr, loszulassen […]. Meine Seele erkannte endlich ihre wahre Größe! Und mit diesem Erkennen dehnte sie sich über meinen Körper und die stoffliche Welt hinaus aus.“ (39)

Dann befindet sich Anita in einem Bereich jenseits von Raum und Zeit. Sie fühlte sich von mehr Liebe umfangen, als es sie ihrem Wissen nach gab. In diesem Reich ist alles gleichzeitig: Vergangenheit, Gegenwart und Zukunft. Wir sind auf komplexe Weise mit allem Lebendigen verknüpft. Wir sind alle EINS und miteinander untrennbar verbunden, als Teil eines allumfassenden Universalbewusstseins. Anita Moorjani schreibt:

„Es war, als wäre ich in das Einssein eingehüllt, in die reine Essenz eines jeden Lebewesens und Geschöpfes, ohne deren Qualen, Schmerzen und Dramen und ohne deren Egos." (40)

Die Erlebenden erfahren, dass wir alle viel mehr sind als unser kleines, vom Ego beherrschtes Erden-Ich – nämlich eine ewige Geistidentität. Sie werden konfrontiert mit etwas, das größer ist als alles, was wir auf Erden erfahren können. Eben Alexander, ein amerikanischer Neurochirurg, spricht in seinem Weltbestseller *„Blick in die Ewigkeit"* davon, dass er seine sterbliche Identität ablegte und zu seinem wahren kosmischen Wesen Zugang erhielt, das er seine ewige Geistidentität nennt.

Das lässt darauf schließen, dass der erweiterte und losgelöste Bewusstseinszustand es ermöglicht, alle irdischen Verstrickungen und emotionalen Anhaftungen wie auch erdwärts gerichtetes Denken hinter sich zu lassen, um unserer wahren kosmischen Wesenheit bewusst zu werden.

In Tausenden vorliegenden Berichten wird diese andere Wirklichkeit als realer betrachtet als das Erdenleben. Es zeigt sich, dass wir geistigen Ursprungs sind. Alle irdischen Rollen lösen sich auf angesichts dieser höheren Wahrheit. Eine Frau berichtete in einem Seminar:

„Ich erkannte durch meine Nahtoderfahrung und die außerkörperlich erlebte Bewusstseinserweiterung etwas

Endloses in meinem tiefsten Kern. Ich war nicht länger die Mutter meiner Kinder noch das Kind meiner Eltern oder die Lehrerin – das ist Illusion. Ich wollte nur noch in dieser unbeschreiblichen Liebe bleiben, obwohl damals meine Kinder noch sehr jung waren. Ich fühlte mich zum ersten Mal als ganz und vollständig. Ich bestand nur noch aus Geist und war eins mit dem einen göttlichen Geist. Meine Seele existierte schon seit Ewigkeiten."

Die außerkörperlich wahrgenommenen Erlebnisse sind nur durch eine Kontinuität des Ich-Bewusstseins möglich. Die Ich-Identität des Menschen wird nicht aufgelöst und ist der Filter jeglicher Wahrnehmung. Daraus resultieren alle subjektiven Erfahrungen, die ohne ein intaktes Ich gar nicht möglich wären: Ich denke an meine Mutter und befinde mich in ihrer Gegenwart. Alles, was ich hier in den außerkörperlichen Erfahrungen erlebe, bezieht sich eindeutig auf das Ich des Erlebenden. Dabei zerbricht das Konzept des Egos, das sich auflöst, um einen objektiven Blick auf die andere Wirklichkeit zu bekommen. Eine Frau schreibt:

„Ich war nun ganz ich selbst und doch auch ein ganz anderes Ich, mehr Ich als zuvor, viel mehr. Ich war befreit, frei von allem, was man normalerweise im Leben fühlt. Ich war nicht mehr an meinen Körper gebunden, sondern mit dem großen Ganzen verbunden." (41)

Wenn die körperlichen Begrenzungen aufgehoben sind und das Bewusstsein den Körper hinter sich gelassen hat, erfahren wir die absolute Freiheit des Geistigen. Dadurch lassen wir los und dringen immer tiefer in die Welt der göttlichen Liebe ein. Unsere irdische Wirklichkeit ist nur ein winziger Ausschnitt aus dem wahren Sein.

DER ÜBERGANG IN DIE GEISTIGE WELT

Der Tunnel, der von den Nahtoderlebenden durchquert wird, an dessen Ende das Licht aufscheint, ist das Symbol schlechthin für den Übergang in die geistige Welt. Er ist längst zu einem Synonym für Todeserlebnisse und Erlösung geworden und wir sprechen auch im Alltag vom „Licht am Ende des Tunnels“, wenn wir ausdrücken wollen, dass das Ende einer Schwierigkeit naht. Dieser Übergang kann auch als Dunkelheit oder Leere empfunden werden. Andere berichten von einer Wiese oder einer Brücke, die sie überquert haben. Wichtig zu wissen ist, dass sich nun schlagartig das Bewusstsein ins Übersinnliche erweitert.

Bev, deren Herzschlag bei einer Gallenblasenoperation aussetzte, schaute zunächst dabei zu, wie die Ärzte sie reanimierten. Dann wird sie nach oben gezogen und beschreibt nun ihren Übergang:

„Jedenfalls bin ich dann in eine dunkle Röhre oder ein Loch gekommen – einen Tunnel könnte ich es auch nennen. Mit dem Kopf voran bewegte ich mich da durch, und plötzlich war ich an einem Ort voller Liebe und einem wunderschönen, hellen, weißen Licht. Ein heiliger Ort war das. Es gab Pflanzen und Blumen und viel Schönes zu sehen.“ (42)

Die Trennung vom Körper wird während des Übergangs als Fallen, Schweben oder Fliegen wahrgenommen. Ruhe und Frieden stellen sich ein. Die Wahrnehmungsfähigkeit erweitert sich noch einmal, da nun Dinge der geistigen Welt geschaut werden. Wir nehmen die Dinge übersinnlich wahr. In einem anderen Bericht heißt es:

„Ich befand mich in einem schwarzen, leeren Raum und wusste, dass ich tot war, aber ich verspürte keine Angst. Auf einmal breitete sich Nebel aus und genau in seiner Mitte strahlte ein schönes, helles Licht. Ein allumfassendes Wissen und Staunen erfüllte mich."

In einem weiteren Bericht heißt es:

„Plötzlich schwebte ich durch eine grau-schwarze Wolke, an deren Ende es auf einmal heller und heller wurde. Ich schwebte in einem von unaussprechlich schönem Weiß durchfluteten Raum." (43)

Das Ich ist nun imstande, die geistige Welt zu schauen. Raum und Zeit sind aufgehoben. Das vom Körper losgelöste Ich sieht nun nicht länger Dinge der physischen Welt. Das außerkörperliche Sehen geht über in die Lichtvision. Das ist der Übergang in eine transzendente Dimension. Ein Mann beschreibt das sehr schön:

„Ich geriet in Bewegung. Ohne mein Zutun trieb es mich weiter in diese unheimliche Finsternis. Ich wurde

schneller. Es war ein riesiger Tunnel, durch den es mich mit zunehmender Geschwindigkeit zog. Als ich schließlich in atemberaubendem Tempo durch diesen Tunnel raste, hatte ich jedes Gefühl für Raum und Zeit verloren. Ich begriff, dass ich mich in einem Zustand erhöhten Bewusstseins befand, in einer Dimension, in der es weder Raum noch Zeit gab. Es war, als hätte ich Raum und Zeit selbst überholt.“ (44)

Die gesamte Perspektive des Ich verändert sich, da es nun alles gleichzeitig erlebt und reines Bewusstsein ist. Durch die Bewusstseinserweiterung verbindet sich alles mit allem in die Einheit des *Einen Geistes.*

DIE WAHRNEHMUNG ÜBERIRDISCHER WELTEN

In Todesnähe werden die Sinnesorgane abgeschaltet und der Erlebende befindet sich in einem körperlosen, erweiterten Bewusstseinszustand: Alle Abläufe beschleunigen sich und alles wird gleichzeitig wahrgenommen. Während des Übergangs in die Jenseitswelten werden himmlische Musik oder Geräusche wahrgenommen. Manche hören Summtöne, Klick- oder Klopfgeräusche, andere vernehmen wunderschöne Sphärenmusik. Maria erzählte:

„Ich erlebte eine wundervolle Stille und gleichzeitig hörte ich die schönste Musik, die ich je vernommen hatte. Das war atemberaubend und löste meine Unsicherheit und Ängste auf. Ich fühlte mich geborgen und erblickte das Licht.“

Klänge und Musik bereiten die Erlebenden auf die Schönheit der geistigen Welt vor. Ein Mensch, der durch den Tunnel oder sonstigen Übergang ins Jenseits gelangt, erblickt die unbeschreibliche Schönheit der transzendenten Welt. Es ist von einem alles durchdringenden Licht die Rede und dass Farben, Landschaften, Tiere, Gebäude harmonisch ineinander verwoben sind. Alles erscheint in einer nie dagewesenen Pracht. Alles ist Bewegung, Energie und Schwingung und durchwoben vom Licht. In unserer Sprache ist diese überirdische Welt kaum zu beschreiben. So werden Farben wahrgenommen, die im irdischen Spektrum gar nicht existieren.

Das löst mitunter ein Wiedererinnern an die Gegebenheiten des Jenseits aus. Gefühle von Seligkeit und Heimat werden beschrieben. Auch von den herrlichsten Landschaften und prächtigsten Blumen wird berichtet. Betty Eadie schreibt in ihrem Buch „*Licht am Ende des Lebens*" von einem jenseitigen Garten:

„[…] was mich in diesem Garten am meisten beeindruckte, war die Intensität der Farben. In der geistigen Welt wird Licht nicht unbedingt reflektiert. Es kommt von innen heraus und erscheint wie eine Art Lebenselixier. Millionen und Abermillionen von Farben sind möglich."

An einer anderen Stelle heißt es:

„Ich befand mich in einer Welt von Farben, die im Grunde Vibrationen waren […]. Da der Garten lichterfüllt war, suchte ich nach einer Sonne oder anderen Lichtquelle, aber wohin ich auch schaute, stand ich im Licht selbst und konnte nicht sehen, woher das Licht kam."(45)

In dieser übersinnlichen Daseinsebene intensivieren sich die Sinne des Betrachters. Details der Verbundenheit aller Erscheinungen mit dem Licht werden wahrgenommen – die Einheit allen Seins. Ihm wird bewusst, dass er eine Einheit aus Liebe, Schönheit und Wahrheit erlebt. Alle Landschaften, Bauwerke, Wesen und die intensiven Farben der Pflanzenwelt sind durch das Licht miteinander verbunden als ein Abglanz der Ewigkeit. Dazu ein weiteres eindrückliches Beispiel:

„Als ich mich in meiner Umgebung umsah, bemerkte ich, ich befand mich in einem großen Gebäude aus vielfarbigen Steinen, und jeder vibrierte in einem bestimmten Ton, wie in einem großen Orchester. Die Steine erzeugten eine höchst bezaubernde Musik […]. Sterbliche Menschen können sich in ihrer Imagination keine auch nur annähernde Vorstellung der Farben, der Schönheit und der Frische dieser Steinmauern machen. Ich streckte meine Hand aus, um diese Steine zu berühren, um zu prüfen, ob sie real waren. Sie waren real." (46)

Sogar das Wasser enthält Informationen, die zur Einheit allen Seins beitragen. Betty Eadie schreibt:

„Leben. Auch das Wasser war voll davon. Jeder Tropfen des Wasserfalls hatte eine eigene Intelligenz und Aufgabe. Eine Melodie von majestätischer Schönheit ging von dem Wasserfall aus." (47)

Auch von Lichtstätten wird in zahlreichen Erlebnissen berichtet:

„Plötzlich brach ein ungeheures Licht ein und ich wurde umgedreht zu diesem Licht hin. Ganz weit von mir entfernt sah ich eine Stadt […]. Selbst aus dieser ungeheuren Entfernung wirkte sie riesig […]. Und dann wurde mir klar, dass das Licht aus dieser Stadt kam. Das erste, was ich sah, war die Straße. Eine solche Pracht. Das einzige, wobei ich sie in diesem Leben in Verbindung bringen kann, ist Gold. Aber alles war so rein und klar, so transparent. Alles besaß eine derartige Reinheit und Klarheit." (48)

Eine andere Zeugin spricht vom schönsten, friedlichsten und erstaunlichsten Ort, den sie je gesehen hat.

„Endlos weite Gärten, Landschaften bis zum Horizont mit Flüssen, Teichen, Quellen, Blumen, Bäumen, Hügeln, Wiesen, Tälern. Es war atemberaubend schön. Doch das Unglaublichste an diesem Ort war die Farbe. Alle Farben waren so unbeschreiblich hell und beruhigend. Fast als schimmerten und leuchteten sie, als wären sie auf eine merkwürdige Art lebendig." (49)

In diesen Schilderungen der Jenseitswelt fällt auf, dass alles von diesem Licht zusammengehalten wird und durchdrungen ist, wodurch die gesamte Szenerie äußerst lebendig wirkt. Es fällt den Erlebenden sehr schwer, in menschlichen Worten das tatsächlich Erlebte auszudrücken.

DIE BEGEGNUNG MIT VERSTORBENEN

Auch während einer Nahtoderfahrung kommt es häufig zu Begegnungen mit verstorbenen Angehörigen. Diese werden schon während der Durchquerung des Tunnels wahrgenommen. Ein Mann erzählte mir von seinem Todesnäheerlebnis:

„Als ich durch einen spiralförmigen Tunnel gezogen wurde und auf das Licht zuraste, begegnete ich zu meinem großen Erstaunen meiner Mutter, die schon vor zehn Jahren verstorben war. Sie begrüßte mich mit einer unbeschreiblichen Liebe."

Verstorbene, die uns empfangen, sind diejenigen, die wir am meisten geliebt haben. Sie sehen aus wie in der besten Zeit ihres Lebens. Alle Anzeichen von Krankheiten, physischen Behinderungen oder schwere, auszehrende Leiden, die dem Tod vorausgegangen sind, sind verschwunden. Sie sind ganz und heil, wie das auch in den Nachtodkontakten beschrieben wird. Die Kommunikation erfolgt durch Gedankenübertragung. Es ist ein Austausch, ohne zu sprechen. Eine Frau berichtet von der Freude dieses Wiedersehens:

„Mir war, als ob ich durch eine graue Decke hindurch in ein Lichtreich vorgestoßen würde. Das Allererste war eine liebevolle und herzliche Begrüßung durch verstorbene Menschen, die mir sehr wichtig waren. Vor allem war das eine Freundin sowie meine Großmutter väterlicherseits. Die Begrüßung durch die Gestalten war überwältigend. Im Grunde genommen war es ein Meer von Liebe." (50)

Eine andere Frau erlebte Folgendes:

„Als ich im Licht war, waren dort meine Schwiegermama, mein Opa und eine mir lieb gewordene Frau eines Lehrers. Wir redeten miteinander, sahen uns, empfanden uns als Menschen – eine sehr liebevolle Atmosphäre. Es war aber ein Reden ohne zu sprechen – wir verstanden uns, ohne dass es der Kommunikation bedurfte." (51)

Nicht immer werden wir von bekannten Personen empfangen. Phyllis Atwater, die derzeit wohl bekannteste amerikanische Sterbeforscherin, hat selbst mehrere Nahtoderfahrungen gemacht. Bei einer dieser Erfahrungen begegnete sie einem Großvater, den sie nicht gekannt hat:

„Ganz plötzlich spürte ich in mir den Wunsch, meine Verwandten zu sehen, diejenigen, die ich liebte. Kaum hatte ich diesen Gedanken gedacht, waren sie da. Es erschien sogar ein Großvater, den ich nie zuvor gesehen hatte, weil ich nicht mit seiner Familie aufgewachsen war. Er kam zu mir, stellte sich mir vor und gab sich als mein Großvater zu erkennen. Zum ersten Mal hatte ich Gelegenheit, ihn kennenzulernen. Das war äußerst aufregend." (52)

Es kommt auch vor, dass Personen gesehen werden, von denen gar nicht gewusst wurde, dass sie verstorben waren. Pim van Lommel zitiert in seiner Studie „*Endloses Bewusstsein*" einen derartigen Fall:

„Als ich 16 war, hatte ich einen schweren Mofaunfall. Ich lag fast drei Wochen im Koma […]. Ich kam zu einer Art Metallzaun, hinter dem Herr van der G. stand, der Vater des besten Freundes meiner Eltern. Er sagte zu mir, ich dürfe nicht weitergehen. Ich müsse zurückgehen, denn meine Zeit war noch nicht gekommen […]. Als ich wieder bei Bewusstsein [war] und meinen Eltern die Geschichte erzählte, sagten sie mir, dass Herr van der G., während ich im Koma lag, gestorben wäre und beerdigt worden sei. Ich konnte gar nicht wissen, dass er tot war." (53)

DAS LICHTERLEBNIS

Das Licht übt eine große Anziehungskraft auf die Erlebenden aus. Mit seiner Strahlkraft durchdringt das Licht alles. Man erfährt absolute Akzeptanz und bedingungslose Liebe, die alles übersteigt, was man vorher mit Liebe verbunden hat. Das Licht spendet Trost und strahlt Wärme, Frieden und Liebe aus. Gefühle von Harmonie und Geborgenheit stellen sich ein. Auch Kelly erfuhr dies so.

Sie wäre fast ertrunken. Die wütende See sorgte dafür, dass sie keine Luft mehr bekam. Schließlich lösten sich ihre Todesqualen in eine totale und stille Dunkelheit auf, die sie aber nicht verängstigte. Sie erzählt:

„[Ich spürte], dass um mich herum mehr vor sich ging. Etwas Größeres und Umfassenderes als ich, mehr als ich. Ganz langsam erschien ein Licht in der Dunkelheit. Als das Licht dichter herankam, verstärkten sich meine

Gefühle. Ich wurde emotional erhoben, als umhüllte es mich und brächte mich in Etwas, das ich nur als Liebe bezeichnen kann. Ich wurde Teil dieser Liebe […]. Allmählich wurde mir klar, dass ich keinen Körper hatte. Ich war ein einzelnes Fragment dieses Lichts. Mein physischer Körper war weg. Ich war formlos, ein Teilchen aus Licht […]. Ich staunte ehrfürchtig über das wimmernde Leben, das von dem Licht ausging, es war lebendig vor Bewusstsein, als ob die Seelen aller Lebewesen aus Vergangenheit, Gegenwart und Zukunft miteinander verbunden wären, ihre Liebe miteinander teilten und erstrahlen ließen. Sie tanzten und pulsierten, wobei ihre Lichter sich zu einer spektakulären gemeinsamen göttlichen Liebe und göttlichem Wissen verbanden." (54)

Was sie da erfuhr, nennt man Einheitsbewusstsein. Wenn man Teil des Einheitsbewusstseins des Lichtes ist, ist man ebenso Teil alles Wissens. Penny Wilson berichtet von ihrer intensiven NTE, dass das Licht Gottes folgende Wirkung auf sie hatte:

„Ich ergab mich Gott vollständig. Er hielt mein gesamtes Sein, sein Licht strömte aus mir. Plötzlich war ich nicht mehr außen, sondern innen, die Quelle des hellen Lichts wohnte dem tiefsten Teil meines Lebens inne. Der Heilige Geist lebte in mir, weilte in meinem Herzen, meinem Geist, meiner Seele. Zum ersten Mal verstand ich, dass Gott umfassend und persönlich ist." (55)

Den tiefsten Rückschluss, den Penny aus ihrer Nahtoderfahrung zog, ist, dass wir alle miteinander verbunden sind. Dianne Morresey empfand das Licht als die Gegenwart Gottes, wie viele andere Erlebende auch:

„Ich wusste, dass ich in dieses Licht gehen konnte, das Teil einer gewaltigen Kraft war, und obwohl das Licht heller war als tausend Sonnen, tat es in meinen Augen nicht weh."

Etwas später kommentiert Wolfgang Knüll in seinem Buch *„Nahtoderfahrungen – Blick in eine andere Welt"* die Erfahrung von Dianne und stellt fest, dass sie „[im Licht erfuhr], was sie Gott nennt. Sie spürte die Fähigkeit dieses Lichts zur Heilung aller Gebrechen, und alles Wissen über jeden Planeten, jede Galaxie, jedes Wissen um und über das gesamte Universum war verfügbar, vermittelt durch eine unendliche Liebe über jedes Begreifen hinaus. Nichts vergeht wirklich, Mensch, Tier, Pflanze oder ein Sandkorn, weil es diese andere Seite gibt." (56)

Diana beschreibt ihre Nahtoderfahrung wie folgt:

„Ich war das Licht. Ich wusste, dass Zukunft und Vergangenheit jetzt sind. Dieses Jetzt war die Folge des Einsseins. Und das Einssein war die Folge dessen, dass es keinerlei Grenzen gab. Im Einssein wusste ich, dass ich rein war und frei, weil das Einssein nicht urteilt. Außerdem war ich mir aller Dinge bewusst, weil ich zu allen Dingen wurde." (57)

Das göttliche Licht ist in jedem von uns und wir sind davon nie getrennt, ob uns das bewusst ist oder nicht. In der Begegnung oder Verschmelzung mit dem Licht erhalten wir absolute Klarheit, wer wir in Wirklichkeit sind: Liebe und reines, ewiges Bewusstsein, unabhängig von unserem Ego. Diese EINE göttliche Liebe ist die Ursprungsenergie, die jedes Molekül im Universum zusammenhält. Es ist die Natur und Substanz von allem, was ist.

Auch Barbara erlebte ein Gefühl des Einsseins und der allumfassenden göttlichen Gegenwart. Sie erinnert sich:

„Ich sah einen Sternenhaufen, er strahlte ein sehr helles, weißes Licht aus […]. Die göttliche Gegenwart war nicht in den Sternen. Die göttliche Gegenwart war überall um mich herum und strahlte ein so wunderbares Gefühl aus […]. Wie soll ich das Gefühl beschreiben, in der Gegenwart Gottes zu sein? Ich weiß nur, dass ich während meiner Nahtoderfahrung im Herzen Gottes war, denn ich konnte sehen, dass Gott alle Materie, alles Seins, allen Nicht-Raum, einfach alles durchdringt.“ (58)

Nahtoderfahrene sind mit einem Wissen übergreifender Lebenszusammenhänge und der Einheit allen Seins beschenkt. Es ist das Wissen, dass letzten Endes alles im Universum durch die göttliche Liebe miteinander verbunden ist. Diese Einheit, von der in den Berichten immer wieder die Rede ist, bleibt in ihrem Kern unbeschreibbar. Das Licht Gottes ist die wahre Wirklichkeit und deswegen ist die Erfahrung von Gottes Gegenwart für die Erlebenden das sichere Wissen, dass Gott wirklich existiert.

DER LEBENSRÜCKBLICK

Im Beisein des göttlichen Lichts oder des Lichtwesens entfaltet sich der Rückblick auf das gelebte Leben. Sie werden immer zusammen erlebt. Beim Lebensrückblick werden wir nicht nur aus der Perspektive, wie wir selber die Dinge wahrgenommen haben, konfrontiert, sondern erleben die Auswirkungen unserer Gedanken, Worte und Taten auf andere Menschen und die Umwelt. Unser Bewusstsein speichert alle Lebensabläufe, die dann ins Überbewusstsein des göttlichen Energiefeldes für immer übertragen werden. Wir erkennen, dass wir für unser Handeln selbst verantwortlich sind.

Das Gesetz von Ursache und Wirkung (Karma) durch unser Denken und Tun zeigt sich in der Eigenverantwortung, mit der wir im Lebensrückblick konfrontiert werden. In der Gegenwart des Lichts stellt sich die wichtigste aller Fragen: Waren wir mitfühlend und liebevoll oder voll Angst, Wut und Zorn? Haben wir Liebe gegeben oder zurückgehalten? Liebe oder Angst sind in jeder Situation unseres Lebens die Grundsatzfrage, die darüber entscheidet, wie wir auf die Herausforderungen reagieren.

In der Gegenwart des Lichts betrachten wir noch einmal unser Leben. Wir erleben die positiven wie auch negativen Auswirkungen in einer Atmosphäre des Angenommenseins. Wir betrachten unser Leben nicht länger aus der Position des Erden-Ichs (Ego), sondern aus einem erweiterten Bewusstsein heraus. Dadurch sind wir in der Lage, die größeren Zusammenhänge unseres Lebens zu erkennen. Wir wachsen über die Begrenzung des eingeschränkten menschlichen Bewusstseins hinaus. Erlebende beschreiben, dass sie ihr Leben noch einmal komplett betrachten:

„Dann sah ich mein ganzes Leben von Anfang bis Ende, sogar all die Kleinigkeiten, die man im Laufe der Zeit

vergisst. [...] Jedes einzelne Gefühl, all meine glücklichen Zeiten, die traurigen Zeiten, jeder Zorn, die Liebe, die Verstimmungen, alles war da. Nichts war weggelassen.“ (59)

Ein junger Mann erlebte Folgendes während seiner NTE:

„Jedes einzelne Ereignis der 42 Jahre meines Lebens wurde mir gezeigt. Und zwar in einer Art augenblicklichem dreidimensionalen Panorama. Die Helligkeit zeigte mir jede Sekunde all dieser Jahre in hervorragendem Detail, und das in einem einzigen Augenblick.“

Die Lebensrückschau ist ein komplexes Erleben. Sie ist verbunden mit einem ungeschminkten Blick auf das eigene Selbst. Nichts bleibt im Verborgenen, alles ist offengelegt. Niemand wird verurteilt. Wenn jemand urteilt, sind wir es selbst. Die Lebensrückschau ist ein Selbsterkennungsprozess, um seelische Wunden zu heilen. Wir sehen, wie wir uns verhalten haben, und erleben gleichzeitig, was die Beteiligten in einer Situation gefühlt haben. Ein Mann drückte das so aus:

„In der Lebensrückschau nahm ich wahr, was die Menschen um mich herum fühlten, alles zur selben Zeit. Ich beobachtete es und ich tat es. Ich erlebte beide Aspekte gleichzeitig. Aber ich sah niemanden, der mich verurteilt hätte. Es war eher so, dass ich mich selbst verurteilte für das, was ich getan hatte, und dafür, wie es auf die anderen wirkte.“ (60)

Während der Lebensrückschau sind wir in die allumfassende Liebe des Lichtwesens eingehüllt. Wir sind umgeben von einem allgegenwärtigen Energiefeld. Roxanne beschreibt:

> *„Als ich mit 17 fast im Meer ertrank, sah ich mein ganzes Leben im Licht – aber anstatt als Abfolge von Ereignissen kam alles auf einmal. Damals lernte ich, dass die Zeit so, wie wir sie uns vorstellen, nicht existiert, ebenso wie die Trennung zwischen uns. Es war eigentlich fast so, als würde es den anderen gar nicht geben. Ich sage fast, weil ich mir meiner Selbst bewusst war, aber gleichzeitig auch wusste, dass meine Bewusstheit innerhalb einer feinen Struktur lebte, die ewig und überall existiert." (61)*

Wir alle sind Teil eines großen lebendigen Universums. Wenn wir anderen wehtun, verletzen wir uns selbst. Eine Frau erklärte, dass sie mit allen Dingen und Lebewesen mitfühle, da sie sich der Verbundenheit und Einheit von allem Sein bewusst sei. Wir sollten uns der Wirkung unser Gedanken, Worte und Taten auf alles bewusst sein: Wetter, Pflanzen, Tiere, Wasser, Luft. Wir sind mit der feinen Struktur der Ganzheit, also durch das Göttliche, mit allem anderen Sein verbunden. Gott ist Liebe und liebt uns bedingungslos. Für alles, was wir getan haben, ist uns bereits vergeben. Sicher ist es für Menschen, die andere getötet oder viel Unheil über die Welt gebracht haben, nicht leicht, sich mit ihrem Lebensfilm auseinanderzusetzen. Es wird nichts ausgespart und sie müssen alles noch einmal durchleben. Jedes Leid, das wir anderen zugefügt haben, bekommen wir selbst zu spüren. In solchen Fällen – nehmen Sie Hitler als Beispiel – ist der Anblick derartiger Gräueltaten ein harter Läuterungsweg, bis Vergebung erfolgen kann. Und doch wird auch in diesem Fall die harte Gerechtigkeit durch göttliche Gnade gemildert. Es gibt eine Reihe von Berichten von Menschen, die schwer gefehlt haben und von Hilfe sprechen, die sie erfahren haben, um ihre Verfehlungen in ihr Leben zu integrieren. Keiner fällt ein Urteil – höchstens wir selbst. Wir sind der eigene Richter und gleichzeitig in die bedingungslose Liebe des Lichtes eingehüllt. Ein Betroffener schildert:

„Diese Rückblende oder Lebenserinnerung schien in erster Linie auf eine Bilanzierung meines ganzen Lebens hinauszulaufen. Es war dann, als ob es zu einem abschließenden Urteil gekommen wäre, als urplötzlich das Licht schwächer wurde und ein Gespräch in Gang kam, ein Gedankenaustausch ohne alle Worte. Wenn ich etwas sah oder eine Sache aus meiner Vergangenheit erneut durchlebte, dann geschah das so, als ob ich es mit den Augen eines anderen wahrnähme, der über alles Wissen und alle Macht verfügte und mich anleitete und mir gleichsam die Augen öffnete. Es zeigte mir nämlich nicht nur, was ich einmal getan hatte, sondern darüber hinaus auch noch, welche Folgen meine Taten für andere Menschen hatten. Und zwar ging das nicht so vor sich wie beim Betrachten von Filmszenen, denn ich konnte alles fühlen. Das Gefühl war beteiligt […]. Ich entdeckte, dass sogar unsere Gedanken nicht verloren gehen. Jeder Gedanke war erhalten geblieben." (62)

Die Folgen des eigenen Fühlens und Denkens werden bewusst. Die meisten Nahtoderlebenden kehren eher widerwillig in ihren Körper zurück. Sie wissen durch die Lebensrückschau, dass sie hier auf Erden noch Aufgaben zu erfüllen haben.

KAPITEL 4

DIE GEMEINSAME TODESERFAHRUNG

Wir leben in einer Zeit, in der die Mehrheit der Bevölkerung den Todesnähephänomenen skeptisch gegenübersteht. Über Nahtoderfahrungen, Kontakte mit Verstorbenen oder Sterbebettvisionen wird in den öffentlichen Medien nur sehr selten berichtet. Die Auseinandersetzung mit dem heutigen erforschten Wissen darüber, was mit uns geschieht, wenn wir sterben, zeigt auf, dass wir nicht unser Körper sind und dass das Leben nach dem Tod äußerst real ist. Eine Gesellschaft jedoch, die rein materialistisch geprägt ist, hat ihre geistigen Ziele der Gotteserkenntnis vollständig aus den Augen verloren. Deswegen ist die Grundangst vor dem Tod, vor der eigenen Sterblichkeit und Vergänglichkeit, ein beherrschendes Thema. Wer selbst einen Menschen beim Sterben begleitet hat, wird zum Zeugen der Anwesenheit von etwas viel Größerem im Raum.

Kurz vor ihrem Tod werden Sterbende wie von einem inneren Licht erhellt. Sie fühlen sich vom Licht durchflutet und von Liebe durchdrungen. Sie sind voll Vertrauen und Akzeptanz, wenn sie ihre Ängste durchschritten haben. Mitunter kommt es vor, dass Angehörige in das Sterbegeschehen miteinbezogen werden. Die Betroffenen erleben am Sterbebett oder auch unabhängig vom Ort des Geschehens eine spontane Bewusstseinserweiterung, die mit einer außerkörperlichen Erfahrung verbunden ist. Der Angehörige begleitet den soeben Verstorbenen auf dem Weg in die andere Wirklichkeit. Das ist ein spontanes und unvorbereitetes Erleben, das als Mitsterben, geteilte Todeserfahrung oder empathisches Todeserlebnis bezeichnet wird. Ein Mann erzählte davon in einem Seminar:

„Mein Vater wollte nicht sterben. Ich war bei ihm als er starb. Im Augenblick seines Todes durchströmte mich eine enorme Energiewelle. Aus der Brust meines Vaters stieg ein heller Dunstschleier auf. Der ganze Raum erhellte sich und ich bemerkte ein übernatürliches Licht. Plötzlich befand ich mich außerhalb des Körpers an der Decke des Raumes. Von oben sah ich mich am Bett sitzen, doch mein verstorbener Vater stand lebendig und humorvoll neben mir. Wir schwebten gemeinsam auf das Licht zu. Die Struktur des Raumes veränderte sich und wurde durchsichtig und fließend. Szenen aus unserem Leben tauchten vor uns auf. Ein Tor öffnete sich und ich erblickte eine unbeschreiblich schöne Landschaft, die von Licht durchdrungen war. Irgendwann erkannte ich, dass ich mich an einer Grenze befand. Im selben Moment wurde ich in meinen Körper zurückgezogen. Diese geteilte Todeserfahrung werde ich mein Leben lang nicht vergessen. Ich weiß aus eigener Erfahrung, dass es ein Leben nach dem Tod gibt.“

Von einer geteilten Todeserfahrung spricht man, wenn ein Angehöriger oder eine Bezugsperson bezeugt, in den Übergang des Sterbenden von diesem Leben zum Tod miteinbezogen gewesen zu sein. Es gibt zwei Arten: die am Krankenbett, wobei der Erlebende sich physisch beim Sterbenden befindet oder ein Angehöriger erlebt das aus der Entfernung und hat entsprechende Visionen vom Sterbenden, dessen Seele physisch präsent ist. Das Erleben einer gemeinschaftlichen Todeserfahrung ist in den meisten Fällen mit einer außerkörperlichen Erfahrung verbunden.

Der Energiesog, von dem in vielen Berichten die Rede ist, geht vom Sterbenden aus, dessen Bewusstsein sich im Augenblick des Todes vom Körper löst. Sterben ist ein gewaltiges energetisches Geschehen. Wenn Begleitende für derartige Energie empfänglich sind, können sie in diesen Sog hineingezogen werden. Eine Hospizbegleiterin erzählte mir:

„Ich begleitete Frau Peters über viele Wochen im Sterben, das sich durch eine Vielzahl unerledigter Dinge in die Länge zog. Da ich an einer Fortbildung teilnehmen musste, vertrat mich meine Kollegin. Zwei Tage später schaute ich mir im Tagungshotel einen Film an. Von einem Moment zum anderen fühlte ich die Präsenz von Frau Peters. Ich wurde buchstäblich aus meinem Körper herausgezogen und gewaltige Energien erhoben mich. Ich befand mich unmittelbar in meinem Hospiz und blickte von oben herab auf den leblosen Körper der Frau. Ihr Sohn und meine Kollegin saßen an ihrem Bett. Dann erblickte ich in der Ecke des Raumes Frau Peters. Sie winkte mir fröhlich zu und wollte sich wohl von mir verabschieden. Dann kam ich plötzlich in meinem Körper wieder zu mir."

In einem anderen Bericht heißt es über die energetische Sogwirkung:

„Als er starb, ging er geradewegs durch meinen Körper hindurch. Es fühlte sich an wie ein Stromschlag, wie wenn ich die Finger in die Steckdose stecken würde, nur sehr viel schwächer. Überall um uns herum war Licht." (63)

Ich möchte nun etwas genauer auf die unterschiedlichen Merkmale einer gemeinsamen Todeserfahrung eingehen. Nach neuestem Forschungsstand erschließen sich folgende Merkmale empathischer Erlebnisse:

- Außerkörperlichkeit
- Mystisches Licht
- Musik und Klänge
- Einblicke in himmlische Welten
- Die gemeinsame Lebensrückschau
- Veränderte Raumwahrnehmung
- Wahrnehmungen am Sterbebett
- Auswirkungen einer empathischen Todeserfahrung
- Unüberschreitbare Grenzen für die Miterlebenden

Geteilte Todeserfahrungen hat es zu jeder Zeit in der Geschichte gegeben. Doch erst Raymond Moody publizierte 2011 die erste umfassende Studie *„Zusammen im Licht: Was Angehörige mit Sterbenden erleben."* William J. Peters hat 20 Jahre das Phänomen untersucht und gibt tiefe Einblicke in seine Erkenntnisse im 2022 erschienenen Buch *„An der Schwelle zur Unendlichkeit – Geteilte Todeserfahrungen. Wie Menschen den Tod ihrer Lieben miterleben"*. Heute werden noch nicht viele Menschen von diesen Phänomenen gehört haben, die wie Nahtoderfahrungen erlebt werden.

AUSSERKÖRPERLICHKEIT

Eine außerkörperliche Erfahrung besteht aus einer Trennung des Bewusstseins vom Körper. Nur dadurch erhalten wir Einblicke in die geistige Welt und erkennen, was beim Sterben mit uns geschieht. Bei der gemeinschaftlichen Todeserfahrung spüren die Erlebenden eine unbekannte Energie in sich aufsteigen. Sie fühlen starke Schwingungen und Vibrationen, die sie aus ihrem Körper herauskatapultieren. Sie betrachten die Sterbeszene von der Decke aus. Menschen, die empathische Todeserfahrungen mit einem Sterbenden gemacht haben, sind bei ihrer außerkörperlichen Erfahrung mit dem feinstofflichen Körper des Verstorbenen zusammen, mit dem sie in Kommunikation treten. Wie in den Nahtoderfahrungen erleben sie eine Kontinuität des Ich-Bewusstseins. Eine Frau erzählte mir:

„Mein Mann lag auf der Intensivstation und ich begleitete ihn, bis ich nicht mehr konnte. Ich fuhr nachhause, um mich auszuruhen. Sofort versank ich in einen tiefen Schlaf. Irgendwann wachte ich auf und befand mich außerhalb meines Körpers. Ich erblickte meinen Mann, der sich auf ein Tor zubewegte. Dann sah er mich und nahm mich bei der Hand. Gemeinsam flogen wir auf das Licht zu und näherten uns diesem mystischen Licht, das reine Liebe ausstrahlte. Mein Mann wirkte entspannt und um Jahrzehnte jünger, doch dann bat er mich, zurückzukehren. Ich sah noch, wie er mit dem Licht verschmolz, und befand mich plötzlich wieder in meinem Körper und wachte auf. Mir war bewusst, dass mein Mann gestorben war, doch mein Erlebnis vermittelte mir Frieden und Ruhe. Kurz darauf rief das Krankenhaus an, um mich über seinen Tod zu informieren.“

Dr. Jamieson war beim Tod ihrer Mutter anwesend und versuchte sie vergeblich zu reanimieren. Sie hatte dann „[…] plötzlich das Gefühl, aus ihrem Körper herausgehoben zu werden. Sie erkannte, dass sie sich über ihrem Körper und dem Körper ihrer verstorbenen Mutter befand und auf die ganze Szene herabsah, als stünde sie auf einem Balkon. Dass sie außerhalb ihres Körpers war, überrumpelte sie völlig. Als sie versuchte, sich zurechtzufinden, merkte sie plötzlich, dass ihre Mutter in geistiger Form mit ihr in der Luft schwebte. Sie war direkt neben ihr." (64)

Juan erlebte den Übergang seines Bruders mit:

„Plötzlich hatte Juan das Gefühl, aus seinem Körper herausgehoben zu werden und von oben auf die Szene herunterzuschauen, die ihn neben dem Körper seines Bruders zeigte. Von diesem Blickwinkel in Deckennähe aus konnte Juan sehen, wie der Bruder seinen Körper in einer Art hellem Licht verließ, dass es von seinem Brustkorb aufstieg und sich schnell wegbewegte." (65)

MYSTISCHES LICHT

Die Begegnung mit dem Licht wird in den Nahtoderfahrungen wie auch in mystischen Meditationserfahrungen mit Glückseligkeit, Mitgefühl und bedingungsloser Liebe assoziiert. Die Erlebenden fühlen sich zu diesem Licht hingezogen. Die Erfahrungen Sterbender sprechen dieselbe Sprache. Forscher haben längst festgestellt, dass die Lichterfahrung keinen bekannten Ursprung im Gehirn hat. Die Persönlichkeitsveränderung nach einem Todesnäheerlebnis resultiert aus der Begegnung mit diesem göttlichen Licht. Viele beschreiben das Licht als Gottesbegegnung, die die

Menschen für immer verändert. Bei den geteilten Todeserfahrungen verhält es sich ebenso: Das Licht beeinflusst positiv und wird nie vergessen. Sharon berichtete:

„Ungefähr, bevor meine Schwester schließlich starb, überflutete ein helles, weißes Licht das gesamte Zimmer. Es war ein Licht, das wir alle sahen und das seitdem bei uns geblieben ist. Ich spürte starke Liebe und Verbundenheit mit allen, die im Zimmer waren, auch den anderen Seelen, die nicht sichtbar waren, deren Anwesenheit wir aber spürten. Jetzt ist mir klar, dass ich das wahrnahm, was meine sterbende Schwester wahrnahm. Worte können nicht ausdrücken, wie stark diese Erfahrung mich beeinflusst hat. Die Weisheit und der Frieden, die von diesem Licht ausgingen, haben mich seitdem nicht verlassen." (66)

In der Lichterfahrung zeigt sich, ob in den Nahtoderfahrungen oder den empathischen Erlebnissen mit Sterbenden, dass wir, wenn wir sterben, in die Liebe erwachen, was ich in all den Jahren im Rahmen von Vorträgen, Interviews und Seminaren immer wieder betont habe. Cristina erlebte das Sterben ihrer Mutter hautnah und hielt sie in ihren Armen:

„Ich bin da und Gott ist auch hier. In dem Moment, in dem ich das sagte, fühlte ich mich ganz leicht. So, als wäre der Raum schwerelos gewesen, mich eingeschlossen. Die Erdanziehung schien außer Kraft gesetzt. Ich wurde hochgehoben, und mit mir das ganze Zimmer. Und ich sah, wie meine Mutter auf dieses helle Licht

zuging. Zwar habe ich ihr Gesicht nicht gesehen, wusste aber ganz genau, dass sie es war. Das war das beste Gefühl, das es nur geben kann. Nie in meinem Leben war ich so glücklich. Der Frieden, den ich spürte, war einfach unglaublich. Ich spürte den Himmel förmlich, aber am Ende habe ich einfach an Gott geglaubt und bin mit meiner Mutter aufgestiegen." (67)

Cristina kam dann kurz darauf in ihrem Körper wieder zu sich, die tote Mutter in ihren Armen. Es folgen zwei Beispiele, die mir persönlich berichtet worden sind:

„Als meine Mutter starb, füllte sich das Zimmer mit einem Licht, das eine unbeschreibliche Liebe ausstrahlte. Es kam mir vor, wie eine liebevolle, sanfte Wesenheit, bewusst und lebendig, als ein non-lokales Bewusstsein, das unabhängig vom Körper existiert. Als ich meine Mutter in diesem Licht erblickte, wusste ich, dass alles gut ist."

Eine Frau beschreibt das Sterben ihres Mannes:

„Im Augenblick seines Todes spürte ich eine nie zuvor erlebte Energie, die mich wie eine Welle aus dem Körper zog. Ich fand mich in einer Ecke des Zimmers wieder. Durch die gewaltige Sogwirkung veränderte sich der Raum unter mir und löste sich in Lichtpartikel auf. Das Licht wurde heller und heller. Mein Mann ging voller Freude auf dieses Licht zu. Er drehte sich noch einmal um und winkte mir zu. Dann verschwand er im Licht. Ich fühlte Liebe, Frieden und

Geborgenheit. Das hat mich für immer verändert. Ich habe keine Angst mehr vor dem Tod."

Das mystische Licht ist wie eine flüssige Substanz, in die wir nach dem Tod eintauchen. Dabei lösen sich alle vorherigen Ängste und Zweifel auf. Licht ist die Ursubstanz der Schöpfung und durchdringt das gesamte Universum und ist das Leben. Im Sterbeprozess wird dieses Licht, das wir sind, im Außen für Begleitende mitunter sichtbar. Eine Frau berichtet:

„In einer dieser Phasen, in denen der Atem aussetzte, erfüllte ein blendendes Licht das Zimmer. Ein paar Minuten später hörte mein Mann endgültig auf zu atmen und starb. Das Licht war ungefähr noch zehn Minuten da. Wir haben keine Formen oder Gestalten in dem Licht gesehen, aber es schien lebendig zu sein und war die Anwesenheit einer Person. Das Personenhafte hat mich zu dem Gedanken veranlasst, das Licht sei die Essenz seines Vaters." (68)

Es wird oft berichtet, dass die Augen der Sterbenden hell zu leuchten beginnen, oder der Sterbende selbst wird hell, was als *verklärtes Leuchten* beschrieben wird. Für die Erlebenden hat die Lichterfahrung etwas Tröstliches. Eine Frau schreibt:

„Worte können nicht ausdrücken, wie stark diese Erfahrung mich beeinflusst hat. Nie zuvor hatte ich so etwas gedacht! Die Weisheit und der Frieden, die von diesem Licht ausgingen, haben mich seitdem nicht verlassen." (69)

Für eine andere Frau war die Erfahrung mit dem Lichtwesen, das ihre Mutter in Empfang nahm, ein überwältigendes Gefühl der Liebe:

„Ich hatte das Gefühl, dass es einfach ein Wesen der vollkommenen Liebe, des vollkommenen Wissens und Mitgefühl war. All das. Die Liebe, die ich in dem Raum mit meiner Mutter und der Lichtgestalt empfand, war immens und erfüllte jede Pore meiner Haut. Dabei konnte es sich um nichts anderes handeln als um ein göttliches Wesen. Für mich war diese Liebe Gott." (70)

MUSIK UND KLÄNGE

Wie in den Schwellenerlebnissen der Sterbenden oder den Nahtoderfahrungen berichten auch Menschen mit einer gemeinsamen Todeserfahrung von der Wahrnehmung überirdischer Klänge und Musik. Diese Übereinstimmungen mit den Todesnäherlebnissen wie auch den empathischen Erlebnissen sind insofern erstaunlich, als dass diese Menschen sich weder selbst im Sterben befanden noch in irgendeiner Weise krank waren. Eine Frau schrieb:

„Plötzlich ging da ein sehr helles Licht von der Brust meines Mannes aus und als dieses Licht sich nach oben bewegte, waren da eine herrliche Musik und Gesang, meine eigene Brust schien von grenzenloser Freude erfüllt, und es war, als würde mein Herz sich in die Höhe schwingen, um sich mit diesem Licht und dieser Musik zu verbinden. (71)

Dann starb der Mann in ihrem Beisein und das Licht und die wunderbare Musik waren verschwunden.

Ida hörte am Bett ihres sterbenden Mannes auch Musik:

„Ich konnte ihn im Bett sehen und plötzlich war es, als würde aus der oberen Zimmerdecke ein Glitzern herunterkommen. Gleichzeitig hörte ich Musik. Als sie lauter wurde, verstärkte sich das Glitzern und bewegte sich zu meinem Mann hinüber. Es war die schönste und erstaunlichste Musik, die ich je gehörte hatte. Jede Note war ein Glitzerpunkt. Ich sah Musik. Er starb in dem Augenblick, als das Glitzern ihn berührte." (72)

Der Übergang oder Eintritt in das Jenseits ist häufig mit akustischen Wahrnehmungen verbunden. Sterbende sprechen kurz vor ihrem Tod davon, himmlische Musik zu hören. Das ist ein häufiger Bestandteil der Sterbebettvisionen. Eine Hospizhelferin erzählte mir:

„Als Frau Müller ihre Augen öffnete, erschien sie mir wie von einem inneren Licht erhellt. Sie bemerkte meine Anwesenheit und flüsterte: ‚Ich war im Himmel und hörte eine wunderbare Sphärenmusik, wie ich das noch nie erlebt habe. Die Harmonie der Töne war unbeschreiblich.' Wenige Minuten starb die Frau friedlich in meinem Beisein."

EINBLICKE IN HIMMLISCHE WELTEN

Wie in den Nahtoderfahrungen werden auch in den geteilten Todeserlebnissen jenseitige Welten erblickt. Alles wird als viel klarer und schärfer wahrgenommen, und alles, was gesehen wird, ob Landschaften, Farben, Bauwerke und Häuser – alles ist von einem transzendenten Licht durchdrungen.

In den geteilten Todeserfahrungen steht mehr das Licht, die Energie, die Liebe eines Ortes in einer anderen Dimension im Vordergrund. Überwältigende Emotionen, Klarheit und helles Licht sind für eine Vielzahl dieser Erfahrungen typisch. Scott drückte das so aus:

„Ich bin im Raum, bin aber auch in eine andere Dimension eingetreten, die parallel zu der existiert, in der ich mich befinde. Ich bin mit Mary Fran und Nowlan zusammen und wir erleben diesen Moment der Einheit. Ich bin bei ihnen, und sie sind bei mir, und ich bin eins mit allem. Und es geht unglaublich ans Herz, man taucht wirklich in die Liebe des Universums ein." (73)

Alice gab später zu Protokoll, mit ihrem Mann im Haus der Seele gewesen zu sein. Es war absolute, vollkommene Glückseligkeit.

Abschließend noch ein Beispiel einer empathischen Todeserfahrung, in der das Jenseits geschaut wurde, in dem Catherine ihre Freundin Martha begleitete, deren Herz versagte. Sie vernimmt ein Summen und wird aus dem Körper gezogen:

„Ich ging plötzlich mit Martha einen Hügel hinauf, und wir waren von Licht umgeben. Nicht von normalem

Licht, sondern alles um uns – die Pflanzen, der Boden, sogar der Himmel, leuchteten aus sich selbst heraus. Es war unbeschreiblich schön. Ich bin sicher, dass dieser Ort der Himmel oder so etwas Ähnliches war, denn ich fühlte mich herrlich. Vor uns konnte ich ihren verstorbenen Mann und andere verstorbene Verwandte sehen. Sie kamen alle diesen Hügel hinunter, um sie zu treffen. Die Landschaft und die Pflanzen auf dem Hügel waren wunderschön. Alles war geradezu schockierend grün und leuchtete so, dass ich die Augen davon nicht abwenden konnte.“ (74)

Catherine wird bedeutet, dass sie nicht mehr weitergehen soll. Dann hörte das Summen in ihren Ohren auf und sie wurde in ihren Körper zurückgezogen.

DIE GEMEINSAME LEBENSRÜCKSCHAU

Es wird immer wieder berichtet, dass es bei einer geteilten Todeserfahrung möglich ist, an der Lebensrückschau beteiligt zu sein. Dabei werden nicht nur Ausschnitte aus dem gemeinsamen Leben wahrgenommen, sondern die Erlebenden werden Zeuge von Erfahrungen ihres Partners, von denen sie vorher nichts gewusst haben. Eine Frau erzählte in einem Seminar:

„Mein Mann starb nach einem langwierigen Krebsleiden. Ich war bis zum Schluss stets an seiner Seite, auch als er hinüberging. Ich wurde in dem Moment von einer gewaltigen Sogwelle erfasst, die mich aus meinem Körper herauszog. Ich fand mich an der Decke wieder und neben

mir stand mein Mann. Gemeinsam schwebten wir aus dem Krankenhaus in eine höhere Dimension, in ein Energiefeld aus reinem Licht. Wir standen vor einem großen Bildschirm. Es wurden uns Szenen aus seinem und meinem Leben gezeigt. Ich war sehr überrascht, als ich die Bilder aus der Jugend meines Mannes sah, von denen ich nichts wusste. Kurz darauf ging mein Mann ins Licht. Er drehte sich um und winkte mir. Weiter durfte ich nicht mitgehen. Im gleichen Moment wurde ich in meinen Körper zurückgezogen."

Die Lebensrückschau ist eine der wesentlichsten Merkmale einer Nahtoderfahrung. Dabei wird das gesamte Leben noch einmal durchlebt. Allerdings nicht aus der eigenen Perspektive, sondern wir sind gleichfalls mit den Auswirkungen unserer Gedanken, Worte und Taten auf andere konfrontiert. Wir schauen uns ungeschminkt ins Gesicht.

Angesichts des Lichts machen wir die Erfahrung, dass nichts im Verborgenen bleibt. Im Leben mögen wir die unschönen Dinge, die wir getan haben, verdrängen, doch in der Lebensrückschau kommt alles wieder an die Oberfläche – das Gute, das wir getan haben, wie auch alles Negative. Haben wir Liebe gegeben oder zurückgehalten? Im Gegensatz zu den Nahtoderfahrungen steht bei der gemeinsamen Todeserfahrung die Begleitperson nicht an der Schwelle zum Tod, sondern wird in die Lebensrückschau des Verstorbenen einbezogen. Ein junger Mann berichtete über den Tod seines Zwillingsbruders:

„Plötzlich hatte ich das Gefühl, als würde ich meinen Körper verlassen und mich auf ein helles Licht zubewegen. Während dies geschah, blitzten vor mir Erlebnisse

auf, die ich mit meinem Bruder gehabt hatte. Ich erlebte mehrere Szenen aus unserer Kindheit wieder. Darunter auch einiges, das ich vergessen hatte. Es waren alles Bilder aus der Erinnerung, aber es waren keine Tagträume oder Träume wie im Schlaf. Die Szenen waren so lebendig, dass ich wirklich dachte, ich würde sie noch einmal erleben." (75)

Simon kam in seinem Körper wieder zu sich. Er war sehr verwirrt und erzählte seiner Mutter sofort, was geschehen war. Etwa eine Stunde später erhielt seine Mutter einen Anruf, dass ihr Sohn bei einem Unfall ums Leben gekommen sei.

VERÄNDERTE RAUMWAHRNEHMUNG

Im außerkörperlichen Bewusstseinszustand wird von Sterbenden wie von den Begleitenden eine Veränderung in der Form des Raumes wahrgenommen, was in den Nahtoderfahrungen nicht beschrieben wird. Das Krankenzimmer dehnt sich aus und öffnet sich einer höheren Wirklichkeit. Raum und Zeit sind aufgehoben. Manche sagen, das Zimmer habe sich in eine andere Welt geöffnet, in der Zeit keine Rolle spielt. An der Schwelle zum Tod öffnet sich ein Tor in eine andere Dimension. Manche erblicken Geistwesen, die in unsere Wirklichkeit hineinschauen und uns sehen, wir sie aber nicht. Nancy begleitete ihren Bruder und erlebte Folgendes:

„Plötzlich schien es, als ob das Zimmer seine Form verändern würde, fast so, als würde es sich mit Luft füllen und aufblähen. Ich hatte das Gefühl, aus meinem Körper herausgehoben zu werden und mich mitten in

der Luft mit meinem Bruder zu treffen. Wir wirbelten als Geister im Zimmer herum, und dann spürte ich, wie ich in meinen Körper zurückkehrte und alles aus derselben Perspektive sah, wie immer.“ (76)

Derartiges wird nur in einem erweiterten Bewusstseinszustand zugänglich. Insofern sind gemeinsame Todeserlebnisse ebenso wie Nahtoderfahrungen ein Schlüssel dafür, das Sterben transparent zu machen und umso wichtiger sind deswegen die Berichte dieser Erlebnisse. Beide Formen ermöglichen uns Einblicke in eine höhere Wirklichkeit, in die uns stets umgebenden geistigen Dimensionen. Sobald das irdische Raum-Zeit-Gefüge aufgehoben ist, wird Licht wahrgenommen, wie sich auch die Raumstrukturen verändern.

Dr. Jamieson beobachtete beim Sterben ihrer Mutter, wie sich die Form des Raumes veränderte und wie ihre Mutter von verstorbenen Freunden in Empfang genommen wurde:

„Ich sah an die Zimmerdecke und bemerkte eine offene Stelle im Universum, aus der Licht strömte. Aus diesem Licht kamen Menschen, die ich jahrelang gekannt hatte, verstorbene Freunde meiner Mutter … Dann schloss sich die Röhre wieder, wie eine Spirale, wie die Linsen einer Kamera, und das Licht war weg!“ (77)

WAHRNEHMUNGEN AM STERBEBETT

Gill berichtete über den Augenblick des Todes ihres Vaters:

„Als er starb, erhob sich etwas, das sich nur schwer beschreiben kann, weil es so unerwartet war. Derartiges gesehen zu haben über seinem Körper, erstaunte mich sehr. Etwas verließ ihn am Kopf. Es glich einzelnen zarten Wellen oder Schleiern von Rauch und verschwand dann. Ich war die Einzige, die es sah. Hinterher war ich ganz ruhig, es war für mich ein großer Trost gewesen."(78)

Wenn die Seele den Körper verlässt, werden von Begleitern dunstartige Gebilde wahrgenommen, die aus dem Körper austreten. Das wird als Nebel, Rauch, Wolken oder als zarte weiße Form beschrieben. Derartige Wahrnehmungen sind in der Forschung wenig untersucht worden, und doch berichten Pflegekräfte und Angehörige davon, dass etwas aus dem Körper des Sterbenden ausgetreten ist. Manchmal bleibt das nebelartige Gebilde noch eine Zeit lang über dem Körper sichtbar, bis es sich nach oben hebt und durch die Decke verschwindet. Das wird von den Erlebenden als Austritt der Seele oder des Geistes interpretiert. Insofern löst es ein erhabenes Gefühl von Liebe, Licht und Reinheit aus. Manchmal werden dabei sogar himmlische Klänge wahrgenommen. Ein Mann erzählte mir:

„Mein Vater erlitt einen Herzstillstand und wurde im Krankenhaus reanimiert. Ich besuchte ihn auf der Intensivstation. Ich sah sofort, dass er im Sterben lag.

Ich rief die Krankenschwester, die mir erklärte, dass mein Vater gerade gestorben sei. Da erblickte ich den Hauch eines Nebels, der aus seinem Kopf austrat. Diese flüchtige Form stieg nach oben und schien sich von seinem Körper zu trennen. Dieses Erlebnis hat mich sehr getröstet."

Ein Hospiz-Psychologe schilderte Raymond Moody, dass er glaube „[...] dass die spirituellen Erfahrungen von Sterbenden gewissermaßen durchsickern und sich in der Umgebung ausbreiten. Wenn sie diesen Bereich mit der richtigen Stimmung betreten, bekommen sie in Gegenwart des Sterbenden ein Gefühl für das Heilige." (79) Er beschreibt seine eigenen Erfahrungen wie folgt:

„Ich habe mehrfach erlebt, dass das Zimmer eine andere Form annahm. Ich kann das nur so beschreiben, dass Energieschübe durch den Raum pulsieren. Oft spüre ich etwas, das ich nicht benennen kann. Der Aufenthalt am Sterbebett ermöglicht einen Blick in die Ewigkeit. Als würde ich durch ein Fenster nach anderswo schauen, sehe ich manchmal Lichter, und zweimal habe ich ganz deutlich ein Gebilde wahrgenommen. Bei beiden Gelegenheiten habe ich gesehen, dass die Patienten ihren Körper in Form einer Wolke verlassen haben. Ich würde diese Wolke als eine Art Nebel beschreiben, der sich im Kopf- und Brustbereich gebildet hat." (79)

Bezogen auf die Wahrnehmung eines Dunstschleiers, der im Augenblick des Todes wahrgenommen wird, gibt es offensichtlich mehrere Ausstiegsmöglichkeiten: Ausgehend vom Mund, dem

Brustkorb und dem Kopf wurde auch berichtet, dass dieses Etwas durch die Füße entweicht. Doch letztlich kann es nicht darum gehen, aus welchem Körperteil die Seele den Körper verlässt – einzig entscheidend ist, dass dieser Dunst oder Nebel wahrgenommen wird und was das für den Beobachter für Auswirkungen hat. Wir wissen heute, dass Menschen, die ein solches Erleben haben, sich enorm getröstet fühlen. Das Gefühl von Liebe oder Licht hält noch Tage nach dem Tod an und bleibt darüber hinaus über viele Jahre ein Trost. Es hilft dabei, den Verlust besser zu verarbeiten, und hat sehr wohl eine Auswirkung auf das weitere Leben der Betroffenen.

DIE AUSWIRKUNGEN EINER EMPATHISCHEN TODESERFAHRUNG

Jeder, der eine geteilte Todeserfahrung gemacht hat, empfindet sie als stark tröstend, zumal die Erlebenden dann wissen, dass ihre geliebten Verstorbenen an einen Ort aus Liebe, Licht und Frieden gelangt sind. Darüber hinaus kommen sie mit der Gewissheit zurück, dass das Leben nach dem Tod weitergeht. Das wirkt sich positiv auf den Trauerprozess aus, da sie durch ihr Erleben den Verlust besser akzeptieren können. Bei den meisten besteht eine intensive Verbindung mit dem Verstorbenen auch weiter. Eine geteilte Todeserfahrung verändert die Menschen, es ist eine Transformation und das Leben wird aus einem anderen Blickwinkel gesehen. Alice erklärte:

„Ich weiß nicht, ob meine veränderte Art die Welt zu sehen, also, wie viel davon auf den Verlust meines Mannes, die Trauer und diese geteilte Todeserfahrung zurückzuführen ist, aber etwas in mir hat sich definitiv

radikal verändert. Jetzt weiß ich, was ich zu tun habe, nämlich versuchen, ein besserer Mensch zu werden, Angefangenes zu Ende zu führen und nicht zuletzt, anderen zu helfen. Und der Tag, an dem der liebe Gott mich zu sich nehmen will, wird eine Befreiung sein. Ich glaube, mein Mann ist im Himmel. Ich glaube, ich bin mit meinem Mann in den Himmel gegangen und dann auf die Erde zurückgeschickt worden." (80)

Ein empathisches Todeserlebnis ist für viele Betroffene die vielleicht tiefgreifendste Erfahrung ihres Lebens. Dennoch haben die meisten das Gefühl, mit anderen nicht darüber sprechen zu können. Menschen begegnen den Erlebenden mit höchster Skepsis oder machen sich sogar darüber lustig, selbst im engsten Familienkreis. Viele können sich einfach nicht vorstellen, dass ein solches Erleben möglich ist. Dazu ein paar Aussagen Betroffener:

„Ich bin mit meinem Mann 25 Jahre zusammen, aber er hat alles, was ich gesagt habe, absolut zurückgewiesen."

Eine andere Frau schreibt:

„Am Anfang habe ich jeden immer gefragt, ob sie mir glauben. Meine Kinder schauten mich nur an und dachten, dass Mama nicht damit umgehen kann, Mama ist verrückt geworden." (81)

In der westlichen Gesellschaft gibt es nur wenig Raum für Dinge, für Phänomene, wie ich sie hier in diesem Buch aufgezeigt habe. Selbst in der Hospizarbeit, wo derartige Phänomene immer wieder beobachtet werden, wird selten darüber gesprochen. Im medizinischen Bereich werden diese Erlebnisse immer noch als Sauerstoffmangel oder Veränderung im Stoffwechsel wegerklärt, wie auch die Sterbebettvisionen als Halluzinationen bezeichnet werden. Die Visionen der Sterbenden werden dann mit Medikamenten unterdrückt. Wir sollten uns diesen Phänomenen gegenüber öffnen und nicht alles abqualifizieren. Auch über die Nachtodkontakte wird in der Öffentlichkeit wenig berichtet. All diese Erfahrungen haben eine Tiefe, die die Zeugen für immer verändert. Sie sind zutiefst real und werden nie vergessen. Gail erklärte William Peters:

„Ich kann mich nicht mehr erinnern, was ich letzte Woche getan habe. Aber ich kann mich an jede Minute dieser geteilten Todeserfahrung erinnern. Es ist eine andere Art von Erinnerung. Sie ist ganz und gar Teil deiner Zellgruppe, sie ist da und als Erinnerung einfach so perfekt, dass sie nicht verblasst. Nein, sie verblasst einfach nicht." (82)

Dieses Phänomen kennen wir von den Nahtoderfahrungen. Wer den Körper verlassen und erweitertes Bewusstsein erlebt hat, wird diesen geistigen Zustand auf einer höheren Ebene des Seins nie vergessen.

KAPITEL 5

DAS PHÄNOMEN DER NACHTODKONTAKTE

Ein Nachtodkontakt ist eine authentische und reale Begegnung mit einem Verstorbenen. Dabei handelt es sich um eine spirituelle Erfahrung, bei der ein Mensch direkt, unmittelbar und spontan von einem Verstorbenen kontaktiert wird. Wir wissen heute, dass eine sehr große Anzahl von Menschen Derartiges erlebt hat. Viele Menschen berichten von Zeichen oder einem Gegenwartsempfinden, die von ihnen als Manifestationen eines verstorbenen Angehörigen oder Freundes betrachtet werden.

Die im Buch erwähnten Studien verweisen darauf, dass schätzungsweise 50 bis 60 Prozent aller Menschen einen oder mehrere spontane Nachtodkontakte erlebt haben. Derartige Erfahrungen werden seit Jahrhunderten auf der ganzen Welt und in allen Kulturen beschrieben. Es handelt sich also um ein zeitloses, universelles Phänomen und keinesfalls um eine Randerscheinung. Wir können davon ausgehen, dass viele Menschen auf der ganzen Welt tagtäglich von Verstorbenen kontaktiert werden, wobei viele diese Erfahrungen nicht einordnen können, da sie über keinen Bezugsrahmen verfügen, um das Phänomen verstehen zu können. Die Möglichkeit, dass sich Verstorbene von sich aus mit uns in Verbindung setzen und sogar Informationen vermitteln, entspricht nicht der Vorstellung von Wirklichkeit, die in unserer westlichen, materialistisch geprägten Gesellschaft vorherrscht.

Viele Menschen bewahren Stillschweigen über ihre Erlebnisse aus Angst, nicht für „voll" genommen zu werden oder für verrückt gehalten zu werden. Nachtodkontakte sind nach wie vor ein großes Tabuthema. Betrachten wir die Häufigkeit ihres Auftretens, sind Kontakte mit Verstorbenen normale, gesunde menschliche Erfahrungen, die einen starken positiven Einfluss auf den Trauerprozess haben. Für einen Augenblick öffnet sich der Schleier zwischen dieser und der anderen Welt und ein Verstorbener lässt uns Unterstützung und Liebe zukommen. Dadurch verändert sich die Sichtweise auf Sterben und Tod radikal. Allein das Spüren der Präsenz ist stets mit einem starken Liebesempfinden verbunden und verweist eindeutig auf ein Leben nach dem Tod.

Es ist sogar möglich, dass ein derartiger Kontakt sich noch viele Jahre nach dem Tod einstellen kann. Manchmal kommt es zu einer dynamischen Beziehung zwischen Lebenden und Verstorbenen. Wenn wir offen für Zeichen und Begegnungen mit der geistigen Welt sind, erkennen wir das riesige uns innewohnende Potenzial, was leider selten erkannt wird, das uns die Möglichkeit eröffnet, mit der geistigen Welt in Kontakt zu treten.

Begegnungen mit Verstorbenen spenden Trost und Frieden und vermögen so manchen Schmerz zu mindern. Sie werden oft als großes gnadenvolles Geschenk betrachtet. Wir sind von den Verstorbenen nicht getrennt und sie nehmen nach wie vor Anteil an unserem Leben aus einem höheren Blickwinkel. Bemerkenswert ist die Tatsache, dass die Identität eines bestimmten Verstorbenen zweifelsfrei erkannt wird. Ein Gegenwartsgefühl ist verbunden mit Wärme und Liebe und breitet sich von innen nach außen aus. Das ist stets verbunden mit einem Wohlgefühl von Geborgenheit. Die Verstorbenen wollen uns Mut machen und in der Trauer unterstützen.

Wir sind nie alleine, auch wenn uns das in manchen schwierigen Lebensumständen so vorkommt. Wir alle sind Träger des göttlichen Funkens, der Lebenskraft, dem tiefsten Kern unserer Persönlichkeit, wodurch wir nie von Gott getrennt sind. Das ist eine uns innewohnende direkte Verbindung zu Gott und der geistigen Welt. Durch eben diesen Kanal treten die Verstorbenen mit uns in Kontakt durch die innere Stimme oder die Intuition. Wenn wir uns unserer Innenwelt öffnen, können wir die Gegenwart eines spezifischen Verstorbenen fühlen, was viel mit Vertrauen in die geistige Welt zu tun hat. Wir wissen dann, dass sich ein spezifischer Verstorbener in unserem Umfeld befindet.

Und doch blockieren Angst und Unsicherheit viele Erlebende. Angst verhindert, den Kontakt als Geschenk zu betrachten. Begegnungen mit Verstorbenen sind flüchtig, subtil und wenig fassbar, was zu ambivalenten Reaktionen führt. Die Absicht der Verstorbenen liegt darin, uns von der Angst zu befreien und Mut und Zuversicht zu vermitteln. Keinesfalls wollen sie uns verschrecken oder ängstigen. Es ist der menschliche Verstand, das Ego, der das Unbekannte fürchtet und geistige Wirklichkeiten nicht erfassen kann.

Wenn ich die letzten zwei Jahrzehnte Revue passieren lasse, so ist festzustellen, dass in den vielen Seminaren, Vorträgen oder Beratungsgesprächen das Thema der Nachtodkontakte einen sehr großen Raum eingenommen hat. Die Erlebenden trauen sich oft nicht, in ihrem eigenen Umfeld über ihre diesbezüglichen Erfahrungen oder Erlebnisse zu sprechen. Manche tragen sie als kostbaren Schatz in ihrem Herzen, stoßen sie doch – selbst bei engsten Familienangehörigen – häufig auf Ablehnung, Desinteresse, oder sie werden sogar verlacht. Obwohl NTKs überaus häufig vorkommen, wird in der Öffentlichkeit und in den Medien kaum oder gar nicht darüber berichtet. Es wird von vorneherein abgelehnt, da es von vielen nicht für möglich gehalten wird, dass Verstorbene mit uns in Verbindung treten können. Es ist an der Zeit, das Tabu der Ignoranz zu brechen, zumal Nachtodkontakte für die Hinterbliebenen eine überaus positive Auswirkung beinhalten.

Der Tod ist nicht die Auslöschung eines menschlichen Wesens, sondern letztlich ein Übergang in eine für uns Menschen nicht fassbare Schwingungsfrequenz, die alles Irdische und Überirdische umfasst. Man könnte auch sagen, die Toten sind unter uns – nur unsichtbar für unsere Sinne. Obwohl Nahtoderfahrungen zu einem großen Thema der Erforschung des Sterbens in den letzten 30 Jahren geworden sind, sind die Nachtodphänomene weniger im Fokus der Forschung gestanden. Das ändert sich gerade und ich werde im Verlauf des Buches auf eben jene neuen wissenschaftlichen Studien zurückkommen.

In Seminaren und Gesprächen zeigt sich in erschütternder Weise, dass Menschen, die einen Nachtodkontakt erlebt haben, auf Ignoranz und Ablehnung stoßen. Manche konnten, oft Jahre später, im Rahmen eines geschützten Seminars zum ersten Mal überhaupt anderen von ihren Erlebnissen berichten. Das führt meistens zu einem Dammbruch in einer Gruppe, und es zeigt sich, wie häufig derartige Erlebnisse unterdrückt werden. Das Bedürfnis ist groß in der Bevölkerung, über ihre Erfahrungen zu sprechen. Natürlich auch in der Hinsicht, dass viele durch die Zurückweisung in ihrem Umfeld oft sogar selbst an ihren Wahrnehmungen zu zweifeln beginnen. Das hat auch mit der Angst vor dem Unbekannten, Unsichtbaren zu tun. Ängste spiegeln die innere Zerrissenheit des Menschen wider. Wenn dann Verstorbene über den Tod hinaus Unerledigtes zu klären haben, ist es für Angehörige nicht leicht, damit umzugehen, obwohl die Absicht der Verstorbenen dabei ist, Frieden zu finden für alle Beteiligten.

Viele Menschen sehnen sich nach Zeichen der Anwesenheit Verstorbener. Wenn diese dann spontan in Erscheinung treten, werden sie häufig nicht als solche erkannt oder als nicht ausreichend abgetan. Manche nehmen sie sogar als unheimlich wahr. Es setzt Offenheit und die Bereitschaft voraus, sich auf die tatsächliche geistige Präsenz einzulassen. Lassen Sie einen Kontakt, wenn er sich einstellt, einfach zu. Nachtodkontakte sind oft auch mit telepathischer Gedankenübertragung verbunden. Der Kontakt mit einem Verstorbenen geht von diesem aus und ist unabhängig davon, was jemand glaubt, welcher Religion oder Kultur er angehört, ob jemand atheistisch geprägt ist oder nicht oder diesen Phänomenen grundsätzlich skeptisch gegenübersteht. Ein Nachtodkontakt ist spontaner Natur und geschieht einfach. Es hat sie in der Geschichte in jeder Weltkultur schon immer gegeben.

Raymond Moody schrieb dazu in der Einleitung zu seinem Buch „*Blick hinter den Spiegel*“: „Schon lange vor Anbeginn historischer Aufzeichnungen fanden Erlebnisse mit Erscheinungen von Verstorbenen Eingang in die Sprache und Folklore der Kulturen aller Welt. Und selbst heute sind solche Wiederbegegnungen erstaunlich häufig.“ (83)

Im Folgenden möchte ich zunächst auf die historischen Forschungsergebnisse verweisen, um mich dann den neuesten aktuellen Studien zuzuwenden.

HISTORISCHE FORSCHUNG

Die Idee, Verstorbenen wiederzubegegnen und dass sie spontan mit uns in Kontakt treten könnten, ist so alt wie die Menschheit selbst. Wir sind seit Urzeiten von dieser Vorstellung fasziniert, da sie uns mit Fragen über das Leben nach dem Tod und unserer eigenen (Un-)Sterblichkeit konfrontiert. Das Abschiednehmen eines Verstorbenen, den vermittelten Trost, dass es ihm gut geht, ist in allen Weltkulturen von Anbeginn der Zeit immer wieder dokumentiert worden.

Es würde den Rahmen des Buches sprengen, würde ich auf die Vielzahl von Überlieferungen von Nachtodkontakten in der Geschichte eingehen. Doch die wohl eindrücklichste und bekannteste Nachtoderscheinung der Weltgeschichte ist das Sterben und die Auferstehung Jesu Christi im Neuen Testament. Sein Tod am Kreuz kann als Erkenntnis der Einheit mit Gott verstanden werden: Das Leben wird im Sterben Licht. Das ist heute eine der zentralen Erfahrungen im Sterbeprozess, wonach durch die Liebe, die im Angesicht des Todes erfahren wird, den Sterbenden offenbar wird, dass wir nie von Gott getrennt sind. Die Einsicht in das Eingebundensein in einen größeren Seinszusammenhang wird bewusst. Der Sterbende erlebt eine kaum fassbare Gleichzeitigkeit, wobei Raum und Zeit und alle Begrenzungen und Trennungen aufgehoben sind.

Im Matthäus-Evangelium lesen wir von Maria Magdalena und der anderen Maria, die das Grab besuchen, um Jesus zu salben. Ein Engel verkündigt den ängstlichen Frauen, dass Jesus auferstanden ist. Sie wollen den anderen Jüngern davon berichten. Auf dem Weg begegnet ihnen Jesus: „Und siehe, da begegnete ihnen Jesus und sprach: ‚Seid gegrüßt', und sie traten zu ihm und fassten seine Füße und fielen vor ihm nieder. Er sprach zu ihnen: ‚Fürchtet Euch nicht! Geht hin und verkündet es meinen Brüdern'" (Matthäus 28, 9-10).

Zunächst zeigt sich Jesus nach seiner Auferstehung in körperlicher Gestalt. Es kommt zu Berührungen (die Frauen umfassen seine Füße). Markus berichtet davon, dass Jesus „sich in anderer Gestalt sich zweien von ihnen unterwegs offenbarte" (Markus 16, 12). Das lässt sich als gefühlte Präsenz des Christus interpretieren. Bis heute wird das Gegenwärtigkeitsgefühl in den NTKs am häufigsten geschildert. Die Jünger zweifeln an seiner Auferstehung. Johannes berichtet die Episode vom ungläubigen Thomas. In der neuen Basis Bibel (neue Übersetzung 2021) heißt es: „Acht Tage später waren die Jünger wieder beieinander. Diesmal war Thomas bei ihnen. Wieder waren die Türen verschlossen. Da kam Jesus, trat in ihre Mitte und sagte: ‚Friede sei mit Euch'. Dann sagte er zu Thomas: ‚Leg Deinen Finger hierher und sieh meine Hände an. Strecke Deine Hand aus und lege sie in die Wunde an meiner Seite. Sei nicht länger ungläubig, und komme zum Glauben.' Thomas antwortete: ‚Mein Herr und mein Gott'. Da sagte Jesus zu ihm: ‚Du glaubst, weil Du mich gesehen hast. Glückselig sind die, die mich nicht sehen und trotzdem glauben.'"

Da die Türen verschlossen waren, erscheint Jesus in der Mitte seiner Jünger und materialisiert seinen Körper, damit Thomas seine Hände in die Wunde legen kann. Auch heute gibt es Berichte über die Erscheinungen von Verstorbenen, bis hin zu kurzen körperlichen Materialisierungen.

Erst Ende des 19. Jahrhunderts setzte eine kritische wissenschaftliche Forschung ein. Intellektuelle und Gelehrte in Großbritannien fingen an, Geschichten und Erlebnisse von Nachtodkontakten zu sammeln. Zu dieser Zeit unternahmen allerdings nur wenige Wissenschaftler den Versuch, diesen Berichten nachzugehen. Ende des Jahrhunderts kam es zur Gründung der *Society of Psychical Research* (SPR) in London. Die bedeutendsten Wissenschaftler jener Zeit schlossen sich zusammen, um sich mit dem Phänomen des Lebens nach dem Tod auseinanderzusetzen. Zu diesem Team gehörten bedeutende Gelehrte jener Zeit, wie Frederic Myers, Henry Sidgwick, Edmund Gourny, sowie der bis heute bekannte Sherlock-Holmes-Autor, Sir Arthur Conan Doyle. Sie erforschten verschiedene Formen von übersinnlichen Phänomenen: Telepathie, Spuk, Besessenheit. Sie befragten Medien über ihre Botschaften von Verstorbenen. Im Zentrum aber sammelte die SPR-Fälle von spontanen Kontakten mit Verstorbenen.

1886 veröffentlichte die Gesellschaft das bahnbrechende zweibändige Werk „*Phantasm of the living*", zu Deutsch „Geistererscheinungen bei Lebenden". Die Autoren waren Edmund Gourny, Frank Podmore und Frederick Myers. Diese Studie gilt bis heute als Meilenstein parapsychologischer Forschung. Jeder einzelne Fall wurde sorgfältig geprüft. Die Erkenntnisse, die herauskristallisiert wurden, haben bis heute Bestand. Die Existenz von Nachtodkontakten bleibt unbestritten, wie es sich auch in den neuesten Studien zeigt. Hier ein Ausschnitt aus einem typischen Bericht der SPR:

„Eines Abends saß ich und las, und als ich von meinem Buch aufblickte, sah ich deutlich eine Schulfreundin von mir, an der ich sehr hing, neben der Türe stehen […]. Ungefähr einen Tag danach erhielt ich die Nachricht, dass meine Freundin gestorben war. Das Merkwürdige war, dass ich nicht einmal wusste, dass sie krank war […]. Ihre Krankheit war kurz und ihr Tod kam ganz unerwartet. Ihre Mutter sagte mir, dass sie kurz vor ihrem Tod von mir gesprochen hatte. Sie starb am selben Abend und ungefähr zu der Zeit, als ich die Vision von ihr hatte, und das war Ende Oktober 1874." (84)

Die Freundin hat also im Moment ihres Todes an ihren damaligen Freund gedacht und erschien ihm zu diesem Zeitpunkt. In einem anderen Fall heißt es:

„Elizabeth Coole, deren Vater am 03.02.1891 verstarb, hatte den Traum oder die Vision etwa zwei Tage nach unserer Rückkehr […]. Sie behauptete, ihr Vater sei ihr erschienen und habe ihr gesagt, dass sich in der inneren Tasche seines Unterhemdes ein Geldbetrag befinde. Ihr

Bruder fuhr einige Tage danach nach Dubuque und fand die Kleider, und in der erwähnten Tasche fanden sich 30 Dollar. Das sind die Fakten, so getreu ich sie wiederzugeben vermag.“ (85)

Derartige Berichte gibt es auch heute noch. Verstorbene erscheinen im Traum und geben Hinweise zu verschwundenen Papieren, Testamenten oder Geld. Während des Ersten und Zweiten Weltkrieges traten Millionen Gefallene im Augenblick des Todes mit ihren Angehörigen in Verbindung. Derartige Phänomene wurden als Krisenerscheinungen bezeichnet: Uhren blieben stehen, schwerste Gegenstände, die in Assoziation zu einem spezifischen Verstorbenen standen, wurden bewegt, Bilder fielen von der Wand, Klopfgeräusche wurden vernommen, aber auch von Lichterscheinungen und Gegenwartsempfinden wurde berichtet. Das hat sich in das kollektive Bewusstsein eingeprägt. Wir könnten heute Bibliotheken mit derartigen Erlebnissen füllen. Sie wurden in einer Vielzahl biografischer Berichte aus dieser Zeit, in Tagebüchern oder Kalendern festgehalten. Damals gab es weder Handys noch sonstige elektronische Kommunikationsmöglichkeiten. Oft wurde erst Wochen später die Nachricht vom Tod eines Soldaten an der Front zugestellt.

Es hat sich aber auch in dieser Hinsicht gezeigt, dass die Erlebnisse, die Frauen zum Zeitpunkt des Erlebens festgehalten hatten, sich dann später durch die offizielle Todesnachricht bestätigten. Der Zeitpunkt eines vermeintlichen Todes stimmte konkret mit den Angaben in der Benachrichtigung überein. Doch durch die gewaltigen traumatischen Auswirkungen, besonders des Zweiten Weltkrieges wurden die Erlebnisse häufig verdrängt. Nachdem so viele Menschen ums Leben gekommen waren, wollte sich die deutsche Nachkriegsgesellschaft nicht weiter mit Tod und Sterben auseinandersetzen. Obwohl viele dieser Phänomene bis heute in den Familien weitergegeben werden, trat nach Ende des Krieges ein eigentümliches Schweigen darüber auf.

Zum Abschluss dieses Kapitels noch ein kurzer Hinweis, dass das Motiv der Nachtodkontakte und dessen Einfluss auf den Erlebenden auch in der Weltliteratur eine große Rolle spielt. In William Shakespeares „*Hamlet*“ erscheint z. B. der verstorbene König Hamlet und enthüllt, dass sein Bruder Claudius ihn ermordet habe. Er habe ihm Gift ins Ohr geträufelt, als er im Garten schlief. Hamlet schwört daraufhin, den Tod des Vaters zu rächen. Ein weiteres Beispiel eines Nachtodkontaktes finden wir in der weltbekannten Weihnachtsgeschichte von Charles Dickens: Hier geht Jacob Marley, der verstorbene Geschäftspartner von Ebenezer Scrooge, zurück und ermahnt diesen, seine materialistische Lebensführung aufzugeben. Im Laufe der Erzählung verändert Scrooge seine Persönlichkeit und entwickelt Mitgefühl für seine Mitmenschen.

ZEITGENÖSSISCHE STUDIEN

In der Zeit nach dem Zweiten Weltkrieg gab es nur wenige Forscher, die sich mit Sterbebettvisionen, Nahtoderfahrungen oder Kontakten mit Verstorbenen auseinandersetzten. Die Menschen hatten noch zu viel Leid zu aus dieser fürchterlichen Zeit zu verdauen. Fast jede Familie in Deutschland war von schmerzlichen Verlusten betroffen und das Thema wurde verdrängt. Das änderte sich erst Ende der sechziger Jahre, als Elisabeth Kübler-Ross – bis heute wohl die bedeutendste Sterbeforscherin – auf den Plan trat und Sterben und Tod einer breiten internationalen Öffentlichkeit zugänglich machte. In den siebziger Jahren (1975) veröffentlichte Raymond Moody sein weltweit stark beachtetes Buch „*Leben nach dem Tod*“, die erste zeitgenössische Studie über Nahtoderfahrungen.

Moody und Kübler-Ross waren die Pioniere der sich etablierenden Sterbeforschung. Seither wurde unendlich viel vor allem über Nahtoderfahrungen publiziert. Die systematische Erforschung der Nachtodkontakte blieb zunächst ein Stiefkind der Forschung. Lediglich in Büchern über Trauer oder Phänomene im Sterbeprozess war von Begegnungen mit Verstorbenen die Rede. Dennoch sind sie zu allen Zeiten der Geschichte und in allen Kulturen dokumentiert worden. 1995 erschien in Amerika eine erste große Studie über Nachtodkontakte: „Trost aus dem Jenseits. Unerwartete Begegnungen mit Verstorbenen" von Bill und Judy Guggenheim. Gemeinsam mit seiner Frau beschloss Bill, Antworten auf die ältesten Fragen der Menschheit zu finden: „Gibt es ein Leben nach dem Tod? Treten wir in eine andere Dimension oder Existenzebene ein, wenn unser physisches Leben vorüber ist? Treffen wir nach dem Tod wieder mit Familienangehörigen und Freunden zusammen, die vor uns gestorben sind? Ist es möglich, dass Verstorbene, die wir lieben, in Kontakt mit uns treten?" (86)

Sieben Jahre lang sprachen die beiden mit Tausenden von Menschen und sammelten 3200 Berichte. Schließlich qualifizierten die beiden Forscher die unterschiedlichen Formen, in den Nachtodkontakte auftreten. Das wird hier nachfolgend genauer beschrieben.

Evelyn Elsaesser veröffentlichte erst 2019 ihre Studie *„Nachtodkontakte. Spontane Begegnungen mit Verstorbenen"*. 2021 veröffentlichte sie „Spontane Kontakte mit Verstorbenen: Eine wissenschaftliche Untersuchung bestätigt die Realität von Nachtoderfahrungen". Beide Bücher beinhalten umfassende wissenschaftliche Studien zu einem bislang vernachlässigten Bereich der Sterbeforschung.

Das internationale Forschungsprojekt sammelte über 1000 Erfahrungsberichte in Frankreich, England und Spanien. Es stellte einen Fragebogen zusammen, der fast 200 Fragen zur Art und Auswirkung spontaner, von einem Verstorbenen initiierten Nachtodkontakt enthielt. In den Medien und im öffentlichen Diskurs wurden diese Phänomene bislang wenig beachtet, trotz der Häufigkeit ihres Auftretens. Nach wissenschaftlicher Schätzung erleben 50 bis 60 Prozent aller Menschen einen NTK.

WIE VERSTORBENE DEN KONTAKT ZU UNS HERSTELLEN

Bevor wir uns im nächsten Kapitel mit den vielfältigen Phänomenen und Formen der Nachtodkontakte beschäftigen, soll erklärt werden, wie es überhaupt möglich ist, dass die Verstorbenen den Kontakt zu uns herstellen können:

Alles Sein, alle Energie und alles, was ist, ist auf den *Einen Geist* Gottes zurückzuführen. Wir entstammen dieser Quelle, kehren nach dem Tod dorthin zurück, bis wir uns neu inkarnieren. Wir alle sind in die Einheit des *Einen Geistes* eingebunden, ob uns das bewusst ist oder nicht. Wir sind unsterbliche, ewige geistige Wesen als Teil eines Ganzen. Somit ist alles Geschehen auf der Erde oder im Jenseits reine Energie, die sich in verschiedenen Formen manifestiert: Licht, Klang, Wärme, Liebe. Energie kann niemals verloren gehen und leitet sich aus Wärme und Bewegung (Schwingung) her. Alle Materie besteht aus Energie, die Licht und Information ist. Deswegen sind wir mit allem anderen Sein verbunden, da alle Energie ihren Ursprung in der Quelle des Schöpfers hat. Der *Eine Geist* hat sich in die Vielfalt aufgeteilt und deswegen sind wir auch nie von ihm getrennt. Als unendliches, ewiges Wesen bleibt uns als Träger des göttlichen Funkens in jedem von uns keinerlei Wissen verschlossen. Da wir reine Energie sind, man könnte sagen, ein energetischer Code, strahlen wir bewusst und unbewusst fortwährend Informationen aus und vermögen sie auch zu empfangen.

Deswegen können Verstorbene als höher schwingende Bewusstseinsinformation zu jeder Zeit mit Menschen in Kontakt treten. Nachtodkontakte sind also energetische Phänomene. Verstorbene sind nicht länger durch ihren Körper begrenzt und sind reine Energie: Sie sind ungebunden, unbegrenzt und haben eine weitaus höhere Schwingungsfrequenz als auf der Erde. Alles ist für sie gleichzeitig und allgegenwärtig zugänglich. Für uns bleiben sie meist unsichtbar. Wenn ein Verstorbener mit uns in Kontakt tritt, senkt er seine Schwingung herab, um in das uns umgebende elektromagnetische Feld einzutauchen.

Je mehr wir uns ihnen gegenüber öffnen, umso wahrscheinlicher ist ein Kontakt. Als Geistwesen können Verstorbene jede beliebige Form annehmen: Sie können sich physisch manifestieren, jedes Aussehen annehmen, ob jung oder alt, oder erscheinen als Lichtstrahl oder Lichtkugel. Sie lenken ihre Bewusstseinsenergie auf einen Menschen, den sie kontaktieren wollen. Dadurch stellt sich das Gefühl von Gegenwart ein. Die spezifische individuelle Ausstrahlung wird identifiziert und durch Liebe und Nähe gefühlt. Der Erlebende erkennt, wer sich mit ihm im Raum aufhält.

Nach dem Tod wird die Fähigkeit wiedererinnert, wie ein Verstorbener mit Menschen und Dingen in Beziehung treten kann. Um das zu bewerkstelligen, ist die sogenannte Energietransformation die Voraussetzung. Eins sollten wir immer bedenken: Die Präsenz eines Verstorbenen kann von uns weder kontrolliert noch manipuliert werden. Die Kontaktaufnahme geht stets von einem spezifischen Verstorbenen aus. Viele Menschen erkennen die Zeichen nicht, obwohl sie vor Augen liegen. Zu tiefe Trauer verschafft eine Dichte, durch die der Verstorbene nicht in Kontakt treten kann.

Konzentrieren wir uns nun auf die unterschiedlichen Formen, in denen Nachtodkontakte auftreten, und lassen wir die Erlebenden zu Wort kommen:

KAPITEL 6

FORMEN DER NACHTOD-KONTAKTE

Die unterschiedlichen Formen und Zeichen der Nähe eines Verstorbenen treten in diversen Formen auf. Darauf möchte ich in diesem Kapitel gerne eingehen. Ein Kontakt ist stets mit einem Gegenwartsgefühl verbunden.

GEGENWARTSEMPFINDEN

Das Gefühl von Präsenz, der Nähe eines Verstorbenen ist das am häufigsten erlebte Phänomen innerhalb der Nachtodkontakte. Angehörige verspüren die vertraute Ausstrahlung eines Verstorbenen. Das wird als äußerst real wahrgenommen und sie können die Gegenwart eines spezifischen Verstorbenen identifizieren. Manche erleben unterschiedliche Kontakte mit nicht nur einer Person, aber sie können jedes Mal genau zwischen den einzelnen Präsenzen unterscheiden. Eine Frau erzählte mir:

„Als mein Mann 2020 an einem plötzlichen Herztod verstarb, war ich untröstlich. Damit hatte ich überhaupt nicht gerechnet und ich vermisste ihn sehr. Etwa zwei Monate nach seinem Tod saß ich verzweifelt im Wohnzimmer und wollte einen Film anschauen. Wie aus dem Nichts spürte ich die klare, reale Anwesenheit meines Mannes in einer Reinheit, die weitaus stärker war als alles, was wir im Leben als Nähe erfahren hatten. Es war, als ob mich eine zärtliche, tröstende Liebe durchdrang, ein Gefühl, das ich nie wieder vergessen werde. Wenn es mir nicht so gut geht, kann ich es durch die Erinnerung herbeiholen. Ich empfand einen tiefen Frieden und Glückseligkeit. Mein Mann besuchte mich noch öfter, auch im Traum. Ich weiß, dass er immer bei mir ist. Einige Tage später kontaktierte mich meine Mutter, die vor fünf Jahren gestorben war. Sie wollte mich beruhigen, dass es meinem Mann gut geht. Ich wusste sofort, dass Mama bei mir war, und ich erlebte ihre Nähe als ihre persönliche Ausstrahlung."

Es ist der Wille des Verstorbenen, der die Präsenz herbeiführt. Ein derartiges Phänomen tritt in ganz alltäglichen Situationen auf, ohne dass jemand an den Verstorbenen gedacht haben muss. Das Erleben ist nicht von den Wünschen der Lebenden abhängig. Es geschieht einfach. Das individuelle Energiemuster des Verstorbenen wird gespürt und vermittelt ein inneres Wissen darüber, wer sich im Raum oder der Umgebung aufhält. Die meisten fühlen sich in Liebe eingehüllt. Eine Frau berichtete:

„Seine Liebe hüllte mich äußerlich ein. Seine Liebe kam auf mich zu. Ich wusste, dass er da ist, man weiß es

einfach und es ist kein Gedanke noch eine Vorstellung. Es war nicht, als sei etwas körperlich neben mir, sondern als umhülle mich etwas ganz. Ich fühlte mich geborgen und getragen von der Liebe meines Mannes."

Liebe und Wärme breiten sich von innen nach außen aus, ein untrügliches Gefühl, das wir nicht selbst herstellen können, und es ist von einer vorher nicht erlebten Intensität. Dieses Gefühl wird nie vergessen. Manche erhalten auch telepathische Botschaften. Den Erlebenden vermittelt das Gefühl intensiver Präsenz Kraft und Mut, den Tod eines geliebten Angehörigen anzunehmen. Nachtodkontakte, bei denen eine Gegenwart wahrgenommen wird, sind mitunter sehr kurz, nur wenige Sekunden, können sich aber auch über mehrere Minuten erstrecken. Dazu zwei Beispiele. Diane erhielt Besuch von ihrer verstorbenen Oma:

„Als ich eines Tages am Spülbecken stand, empfand ich auf einmal Wärme, als wäre jemand bei mir. Ich wusste, es war meine Großmutter. Ich hatte gar nicht an sie gedacht. Das Erlebnis war auch nicht spektakulär, nur eben so ein Gefühl, dass meine Großmutter bei mir war. Dann hörte es wieder auf, nach weniger als einer Minute. Ich fühlte mich sehr geborgen und geliebt, es war wirklich ein sehr schönes Erlebnis." (87)

Nachtodkontakte treten in alltäglichen Situationen auf. Es braucht auch nichts gesagt werden, da alle Gedanken miteinander verschmelzen. Die Mitteilungen der Verstorbenen sind telepathischer Natur. Jeffrey wurde von seiner verstorbenen Großmutter kontaktiert, nur wenige Stunden nach ihrem Tod.

„Ich saß im Wohnzimmer und plötzlich war so etwas wie Sanftheit um mich – ein starkes Gefühl von Frieden, das ich mir nicht erklären konnte. Ich spürte, dass meine Großmutter im Zimmer war. Ihre Gegenwart fühlte sich ganz natürlich und wohltuend an. Ich spürte ihre Gedanken. Sie schien mir zu versichern, dass sie glücklich und in Frieden sei. Es war fast so, als wolle sie mir ein letztes Mal ‚Lebe wohl' sagen, bevor sie weiterging. Das dauerte ungefähr 20 Minuten und dann ließ dieser Frieden allmählich nach. Es war tröstlich zu wissen, dass es meiner Großmutter gut ging." (88)

Der umfassende Frieden, von dem hier die Rede ist, übersteigt alles Vorstellbare und spendet Trost während und nach einem NTK. Die Gegenwart scheint eine gewisse Dichte zu haben, aber dennoch bleibt die Erscheinung unsichtbar. Manche erleben sogar mehrere und über länger andauernde Zeiträume Kontakte mit einem bestimmten Verstorbenen. Brigitte spürte ein Jahr nach dem Tod ihrer Schwiegermutter ihre Präsenz:

„Und dann spürte ich – ich kann mir nicht erklären wie – ein Jahr nach ihrem Tod auf einmal ihre Gegenwart sehr stark, und zwar regelmäßig. Ich sah sie nicht, aber ich wusste, dass sie da war. Ich ertappte mich selbst dabei, wie ich sie um Hilfe bat und manchmal auch verlangte, dass sie mich in Ruhe ließ, weil ihre Gegenwart so stark war und mich störte. Sie war mir wohlgesonnen, aber ängstigte sie mich auch, weil sie im Alltag so präsent war. Sie hat so manchen meiner Schritte beeinflusst und mir geholfen, Entscheidungen zu treffen […] Ich habe nicht oft über die Sache gesprochen […] Ich weiß nicht,

warum das alles passiert ist und ob es noch einmal vorkommen wird, aber ich bin der festen Überzeugung, dass das Bewusstsein nicht mit dem Körper stirbt." (89)

Für Brigitte waren die Kontakte am Ende eher belastend. Fast tägliche Kontakte sind sehr ungewöhnlich. Die meisten Menschen erleben eher ein oder zwei Kontakte. Manchmal wird bei einem Gegenwartsempfinden ein Licht wahrgenommen. Eine Frau hatte ihren Vater verloren. Sie schreibt:

„Ein paar Tage nach der Beerdigung lag ich eines Abends im Bett und spürte, wie ich von einem wohlwollenden Licht eingehüllt wurde, eine Art Aura meinen Kummer dämpfte und linderte. Ich hatte den Eindruck, dass mein Vater gekommen war, um mir die Kraft zu spenden, mit der ich weiterleben konnte." (90)

Immer wieder wird zum Ausdruck gebracht, dass tief im Innern der Erlebenden eine gewaltige Energie freigesetzt wird, die Ruhe und Vertrauen einkehren lässt, welche die Kraft freisetzt, damit die Betroffenen weiterleben können. Die Gegenwart eines Verstorbenen geht mit spürbaren Empfindungen im eigenen Körper einher. Der Verstorbene strahlt Liebe und Frieden aus, was als äußerst wohltuend empfunden wird. Es ist offensichtlich, dass Verstorbene weiterhin an unserem Leben teilnehmen wie auch ihr Interesse an unseren Angelegenheiten nicht nachlässt. Lawrence erlebte bei der Geburt seines Sohnes die Anwesenheit seiner Großmutter, die ihm das Gefühl gab, dass sie ihn immer noch liebte, obwohl sie schon vor acht Jahren gestorben war. Auf der Fahrt im Lift zur Geburtsstation ereignete sich Folgendes:

„Die Fahrt im Lift war sehr friedlich und still. Ich war allein – das glaubte ich wenigstens. Aber plötzlich war da jemand im Raum, und ich spürte, dass es meine Großmutter Anne war. Es war richtig beruhigend. Ich fühlte, dass sie über die Geschehnisse wachte. Ich sagte zu ihr, dass alles in Ordnung sei und dass es beiden gut geht. Es ist sehr tröstlich zu wissen, dass es eine Verbundenheit gibt, die nicht aufhört.“ (91)

An wichtigen Schnittstellen oder Höhepunkten unseres Lebens wird häufig die Gegenwart eines spezifischen Verstorbenen wahrgenommen, was auf eine weiter bestehende Verbundenheit zwischen Lebenden und Verstorbenen hinweist. Wir sind von der geistigen Welt nicht getrennt, sondern diese durchdringt uns auf vielfältige Weise.

GERUCHSWAHRNEHMUNGEN

Eng verbunden mit der Präsenz eines Verstorbenen ist die Wahrnehmung eines Geruchs, der mit dem Verstorbenen assoziiert wird. Typische Düfte sind Parfums, Rasierwasser, Seifen oder Körperlotionen. Es kann sich auch um Blumendüfte handeln, häufig verweist ein spezifischer Rosenduft auf die Präsenz eines Verstorbenen. Auch Tabakgeruch oder Getränke – die Bandbreite von möglichen Düften ist groß. Entscheidend dabei ist, dass Geruchswahrnehmungen plötzlich und ohne erkennbaren Grund auftreten. Das kann in Räumen ebenso wie in der freien Natur der Fall sein. Eine konkrete Quelle lässt sich dabei nicht ausmachen. Nach wenigen Sekunden oder Minuten verfliegen sie wieder, so spontan, wie sie aufgetreten sind. Dieses Phänomen wird häufig auch von mehreren gleichzeitig wahrgenommen.

Anne, eine Witwe, erzählte mir am Telefon Folgendes:

„Mein Mann brachte mir regelmäßig einmal in der Woche einen Strauß roter Rosen mit. Drei Monate nach seinem Tod wollte ich im Wohnzimmer die Nachrichten schauen. Als ich die Tür öffnete, wurde ich von einem durchdringenden Rosenduft überrascht. Mir war sofort bewusst, dass es sich um ein Zeichen meines Mannes handelte. Im Wohnzimmer stand zu diesem Zeitpunkt kein Rosenstrauß. Ich spürte intensiv seine Nähe. Das war seine Art, mir selbst über seinen Tod hinaus seine unverbrüchliche Liebe zu zeigen. Ich fühlte mich umarmt und durchdrungen von Liebe und Frieden. Für über 20 Minuten schwebte ich in der Woge aus Seligkeit. Später habe ich ähnliches noch zweimal erlebt. Ich fühlte mich behütet und getröstet und konnte seinen Verlust annehmen. Ich wusste nun, dass er weiterhin für mich da ist."

Viele Menschen verwenden über Jahre bestimmte Düfte, die als persönliches Erkennungszeichen gelten. Das ist der Grund dafür, dass in derartigen Nachtodkontakten dieser spezifische Geruch mit einem bestimmten Verstorbenen assoziiert wird und daher unmittelbar identifiziert wird. Geruchsphänomene sind ein besonderes Geschenk, da sie keinen Zweifel hinterlassen, einem Verstorbenen wirklich begegnet zu sein. Nachtodkontakte sind mit Energietransformationen verbunden, also ein energetisches Phänomen. Je mehr wir uns öffnen und Vertrauen in unsere höheren geistigen Kräfte entwickeln, umso mehr wird manches möglich, Dinge zu erleben, die wir uns bisher nicht vorzustellen vermochten. Je mehr wir in die Liebe gehen, vermögen wir die intuitiven Impulse der Innenwelt zu deuten. Dann machen wir die Erfahrung, dass sich die Kontakte intensivieren.

Es folgen Beispiele, die von mehreren Personen gleichzeitig erlebt wurden. Gerlinde erzählte in einem Seminar:

„Meine Mutter war damals vor sechs Wochen gestorben und sie fehlte uns sehr. Ich traf mich mit meinen beiden Brüdern auf der Terrasse unseres Hauses. Es war ein sehr heißer Tag im Juni 2022. Wir wollten über unsere Mutter sprechen, deren Tod wir alle noch gar nicht verarbeitet hatten, da sie ganz plötzlich gestorben war nach einem Herzinfarkt. Es ist immer schwer, wenn ein geliebter Mensch so völlig unvorbereitet stirbt. An jenem Nachmittag, als wir in der Hitze des extremen Sommertages Kaffee tranken, hielt mein Bruder Peter plötzlich inne und fragte, ob wir auch diesen spezifischen Geruch unserer Mutter wahrnehmen würden. Das war der typische Chanel-Duft, in den unsere Mutter stets eingehüllt war. Es war, als sei die ganze Terrasse von diesem Duft eingehüllt. Wir rochen es buchstäblich alle. Gleichzeitig spürten wir ganz deutlich ihre Nähe und Gegenwart. Es war, als würden wir alle gemeinsam eine Bewusstseinserweiterung erleben. Alle Geschwister wurden von einer Liebeswelle erfasst. Wir waren sprachlos. Unsere Mutter wollte uns vermitteln, dass es ihr gut geht, da wo sie jetzt ist. Das intensive Erleben zog sich über eine halbe Stunde hin und wir schwebten wie auf Wolken. So plötzlich, wie sich der Duft ausgebreitet hatte, so verschwand er auch wieder. Wir waren alle sehr dankbar, das erleben zu dürfen. Das Wissen, dass unsere Mutter noch bei uns ist, hat uns alle sehr getröstet."

Durch die Wahrnehmung des spezifischen Duftes eines Verstorbenen wird eine Flut positiver Erinnerungen ausgelöst. Ein solcher Nachtodkontakt an einem besonderen Ort oder zu einer wichtigen Zeit kann viel Trost und Geborgenheit vermitteln. Lorraine verlor ihre Tochter durch einen Autounfall. Sie berichtete:

„Bevor meine Tochter Tammy auf die Bahamas fuhr, kaufte sie mir einen Armreif und eine Halskette. In der Nacht, in der sie starb, trug sie den Armreif und er zerbrach. Zwei Jahre nach dem Unfall versuchte ich immer noch, einen neuen Armreif zu finden, der zu der Kette passte. Ich hätte alles dafür gegeben. Eines Nachts besuchten wir ein Einkaufszentrum in Disney-World. Meine andere Tochter, ihre Freundin und mein Mann waren auch dabei. Auf einmal drehte sich meine Tochter zu mir um und sagte: ‚Mama, riechst Du das auch?' Ich antwortete: ‚O ja.' Es war das Gloria-Vanderbilt-Parfüm, das Tammy immer benutzt hatte! Aber als wir uns umschauten, war niemand in der Nähe. Die Freundin roch es auch und sagte: ‚Lasst uns doch hier hineingehen.' Also betraten wir alle den nächst gelegenen Laden und ich sah mich vorne um. Da rief meine Tochter: ‚Mama, komm schnell!' Ich ging in den hinteren Teil des Ladens, wo sie Schmuck verkauften, und da lag ein Armreif, der exakt zu Tammys Kette passte! Es war unglaublich!" (92)

Verstorbene können sich an mehreren Orten gleichzeitig aufhalten. Raum und Zeit begrenzen sie nicht länger. Sie können sich zu jeder Zeit und an jedem Ort bemerkbar machen. Eine Frau erzählte mir folgendes Erlebnis:

„Der Geruch meines Vaters war ein eigentümlicher Mix aus einem bestimmten Pfeifentabak und seinem Rasierwasser. Ich liebte diesen Geruch schon zu seinen Lebzeiten. Er starb vor fünf Monaten. Eines Tages ging ich im Wald spazieren, als ich plötzlich von seinem spezifischen Geruch umhüllt war. Dabei spürte ich deutlich seine Anwesenheit. Am nächsten Tag erzählte ich das meinem Bruder. Dieser lachte und erwiderte, dass er zur gleichen Zeit den typischen Geruch unseres Vaters wahrgenommen habe."

EINE STIMME HÖREN

Das Hören der Stimme eines Verstorbenen ist ein unerwartetes, spontanes Erleben, das die Vorstellungskraft eines Menschen sprengen kann. Wir halten vieles für unmöglich, bis es dann plötzlich geschieht. Die Stimme wird entweder im Außen vernommen oder durch innere Wahrnehmung telepathischer Gedankenübertragung. Mitunter kann es dabei zu intensiven Kommunikationen kommen. Diese Form eines Nachtodkontakts überfordert so manchen und löst Angst und Unsicherheit aus. Die Stimme eins Verstorbenen wird durch die vertraute Sprachmelodie und Intonation eindeutig identifiziert. Verstorbene können unsere Gedanken lesen und reagieren darauf. Ein Mann schrieb mir nach dem Tod seiner Frau:

„Meine Frau kam durch einen Autounfall ums Leben. Mich warf das völlig aus der Bahn. Ich war in Gedankenschleifen gefangen. Ständig fragte ich mich, ob Renate meine Trauer und Liebe spüren kann. Ich konnte oft nicht einschlafen und machte mir Gedanken, ob es

ihr wohl gut geht? Eines Nachts, als ich wieder schlaflos im Bett lag, hörte ich deutlich die Stimme meiner Frau, laut und deutlich im Außen. Ich erschrak und konnte ihre Präsenz, die zu mir sprach, nicht fassen. Renate ließ sich davon nicht beirren. Sie sagte: ‚Ich bin gekommen, Dir zu sagen, dass es mir gut geht. Lass deine quälenden Gedanken los. Ich bin bei Dir. Ich bin bei meiner Mutter. Mach Dir keine Gedanken mehr.' Dann verstummte sie und auch ihre Gegenwart war nicht länger zu fühlen. Ich habe nie geglaubt, dass ein derartiger Kontakt möglich ist. Ich kann nur sagen, dass dieses Erlebnis meine Sichtweise auf Leben und Tod verändert hat. Ich weiß jetzt, dass meine Frau lebt."

Bei auditiven NTKs sind häufig Schritte zu hören.

„Ich hörte und fühlte die Schritte meiner im Abstand von drei Jahren verstorbenen Eltern, dann hörte ich ihren Dank dafür, dass ich mich so gut um die Familie gekümmert habe." (93)

Eine Frau hörte nach dem Tod ihres Vaters Schritte im Haus:

„Er kam durch die Tür hinein und ging durch das ganze Haus. Er ging die Treppe hinauf, genauso, wie er es zu seinen Lebzeiten getan hatte. Das war sein typischer Gang. Seine Schritte und Bewegungen klangen eindeutig nach ihm. Es war, als wolle er sich von seinem Zuhause verabschieden."

Die Stimme oder Geräusche klingen vertraut. Die Erlebenden erkennen immer, um wen es sich handelt. Die Botschaften, die vermittelt werden, sind meist kurz und präzise. Kurz nach dem Tod ist es überaus beruhigend und tröstend, eine kurze Mitteilung von einem Verstorbenen zu hören. Alfred verlor seinen Sohn Trevor mit elf Jahren. Der Junge starb infolge einer Krebserkrankung. Auf dem Weg nachhause hörte Alfred Trevors Stimme:

„‚Es ist alles in Ordnung, Papa.' Es war seine Stimme, vollkommen klar und deutlich. Ich hörte sie mit meinen eigenen Ohren, so als säße er auf dem Rücksitz. Sofort fühlte ich mich friedvoll wie nie zuvor, und dieses Gefühl hielt vielleicht zehn, 15 Sekunden an. Da wusste ich, Trevor war bei Gott, und das musste der Friede sein, den auch er fühlte." (94)

Karin trauerte um ihren Bruder, als sie im Auto Folgendes erlebte:

„Fünf Monate nach dem Tod meines Bruders fuhr ich nach einem Abendseminar nachhause [...]. Ganz unvermittelt hörte ich seine Stimme im Kopf. Das war Telepathie. Ich erkannte seine Art zu sprechen. Er sagte: ‚He, kleine Schwester, mach Dir keine Sorgen um mich. Alles ist in Ordnung.' Es ging alles so schnell, dass ich dachte, ich hätte es mir eingebildet. Dann, vielleicht ein oder zwei Minuten später, erhielt ich noch eine Mitteilung: ‚Mein Unfall ist nicht von Bedeutung. Er ist nicht wichtig. Hör auf zu grübeln.' Das war die Antwort auf viele meiner Ängste. Ich hatte mir um Walt Sorgen gemacht, weil er so [...] gewaltsam gestorben war." (95)

Es ist auffällig, dass Nachtodkontakte sehr häufig im Auto erlebt werden. Eine Witwe spürte ihren Mann auf dem Beifahrersitz, andere vernehmen die geliebte Person auf dem Rücksitz und hören seine Stimme. Beim Autofahren sind viele so entspannt, dass sie auf „Autopilot" umstellen. In solchen Phasen sind wir offener für einen Nachtodkontakt. Dadurch kommt es zu Ruhe und Frieden, was mit Worten nicht zu beschreiben ist.

Vickis Vater war gestorben und sie war nicht bei ihm, als er starb. Sie konnte seinen Tod nicht annehmen und brach ständig in Tränen aus. Als sie von der Arbeit nachhause fuhr, musste sie anhalten, weil sie hemmungslos weinte:

„Nach ungefähr zwei Minuten spürte ich direkt im Auto seine Gegenwart. Ich fühlte mich von einer Wolke aus Liebe umschlossen und hörte laut und deutlich die Stimme meines Vaters. Er klang hochgestimmt und sagte: ‚Mir geht es gut! Ich bin glücklich! Kümmere dich nur um deine Mutter.' Es war, als säße er neben mir. Es war ein Wunder, eine wahre Wohltat! Ich war so von Liebe und Freude durchdrungen, dass mein ganzer Kummer sich auflöste. Ich wusste, mein Vater hatte Frieden gefunden, und von da an war ich ein neuer Mensch." (96)

Die Verstorbenen wollen Liebe und Zuneigung den Lebenden gegenüber zeigen. Abschließend noch ein Beispiel, in dem es zu einem telepathischen Austausch kommt. Nicht nur die üblichen zwei, drei Sätze, sondern eine richtige Durchgabe seitens der Verstorbenen. Mario berichtet über den Kontakt zu seiner Frau. Er schlief tief und fest, als er plötzlich spürte:

„[…], wie Nina neben dem Bett stand. Dann hörte ich ihre Stimme in meinem Kopf sagen: ‚Ich bin jetzt im Himmel, ob ich das nun verdiene oder nicht […]. Ich habe die Erlaubnis erhalten, zurückzukehren und Dir zu sagen, dass ich hier geduldig auf Dich warte. Die Zeit ist hier bedeutungslos, deswegen brauchst Du Dich nicht zu beeilen. Nimm Dir so viel Zeit, wie Du willst, bevor Du die Erde verlässt. Dann werden wir in ewiger Umarmung vereint sein', und damit verschwand sie wieder aus meinem Bewusstsein. Ich fühlte eine starke Verbindung, eine angenehme Sicherheit, dass der Tod uns nicht getrennt hatte, dass Nina und ich wieder zusammenkommen würden." (97)

Nachtodkontakte bestätigen immer wieder, dass wir von unseren geliebten Verstorbenen nicht getrennt sind und dass wir uns wiedersehen werden.

BERÜHRUNGEN

Körperliche Berührungen seitens eines Verstorbenen werden nicht so häufig berichtet. Sie ereignen sich besonders dann, wenn eine intime Beziehung bestanden hat. Die Empfänger spüren ein Streicheln, einen Kuss oder eine Hand auf der Schulter. Das ist eine sehr tröstliche Kontaktform, da die Identität des Verstorbenen durch die vertraute charakteristische Berührung sofort identifiziert wird. Wenn beispielsweise der verstorbene Ehemann zu seinen Lebzeiten die Gewohnheit hatte, Hand und Arm seiner Frau zu streicheln, würde eine Berührung im Gesicht nicht unbedingt zu einem Erkennen führen. Die Erlebenden wissen, dass sie nicht alleine sind, da Berührungen durchaus eine große Heilkraft aufweisen. Manche berichten davon, so etwas wie eine Energiewelle; Liebe oder wie elektrischen Strom gespürt zu haben. „Es fühlte sich an wie ein Streicheln im Nacken", sagte mir eine Frau. Eine andere berichtete mir, dass eine Welle von Liebesenergie und Wärme sie durchdrungen habe, während ihr verstorbener Mann sanft ihren Rücken streichelte.

Körperliche Berührungen sind ein unvergessliches Erleben, das in Zeiten schwerer Trauer nicht nur die Hinterbliebenen tröstet, sondern durch den Zufluss geistiger Liebesenergie den Schmerz transzendieren kann. Die Verstorbenen kehren zurück, um ihre Zuneigung zu zeigen und den Lebenden Mut zu machen. Eine junge Frau schrieb mir von ihrem 5-jährigen Sohn Robert, der durch einen Unfall ums Leben gekommen war.

„Ich war sehr traurig und konnte oft nicht einschlafen. Eines Nachts fühlte ich, wie die Hand meines Sohnes sanft meine Wange streifte. Ich wusste sofort, dass es Robert war. Er hatte mich vor seinem Tod immer genauso gestreichelt. Er wollte, dass alles gut ist. Ich fühlte einen tiefen inneren Frieden, da ich wusste, dass mein Sohn um mich ist. Später spürte ich häufiger seine Präsenz."

Brian starb mit 19 Jahren durch einen Verkehrsunfall. Barbara berichtet von einem nachtodlichen Besuch ihres Sohnes:

„Eines Abends, ungefähr zwei Wochen nach Brians Tod, war ich sehr traurig und dachte an ihn. Ich vermisste ihn unsäglich. Urplötzlich fühlte ich, wie eine Hand mir die Haare verwuschelte, genau wie Brian das früher immer getan hat. Ich fuhr richtig zusammen,

denn es hielt sich sonst niemand in der Wohnung auf – ich war alleine. Ich spürte, dass Brian mich trösten wollte und mich aus meinem Schmerz herauslocken wollte. Ich lächelte und sagte o.k., Brian, ich versuche es, ich gebe mir Mühe'. Und das tat ich auch." (98)

Spontan auftretende Berührungen können Angehörige jedoch durchaus verunsichern und erschrecken, da nicht jeder damit umgehen kann noch versteht, dass Derartiges möglich ist. Ich möchte an dieser Stelle darauf hinweisen, dass wir dem Verstorbenen immer sagen können, wenn wir etwas nicht wollen. Sie wollen uns sicherlich nicht durch ihre Gegenwart erschrecken. So manchem Erlebenden kann es durchaus zu intensiv werden, da der Kontakt unerwartet und plötzlich in Erscheinung tritt. Ein junger Mann berichtete mir am Telefon:

„Ich spürte die Gegenwart meines Vaters nach seinem Tod. Ich vermisste ihn und konnte oft nicht einschlafen. Eines Nachts – ich war hellwach – spürte ich seine Nähe und er berührte mich unerwarteterweise, indem er meine Wange streichelte. Ich fühlte eine körperliche Umarmung und empfand Trost. Als sich aber seine Berührungen über viele Wochen wiederholten, machte es mir Angst, weil ich befürchtete, er könne nicht loslassen. Andererseits genoss ich seine Nähe. Dann sprach ich ihn an und bat ihn, den Körperkontakt zu unterlassen. Schlagartig hörte dies auf."

Hier zeigt sich der Zwiespalt der Erlebenden: Einerseits sehnen sie sich nach Bekundungen der Liebe und Nähe, andererseits können sie das Erlebte nicht einordnen, wodurch sich Angst und Zweifel einstellen. Hier ein weiterer Bericht, in dem die Freude durch eine plötzlich auftretende Angst erheblich gestört wurde. Monique berichtete:

„Mein Mann ist am 6. Mai 1991 gestorben. Ich war untröstlich. Ich hielt die ganze Zeit Ausschau nach einem Zeichen. Eines Nachts hörte ich eine Stimme, die zu mir sagte ‚Ich bin da', ‚ich sehe Dich nicht', ‚das kannst Du nicht, aber Du kannst mich spüren'. Ich stehe auf. ‚Umarme mich.' Ich breite die Arme aus und ich spüre ihn. Das hat mir einen solchen Schock versetzt, dass er verschwunden ist. Seitdem bedauere ich das und mache mir Vorwürfe, weil ich so große Angst gehabt habe." (99)

Es ist immer wieder bemerkenswert, wie in den taktilen Kontakten vertraute Gesten und Berührungen zu einer sofortigen Identifikation des anwesenden Verstorbenen führen. Das hilft den Angehörigen, ein Tief zu überwinden und nach vorne zu blicken. Manchmal kann auch ein spontaner Kuss direkt zum Herzen eines Angehörigen sprechen. Laura war mit 15 Jahren durch einen Autounfall ums Leben gekommen. Ihr Vater schrieb:

„Ungefähr 10 oder 15 Minuten nach dem Einschlafen wurde ich von Lauras Kuss geweckt. […] [I]ch spürte, wie sie mich küsste! Ich wusste ohne jeden Zweifel, dass meine Tochter mir diesen Kuss gab, um mir zu zeigen, dass es ihr gut ging. Alles, was Laura zu sagen hatte, war in diesem Kuss enthalten. Es war sehr tröstlich für mich – ich war so froh!" (100)

ERSCHEINUNGEN

Visuelle Kontakte mit Verstorbenen sind viel häufiger, als die meisten Menschen annehmen. Erscheinungen belegen über alle Zeiten hinweg, dass ein seelisch-geistiges Wesen – das wir sind – über den Tod hinaus weiterbesteht. Die Seele des Menschen ist unzerstörbar und unabhängig von körperlichen oder psychischen Defekten. Wir sind unsterbliche ewige Wesen.

Wir unterscheiden zwischen partiellen und vollständigen Erscheinungen. Partielle Erscheinungen bedeuten, dass nur ein Teil des Körpers gesehen wird: unterschiedliche Festigkeit, das Gesicht, das mitunter in Licht gehüllt ist, eine Hand oder die Augen. Eine Frau berichtete mir:

„Nach dem Tod meines Vaters erlebte ich zwei aufeinanderfolgende visuelle Kontaktaufnahmen. Ich schlief tief und fest, als mich ein helles, strahlendes Licht aufweckte. Das verwirrte mich sehr. Erst dachte ich, ich hätte das Licht im Schlafzimmer angelassen, doch dann erblickte ich das Gesicht meines Vaters im hellen Licht. Ich war fassungslos, doch gleichzeitig hat mich sein Lächeln sehr berührt. Einige Tage später wiederholte sich das Phänomen. Doch dieses Mal bekam ich Angst und bat ihn, mich in Ruhe zu lassen. Im gleichen Augenblick löste sich die Erscheinung auf und er kam nie mehr zurück. Heute weiß ich, dass mein Vater sich verabschieden wollte. Ich brauchte keine Angst zu haben und das bedauere ich heute sehr."

Eine andere Frau schrieb mir:

„Drei Monate nach dem Tod meines Sohnes erschien im Wohnzimmer ein Licht, welches das Gesicht meines Sohnes in sich trug. Ich erkannte sein Gesicht, sein Lächeln, die Augen so, wie ich ihn geliebt habe. Er erschien in einer übernatürlichen Schönheit und vermittelte mir schiere Glückseligkeit. So schnell, wie dieses Licht in Erscheinung trat, verschwand es wieder. Ich wusste nun, dass es meinem Sohn gut geht, was mich sehr beruhigte."

Es folgt ein besonders intensives Erlebnis von Josie, deren Mann plötzlich gestorben war:

„Auf einmal sah ich am Fußende des Bettes in dem dämmrigen Zimmer, in das nur wenig Licht aus dem Flur fiel, eine dunkle Silhouette. Sie kam näher und bewegte sich vor, um sich neben mich aufs Bett zu legen. Das Wesen legte sich neben mich. Es drückte mich sehr stark, ich empfand eine unaussprechliche Freude, eine wahre Ekstase in dieser Umarmung, die ich als Vereinigung der Seele bezeichnen möchte […]. Dann sah ich seine Gesichtszüge in allen Details. Sein Kopf lag neben meinem, unsere Haare fielen übereinander und ich erkannte meinen Mann […]. Durch eine Art Telepathie hörte ich deutlich seine Stimme in meinem Kopf: ‚Ich bin zurückgekommen, um Dich zu beruhigen. Ich musste weggehen. Ich hatte keine Wahl. Meine Liebste, mache Dir keine Sorgen, wo immer Du bist. Ich werde Dir nahe sein, ich werde Dich nie verlassen. Nimm meine Kraft, ich gebe sie Dir, es ist die Lebenskraft, die ich da unten hatte, sie geht in Dich über. Sie ist mein Geschenk.' In

diesem Moment spürte ich, wie eine große Wärme in meinen rechten Arm floss und sich in meinem Körper ausbreitete. Dann wurde sie schwächer und löste sich in einer großen Sanftheit auf. Dieses wunderbare Erlebnis hat meine Sichtweise auf den Tod verändert und mir den Mut gegeben, mich all den kommenden Jahren zu stellen. Umso mehr, als ich immer wieder das Glück habe, Zeichen zu bekommen, Synchronizitäten zu erleben und im Traum Botschaften zu erhalten, die mein Leben bis zum heutigen Tag bereichern." (101)

Die Verstorbenen vermitteln uns immer wieder die eindeutige Botschaft, dass, wo auch immer wir uns aufhalten mögen, sie uns nahe sind, um uns im weiteren Leben zu unterstützen.

In vollständigen Erscheinungen wird der Körper in seiner Gesamtheit gesehen. Er wirkt feststofflich und lebensecht. Die visuellen Kontakte – unabhängig von Alter und Todesursache – zeigen in aller Deutlichkeit, dass die Verstorbenen wohlauf sind und geheilt. Sie erscheinen meistens wie in ihren besten Jahren und wirken glücklicher als zu Lebzeiten und sind voll Liebe, Mitgefühl und Weisheit. Innerhalb der visuellen Nachtodkontakte treten vollständige Erscheinungen häufiger auf als partielle. Mitunter tragen Verstorbene bestimmte Kleidungsstücke, die sie besonders gerne auf der Erde getragen haben. Andere erscheinen in ihrer Arbeitskleidung oder in der Kleidung, in der sie beerdigt worden sind. Das vertraute Aussehen ist für die Angehörigen besonders bedeutsam. Sie können den Verstorbenen unmittelbar identifizieren. Dazu ein paar Beispiele:

Eine Frau hatte ihren 18-jährigen Sohn durch einen Unfall verloren. Sie war untröstlich und verzweifelt und machte sich viele Gedanken darüber, ob er arge Schmerzen erleiden musste, da sein Körper stark verstümmelt war. Am Telefon erzählte sie:

„Ich saß im Wohnzimmer, als mir Johannes erschien. Wie aus dem Nichts materialisierte er sich in vollständiger lebensechter Gestalt. Er trug seine schwarzen Lieblingsjeans, wie auch das T-Shirt, das wir ihm zur Beerdigung angezogen haben. Ich war wie vom Donner gerührt. Johannes strahlte eine innere Vitalität aus, war ganz und heil. Er wies keine körperlichen Beeinträchtigungen auf, sondern wirkte von Licht und Liebe durchdrungen. Ich würde sagen, dass er überirdisch schön war. Ich weiß nicht, wie lange die Erscheinung andauerte, aber ich war von einer Riesenlast befreit und wusste, dass wir alle nach unserem Tod ganz und heil sind. Johannes hatte sich körperlich manifestiert, und mir genau das zu vermitteln. Ich werde dieses Erlebnis nicht vergessen und bin der geistigen Welt überaus dankbar, dass ich die Gnade dieser Begegnung erleben durfte."

Monika verlor ihre Mutter durch Krebs, als sie 20 Jahre alt war. Sie wollte ihren Tod nicht wahrhaben und verbrachte täglich viele Stunden auf dem Friedhof. Sie berichtet:

„Ich war zu der Zeit Studentin und saß in meinem Zimmer, um meine Hausaufgabe zu schreiben. Plötzlich erschien meine Mutter in meinem Zimmer. Ich hatte gar nicht in diesem Moment an sie gedacht und ich gebe zu, dass ich etwas irritiert war. Sie sah aus wie in der besten Zeit ihres Lebens, wie lange vor ihrer Krebserkrankung. Sie sah mich lächelnd an und vermittelte mir telepathisch: ‚Ich bin gekommen, um Dir zu sagen, dass mein früher Tod mein Weg war. Alles ist gut und ich bin Dir oft näher, als Du das bewusst wahr-

nimmst. Wir sind nicht getrennt. Ich möchte Dir sagen, dass ich nicht im Grab liege. Es ist nicht notwendig, meinen abgestreiften Körper zu bedauern. In Wirklichkeit bin ich lebendiger als je zuvor und ich liebe Dich über alle Maßen'. Dann löste sich die Erscheinung einfach auf. Durch dieses Erlebnis konnte ich endlich den frühen Tod meiner Mutter akzeptieren. Ich war wie befreit und erleichtert. Seither spüre ich deutlicher, wenn meine Mutter da ist und das ist sie." (102)

Wir sind nie getrennt – weder von den Verstorbenen noch von Gott und der geistigen Welt. Wir entscheiden selbst darüber, ob wir uns der geistigen Welt, die uns durchdringt, gegenüber öffnen in Liebe und Vertrauen oder ob wir dies alles aus Angst vor dem Unbekannten ablehnen und uns somit abtrennen von den innewohnenden Potenzialen unserer Seele. Wenn wir sterben, sind wir automatisch von allen Begrenzungen des Körpers befreit. Deswegen ereignen sich Nachtodkontakte überall auf der Welt in hohem Maße – die Verstorbenen verweisen auf die Unsterblichkeit der Seele und dass wir uns wiederbegegnen werden. Das Leben nach dem Tod ist real – es ist wirklicher als alles, was wir auf der Erde als real bezeichnen. Das wird auch in den Nahtoderfahrungen zum Ausdruck gebracht. Paula verlor ihren Sohn, der mit zwölf Jahren an Leukämie verstorben war. Etwa zwei Wochen nach seinem Tod erschien er ihr:

„Plötzlich stand Jimmy am Bett und lächelte über das ganze Gesicht. Ich sah ihn von Kopf bis Fuß. Es war nichts Vergängliches an ihm. Er trug ein gestreiftes T-Shirt und blaue Shorts. Man bemerkte überhaupt nichts von seiner Leukämie! Er hatte eine Menge

Haare, was merkwürdig war, denn am Ende seines Lebens hatte er nicht mehr viele gehabt. Und an der Kopfseite, an der er operiert worden war, gab es keine Narbe mehr. Jimmy redete – und ich hörte ihn: ‚Mama, ich bin tot, aber es ist alles in Ordnung.' Er sah genauso aus wie früher, als er noch lebte. Er bewegte sich geschickt und war offensichtlich glücklich und gesund. Dann verschwand er." (103)

Für Paula war das ein ganz besonderes Erlebnis und sie war einfach glücklich. Für Angehörige, die längere Zeit jemand mit schwerer Krankheit begleitet haben, ist es oft schwer, sich an bessere Zeiten zurückzuerinnern. Durch einen visuellen Nachtodkontakt, bei dem der Verstorbene sich als ganz und heil präsentiert, werden so manche Hinterbliebenen entlastet. Alte, schmerzliche Erinnerungen verblassen, wie sich tiefgehende Ängste und Sorgen aufheben. Viele erkennen, dass der Tod nur ein Tor in eine andere Dimension ist, in der die Verstorbenen vollständig geheilt und verjüngt sind.

Erscheinungen sind stets mit einem Gegenwartsgefühl verbunden, wobei es auch zu Berührungen kommen kann. Hannah erlebte eine Begegnung mit ihrer Mutter etwa sechs Wochen nach ihrem Tod. In jener Nacht konnte sie nicht einschlafen und sie setzte sich ins Wohnzimmer:

„Ich dachte an Mutter und wie sehr ich darunter litt, dass ich nicht mehr für sie sorgen konnte. Plötzlich sah ich sie ins Zimmer kommen. Als allererstes fiel mir auf, dass sie normal gehen konnte. Zehn Jahre vor ihrem Tod hatte man ihre beiden Beine oberhalb der Knie amputieren müssen. Nun hatte Mutter ihre beiden Beine wieder,

und sie ging direkt auf mich zu und setzte sich auf die Armlehne des Sessels. Sie legte den Arm um meine Schulter und sagte: ‚Hannah, mein Liebling, Du warst mein guter Engel. Sei nicht traurig, Du sollst Dich nicht grämen.' Sie war wie von einem Strahlen umgeben und sah sehr glücklich aus. Dann stand sie auf und ging um den Sessel herum zur anderen Seite. Sie sagte: ‚Mach Dir keine Sorgen um mich, ich bin glücklich.' Dann gab sie mir einen Kuss auf die Wange und verschwand. Es war so echt – ich spürte, wie Mutters Arm auf meiner Schulter lag und sich ihre Lippen an meine Wangen drückten. Ich fühlte die besondere Art von Liebe und Nähe, die immer zwischen uns existiert hatte." (104)

Die geistigen Wesen wollen nicht, dass wir unter ihrem Tod leiden. Sie demonstrieren, dass sie von allen Begrenzungen des physischen Körpers wie auch allen Schmerzen befreit sind. Visuelle Kontakte sind bildliche Projektionen bis hin zu lebensechten Materialisierungen, damit wir sie erkennen. Sie treten plötzlich auf und lösen sich innerhalb weniger Minuten wieder auf. Es handelt sich dabei um Energietransformationen in die Dichte unserer Welt. Verstorbene können jede beliebige Form und jedes Aussehen annehmen, bis hin zu für sie charakteristische Kleidung.

BEGEGNUNGEN IM TRAUM

Wir unterscheiden drei Arten von Nachtodkontakten im Schlaf: Träume von Verstorbenen unterscheiden sich deutlich von gewöhnlichen Träumen. Sie sind intensiver, werden als äußerst real erlebt und auch nicht vergessen. Andere Kontakte treten beim Einschlafen auf. Das wird auch als hypnagogischer Zustand bezeichnet, ein Bewusstseinszustand zwischen Wachen und Schlafen, der in der Einschlafphase auftritt. Die dritte Möglichkeit, in der ein Nachtodkontakt auftreten kann, ist, dass der Träumende vom Verstorbenen geweckt wird.

Sehr viele Menschen berichten darüber, dass sie im Schlaf von einem Verstorbenen kontaktiert wurden. Sie sprechen von einem Traum, der aber kein gewöhnlicher Traum war. Ein gewöhnlicher Traum besteht meist aus Fragmenten und hat etwas Unwirkliches, beim Aufwachen ist er schon wieder vergessen. Ein Nachtodkontakt im Traum wird als eine persönliche Begegnung mit einem Verstorbenen wahrgenommen. Derartige Träume sind geordnet, intensiv, lebhaft und einprägsam. Maria erzählte mir:

„Nach dem plötzlichen Herztod meines Mannes, der erst 50 Jahre alt war, ging es mir sehr schlecht. Wie sollte ich das akzeptieren können, zumal er mir ein großes Geschäftsunternehmen hinterlassen hatte. Eines Nachts erschien er mir im Traum. John wirkte glücklich und zufrieden. Er nahm mich in die Arme und ich empfing einen tiefen Frieden. Er sagte, dass er immer für mich da sei und mich unterstütze. Das löste die Wut und meinen Groll auf. In den folgenden Jahren bekam ich immer wieder Zeichen von ihm wie auch Hinweise, wie ich die Geschäftsprobleme lösen kann, als wache er über mir. Dieser erste, wegweisende Traum veränderte mich. Es fühlte sich an wie eine echte Begegnung. Als ich damals erwachte, war es, als läge er immer noch in meinen Armen."

Monika hatte ihren Sohn Justin mit 20 Jahren durch einen Verkehrsunfall verloren. Sie machte sich beständig Sorgen, dass er sehr leiden musste, bevor er starb. Etwa vier Monate nach seinem Tod brach Justin in einen Traum ein. Er wirkte ganz und heil und überaus glücklich.

„Justin war von einem warmen Licht umhüllt und schenkte mir eine überirdische Liebe. Er versicherte mir, dass er keinerlei Schmerz empfunden hatte und wollte mir die Sorgen um ihn abnehmen. Dann war er fort. Als ich erwachte, badete ich in seiner Liebe und kam zur Ruhe. Die absolute Wirklichkeit des Traumgeschehens nahm mir alle Ängste und Sorgen."

Es gibt sehr viele Menschen, die Ähnliches wie Monika erlebt haben und einen Angehörigen durch einen plötzlichen und gewaltsamen Tod verloren haben: durch einen Unfall, Suizid, Mord, Krieg oder eine Naturkatastrophe. Sie quälen sich mit der Vorstellung, dass der Tod sehr schmerzvoll gewesen sei. Ann verlor ihren 18-jährigen Bruder durch einen Motorradunfall. Etwa einen Monat später hatte sie einen Traum:

„Ich stand zuhause bei meinen Eltern auf dem Hof, als Barry auf mich zulief. Er wirkte sehr glücklich, sehr zufrieden und liebevoll. Und er kam mir sehr weise vor, so, als wisse er jetzt alles – kein Zweifel und keine Fragen mehr, nur noch Zuversicht und Vertrauen. Hinter ihm und um ihn leuchtete ein wunderbares warmes Licht. Ich fragte: ‚Barry, was machst Du denn hier?' Er sah mich an und erwiderte: ‚Ich wollte Dir sagen, dass alles in Ordnung ist.' Ich fragte: ‚Was meinst Du damit? Hat es denn nicht wehgetan, als Du gestor-

ben bist?' Barry sagte: ‚Doch, einen Augenblick lang. Es war, als wenn man gequetscht wird. Dann flog ich durch einen dunklen Tunnel. Und plötzlich kam ich in ein herrlich strahlendes Licht.' Er lächelte mich die ganze Zeit an und ich spürte nur noch Liebe und Licht. Dann drehte er sich um und ging weg."(105)

Durch diese Traumbegegnung kam Ann endlich zur Ruhe. Als sie erwachte, waren Wut und Sorgen verschwunden. In einer Vielzahl von Berichten teilen Verstorbene mit, dass sie keinen oder nur geringfügigen Schmerz erlitten haben. Sobald der Körper verlassen wird, kurz vor oder genau in dem Moment des Todes, hört jeglicher Schmerz auf. Wir sind nicht der Körper!

Das wird auch in den Nahtoderfahrungen bestätigt. Wenn auch zunächst Schmerz empfunden wird, verlassen Nahtoderfahrende schnell ihren Körper und schweben über dem Unfallort, dem Schlachtfeld oder im Krankenhaus. Jeglicher Schmerz hört dann augenblicklich auf. Sie bewegen sich dann durch einen Tunnel oder anderen Übergang hindurch und tauchen in das bekannte helle, strahlende Licht Gottes ein. Menschen, die einen Nachtodkontakt im Schlaf erlebt haben, können einen gewöhnlichen Traum und einen realen Nachtodkontakt sehr wohl auseinanderhalten. Eine Person berichtet:

„Ich habe in den sechs Monaten nach ihrem Tod x-fach von meiner Mutter geträumt. Aber als ich sie dann gesehen habe, war es anders als im Traum, denn sie war wirklich da, im Hier und Jetzt, in meinem Schlafzimmer. Sie kam mir sehr wirklich vor, ich kann zwischen Traum und Wirklichkeit sehr gut unterscheiden." (106)

Eine derartige Erfahrung wird nie vergessen, auch viele Jahre später nicht. Eine Person beschrieb das einmal so:

„Es war [w]ie ein Traum, durchaus, aber viel wirklicher und von einer solchen Eindringlichkeit, dass ich heute, zwölf Jahre nach der Erscheinung, praktisch immer noch alle Details und Empfindungen beschreiben kann. Schon allein seine Anwesenheit war viel stärker und wirklicher als in Traumbildern." (107)

Auffällig ist die sich stets wiederholende Aussage, dass die Begegnung wirklicher war als nur ein Traum. Im Grunde genommen ist es die Vergewisserung, dass der Verstorbene nach wie vor existiert und dass er uns Sorgen und Ängste abnehmen will. Wir sind nie getrennt von der geistigen Welt und diese durchdringt uns unabhängig von der Form des jeweiligen Nachtodkontaktes. Innerhalb der Träume von Verstorbenen kommt es gelegentlich zu außerkörperlichen Erfahrungen. Die Erlebenden verfügen über einen erweiterten Bewusstseinszustand und haben dementsprechend übersinnliche Wahrnehmungen. Wie in den Nahtoderfahrungen befinden sie sich in fremden Umgebungen, sehen überirdische Landschaften und Farben, durchqueren einen Tunnel, hören himmlische Klänge und landen schließlich im Licht. Eine Frau schilderte mir in einer E-Mail ihr Erlebnis kurz nach dem Tod ihres Mannes:

„Ich lag in meinem Bett und schlief. Plötzlich spürte ich, dass ich über meinem Körper schwebte. Irgendetwas hatte mich herausgezogen. Von der Decke aus blickte ich erstaunt auf ihn hinunter. Dann stand plötz-

lich mein Mann neben mir und ergriff meine Hände. Ich fühlte mich total eins mit ihm und wir flogen über wunderschöne und farbenprächtige Landschaften. Dann rasten wir gemeinsam auf ein strahlendes goldenes Licht zu und ich fühlte, wie das Licht mich durchdrang. Ich kann es nicht anders ausdrücken, aber in diesem Licht fand eine kosmische Verschmelzung mit meinem Mann statt. Es war ein totales Einssein, eine Oase von Liebe und Frieden, wie ich das zuvor noch nie erlebt habe. Mein Mann sagte mir, dass er immer bei mir sei und wir uns wiedersehen würden. Dann bedeutete er mir, dass ich in meinen Körper zurückkehren müsse. Kaum war das geschehen, wachte ich auf.“

Eine andere Frau, deren fünf Monate alte Tochter Amanda verstorben war, schreibt, dass sie aus ihrem Körper herausgezogen wurde und ins Licht katapultiert wurde. Sie begegnete ihrer kleinen Tochter in diesem Licht. Dann spürte sie Gottes Gegenwart:

„Plötzlich fühlte ich eine sehr, sehr machtvolle Gegenwart, die Gegenwart Gottes. Und dazu Liebe und Verständnis in einem Ausmaß, wie ich es noch nie kennengelernt hatte. Und in diesem Augenblick verstand ich alles. Ich war völlig überwältigt. Es war wie ein Wunder! Ich fühlte mich vollkommen angenommen und geliebt, so wie ich war. Mit dieser spirituellen Liebe waren keine Verpflichtungen verbunden.“ (108)

In den Sterbeerlebnissen werden die jenseitigen Wahrnehmungen in ähnlichen Metaphern beschrieben. Der Erlebende wird eins mit der anderen wahren Wirklichkeit. In den Forschungsberichten wird von Menschen berichtet, die Aussagen machten wie: „Ich fühlte die Liebe, die alles durchdrang“; „Ich weiß, dass ich im Himmel war“; „Ich sah Farben, die nicht von dieser Welt sind“ und „Die andere Welt ist ein Ort von Liebe.“

Jenseitige Traumerlebnisse verändern die Sichtweise der Trauernden und vermögen ihnen zu helfen, inneren Frieden zu finden. Verlust und Trennung erscheinen in einem neuen Licht und werden zu vorübergehenden, zur irdischen Welt gehörenden Erfahrungen. Wir bleiben durch unsere Liebe mit den Verstorbenen verbunden, die mit dem Tod nicht endet, da Liebe ewig ist. Der Himmel ist in uns und wir sind nie getrennt.

ELEKTRISCHE UND PHYSIKALISCHE NACHTODKONTAKTE

Es gibt eine Vielfalt elektrischer Phänomene, die auf die Gegenwart eines spezifischen Verstorbenen hinweisen: Lampen, die ohne Grund angehen oder ausgehen oder flackern, Elektrogeräte stellen sich von selbst an und aus, wie Fernseher, Musikanlage, Kaffeemaschinen oder Wasserkocher etc. Aufgrund der Häufigkeit derartiger Phänomene scheint einiges darauf hinzuweisen, dass Elektrizität den Schwingungen der Verstorbenen am meisten entspricht. Verstorbene sind nicht länger durch einen Körper begrenzt, bestehen aus reiner Energie und sind ein reines Bewusstsein auf einer höheren Schwingungsfrequenz. Elektrische Phänomene sind Ausdruck einer Energietransformation, durch die sich der Verstorbene bemerkbar macht. Mitunter führt das zu einer echten Kommunikation, wenn der Angehörige versteht, dass der Verstorbene durch das auftretende Phänomen direkt auf seine Gedanken reagiert. Im folgenden Beispiel kommt es zu einer Kommunikation durch eine Mikrowelle:

„Eines Abends, als ich sehr spät noch in der Küche war, schaltete sich die Mikrowelle ein. Ich wusste sofort, dass meine Mutter dahintersteckte, die sechs Monate zuvor gestorben war. Ich hatte große Angst. Dann geschah nichts weiter bis zum nächsten Tag, an dem meine Schwestern kamen. Ich sagte zu ihnen, ich wüsste, dass es unsere Mutter sei. Aber ich hatte große Angst. In diesem Moment schaltete sich die Mikrowelle schon wieder an. Ich war froh, dass meine Schwestern dabei waren. Meine Schwester Caroline fragte: ‚Bist Du das, Mama?' Da sprang die Mikrowelle wieder an. Wir standen ein paar Sekunden wie angewurzelt davor, dann fragte Caroline noch einmal: ‚Mama, wenn Du es bist, mach das nochmal.' Und das Gerät schaltete sich als Antwort auf ihre Bitte wieder an." (109)

Lichter gehen an und aus, Handys und Telefone spielen verrückt, Glühbirnen zerplatzen oder Computer senden eigentümliche Nachrichten. Eine Frau berichtete:

„Kurz nach dem Tod meines Mannes fühlte ich plötzlich seine Gegenwart. Im selben Augenblick begann die Wohnzimmerleuchte zu flackern. Sie ging an und wieder aus. Seine Präsenz strahlte reine Liebe in den Raum. Ich fragte ihn, ob er anwesend sei. Auf einmal war das ganze Wohnzimmer hell erleuchtet. Ein Gefühl von Trost und Ehrfurcht stellte sich ein. Wir kommunizierten auf diese Weise miteinander und ich erhielt Antworten auf meine dringendsten Fragen. Über eine Stunde hielt dieser Schwebezustand an. Aber das Schönste war die Liebe, die mein Mann ausstrahlte."

Sehr häufig wird nach dem Tod eines Angehörigen von zerplatzten Glühbirnen berichtet. Das wird durch die Anwesenheit eines Verstorbenen und den uns umgebenden elektromagnetischen Feldern verursacht.

„Nach dem Unfalltod meines 25-jährigen Sohnes Achim brannten im gesamten Wohn- und Küchenbereich innerhalb von zwei Tagen 20 Glühbirnen durch. Ich spürte deutlich seine Präsenz, die uns wohl trösten wollte. Ich bat ihn inständig, die Manipulation der Glühbirnen zu unterlassen. Das trat dann auch nicht wieder auf. Seine Anwesenheit spürte ich aber weiterhin."

Nachtodkontakte im Zusammenhang mit einem Telefon oder Computer kommen in unserer Zeit sehr häufig vor. Das Festnetz oder das Mobiltelefon klingelt, und wenn dann abgehoben wird, vernehmen manche die Stimme des Verstorbenen, der ihnen etwas mitteilt. Manchmal kommt es sogar zu einem Gespräch:

„Eines Nachts klingelt mein Handy. Ich vermute, dass es meine Tochter ist, die anruft. Ich stehe auf und greife nach dem Gerät. Ich sage Hallo und denke an meine Tochter. Da höre ich die Stimme meiner verstorbenen Mutter: ‚Es geht mir sehr gut, meine Kleine.' Ich bin so verdutzt, dass mein Herz einen Schlag aussetzt. Ich antwortete: ‚Mama, wo bist Du?' Keine Antwort. Ich muss mich aufs Bett legen. Mein Herz klopft mir bis zum Hals. An Schlaf ist nicht mehr zu denken. Meine Mutter war zwei Jahre zuvor gestorben." (110)

Da Menschen nicht darauf gefasst sind, die Stimme eines Verstorbenen zu vernehmen, kann ein derartiges Phänomen zu Angst und Beunruhigung führen. Hier ein Beipiel:

„Als mein Vater starb, war ich bei ihm. Eine Stunde später spielte mein Telefon verrückt, es vibrierte ununterbrochen in meiner Hand und ließ sich nicht mehr ausschalten."

Und aus dem gleichen Fall:

„Elf Tage nach dem Tod meines Mannes hörte man am Ende einer Nachricht auf meinem Anrufbeantworter deutlich die Stimme meines Mannes, der meinen Vornamen flüsterte." (111)

Andere haben nach dem Tod eines geliebten Menschen sogar eine SMS von ihm erhalten. Anna erzählte mir von ihrer Botschaft:

---

*„Dahin, wo ich jetzt bin, kannst Du mir nicht folgen.
Doch ich bin immer bei Dir, bis wir uns wiedersehen.
In Liebe, Dein Peter."*

Auch im Zusammenhang mit Fotos, die über das Handy aufgenommen wurden, erscheinen Verstorbene unerklärlicherweise auf dem Bild. Elektrische Nachtodkontakte sind rational nicht fassbar, da wir die Energietransformation nicht erfassen können. So mancher wurde dadurch vom Leben nach dem Tod überzeugt.

Intensive elektrische Nachtodkontakte werden nie vergessen und auch von mehreren Personen gleichzeitig erlebt.

In den physikalischen NTKs werden Gegenstände hin und her bewegt oder sie verschwinden, um dann plötzlich wieder aufzutauchen. Besagte Gegenstände stehen in Verbindung mit einem Verstorbenen und gelten als Zeichen seiner Anwesenheit. Energetisch lässt sich das dadurch erklären, dass Geistwesen die Energie vor und hinter einem Gegenstand verstärken oder vermindern, um sie dadurch in Bewegung zu setzen. Eine Frau erzählte mir:

„Ich legte abends den Ehering an eine bestimmte Stelle auf meinem Schreibtisch, auf dem auch ein Bild meines verstorbenen Mannes steht. Eines Tages merkte ich, dass der Ring verschwunden war. Das konnte ich mir überhaupt nicht erklären. Obwohl ich intensiv nach dem Ring suchte, fand ich ihn nicht, bis er etwa zwei Wochen später in meiner Waschmitteldose wieder auftauchte. Natürlich ging das Verschwinden und Wiederauftauchen des Ringes auf meinen Mann zurück, der mir auf humorvolle Weise mitteilte, dass er bei mir ist. Im Laufe der Jahre erlebte ich noch häufiger derartige Phänomene."

Auch schwere Gegenstände werden bewegt. Ein Mann erzählte mir von seinem unvergesslichen Nachtodkontakt mit seinem Sohn:

„Einige Tage nach seinem Tod ging ich in seine Wohnung, um mir einen Überblick zu verschaffen, da die Wohnung geräumt werden musste. In seinem Wohnzimmer hing ein großes Gemälde, das einen kraftvollen Engel darstellte, vor

dem mein Sohn immer wieder meditiert hatte. Ich setzte mich in Ehrfurcht vor das Bild, in Gedanken an meinen Sohn. Plötzlich bemerkte ich, dass sich das Bild aus seiner Verankerung löste und dann ganz sanft auf meinem Schoß landete. Ich wusste nicht, wie mir geschah. Doch dann spürte ich die heitere, liebevolle Präsenz meines Sohnes. Er teilte mir telepathisch mit, dass das Gemälde für mich bestimmt sei. Es gehe ihm gut. Wie mein Sohn dieses Phänomen bewerkstelligt hat, kann ich nicht erklären, zumal der Nagel, auf dem es hing, unbeschädigt war. Das war das schönste Erlebnis, das mir dabei half, seinen frühen Tod zu überwinden. Die Liebe, die er dabei ausstrahlte, hat sich tief in mein Herz verflochten.“

Sehr häufig wird berichtet, dass Uhren zum Zeitpunkt des Todes stehen bleiben oder auch kaputte Gegenstände von Verstorbenen zu neuem Leben erweckt werden, um auf ihre Gegenwart zu verweisen:

„Mein Vater starb im September 2002. Als ich Anfang November 2002 zum Geburtstag meines kleinen Neffen eingeladen war, sagte ich mit Tränen in meinen Augen: ‚Schade, dass Papa beim ersten Geburtstag seines Enkelsohnes nicht dabei sein kann.‘ Kaum hatte ich zu Ende geredet, da fing ein kaputtes Musikspielzeug meines Neffen an, Musik zu machen und eine kleine Melodie zu spielen. Zu diesem Zeitpunkt war niemand in der Nähe des Spielzeugs. Meine Schwägerin bestätigte mir, dass das Spielzeug schon seit geraumer Zeit nicht mehr funktionierte. In diesem Moment wusste ich: Mein Vater wollte uns zu verstehen geben, dass er bei uns war.“ (112).

SYMBOLISCHE NACHTODKONTAKTE

Symbolische Nachtodkontakte sind sehr subtil und können oft nur für den Empfänger einen Sinn ergeben. Der Zusammenfall von zwei oder mehreren unerwarteten Ereignissen wird als Synchronizität, also als Fügung bezeichnet. Der Schleier der Wirklichkeit hebt sich von einem Moment zum anderen auf und wir werden intuitiv berührt durch die Präsenz eines Verstorbenen. Symbolische Nachtodkontakte können in Form von Naturphänomenen, Regenbögen, Blumen oder Tieren auftreten, was auf die Wirklichkeit des Geistigen hinter dem Alltagsgeschehen verweist. Besonders die Natur ist eine Projektionsfläche der geistigen Welt. Wer das jemals erlebt hat, nimmt in Sonnenuntergängen, im Licht der Sonne, in plötzlich auftretenden Regenbögen oder blinkenden Sternen die Gegenwart eines Verstorbenen wahr. Eine Frau berichtete:

„Mein Sohn erlitt mit 25 Jahren einen Herzinfarkt. Ich konnte das lange nicht verarbeiten, aber er hatte einfach zu viel gearbeitet. Ich unternahm lange Spaziergänge in der Natur, um wieder ins Gleichgewicht zu kommen. Eines Tages spazierte ich wieder einmal auf dem Weg, den ich so oft mit ihm gegangen bin. Ich dachte intensiv an ihn, als ich einen Sonnenstrahl erblickte, der mein Herz durchdrang. Auf einmal fühlte ich intensiv seine Gegenwart und Wärme, und Liebe durchströmte mich von innen nach außen. Dieses Gefühl habe ich nie vergessen. Das war für mich die erlösende Gewissheit, dass mein Sohn und ich uns in meiner Innenwelt berührt haben."

Ein anderes Zeichen ist das ungewöhnliche Erscheinen eines Regenbogens, ein zentrales Symbol der Hoffnung und der Verbindung mit der geistigen Welt zwischen Diesseits und Jenseits. Ein Regenbogen übermittelt die Botschaft, dass ein Licht hinter den Wolken des Lebens verborgen ist, selbst wenn wir es durch unsere Trauer nicht mehr sehen können.

Ein Mann, der seinen Sohn verloren hatte, war wütend und aufgebracht und glaubte, dass man sich im Krankenhaus zu wenig um ihn gekümmert hätte. Er stand im Vorgarten seines Hauses, als sich folgendes Naturschauspiel ereignete:

„Es war ein sonniger Tag, aber plötzlich fing es an, in Strömen zu gießen, obwohl ich keine Wolke sah und der Himmel noch blau war. Dann erschien direkt vor uns auf der Straße ein Regenbogen. Vor uns hatte sich einfach ein Regenbogen materialisiert. Ein paar Sekunden lang waren wir sprachlos vor Staunen, dann sah mich meine Schwiegertochter an und sagte: ‚James ist hier', und ich antwortete: ‚Ich weiß.' Ich hatte mein Handy dabei und machte ein Video davon. Und ich habe Fotos. Es war, als würde ich im Geist meinen Sohn sagen hören: ‚Reg Dich nicht auf, mir geht's gut.' Ich spürte seine Anwesenheit und es kam mir vor, als wolle er, dass wir uns beruhigen und nicht in finsteren Grübeleien und bösen Erinnerungen verfielen. Es war unglaublich." (113)

Auch Tiere gelten häufig als Boten der Verstorbenen. Sie tauchen wie aus dem Nichts auf. Als typische Zeichen gelten Hunde, Vögel, Katzen und besonders häufig Schmetterlinge. Eine Frau erzählte mir:

„Nachdem meine Tochter durch einen Unfall ums Leben gekommen [war], lief mir eine Katze zu, die sich an mich schmiegte. Zuerst konnte ich nichts damit anfangen, doch die Katze hatte sich mich offensichtlich ausgesucht. Zunächst schlief sie einige Nächte im Garten, doch traute sie sich auch, im Haus einen Platz für sich zu suchen. Ich konnte sie einfach nicht wegschicken, so lieb begleitete sie mich. Ich war damals in der tiefsten Trauerphase und meine Tochter fehlte mir sehr. Immer dann, wenn es mir am schlechtesten ging, sprang die Katze auf meinen Schoß, um mich zu beruhigen. Eines Tages spürte ich die Gegenwart meiner Tochter. Sie hüllte mich in Liebe ein und übermittelte mir telepathisch: ‚Mama, ich habe Dir die Katze geschickt, damit Du Ruhe finden kannst. Ich bin immer bei Dir und werde es immer sein.' Und tatsächlich: Die Katze begleitete mich viele Jahre und ich hatte das Gefühl, dass meine Tochter über die Katze bei mir war. Für mich war das ein Himmelsgeschenk."

Wir alle erhalten öfter als wir ahnen Zeichen von geliebten Verstorbenen. Oft bemerken wir diese gar nicht oder können sie nicht in einen Zusammenhang mit einem Verstorbenen bringen. Für die Abgeschiedenen ist es mitunter sehr schwer – auch durch die tiefe Trauer bedingt, die verhindert, dass wir uns dem Geschehen öffnen. Vögel gelten als Symbol für die menschliche Seele. Eine Frau erzählte mir:

„Nach dem Tod meines Mannes tauchten in meiner Umgebung ständig Amseln auf, die ich vorher nie wahrgenommen hatte. Egal, wo ich mich aufhielt – im

Garten, auf einem Spaziergang oder auf dem Friedhof, überall tauchten Amseln in meinem Umfeld auf. Ich war sehr verwundert. Mein Mann mochte Amseln, doch mich interessierten sie überhaupt nicht. Eines Tages spürte ich ganz deutlich die Gegenwart meines Mannes, als ich wieder einmal überall Amseln um mich herum erblickte. Mir fiel es wie Schuppen von den Augen: Die Amseln waren Boten meines Mannes. Er brachte damit zum Ausdruck, dass er weiterhin um mich ist."

Wir bekommen viel häufiger subtile Zeichen von Verstorbenen, doch können wir symbolische Zeichen nicht unbedingt mit einem Verstorbenen in Verbindung bringen. Besonders häufig ragen Erlebnisse mit Schmetterlingen in den dokumentierten Fallbeispielen hervor. Schmetterlinge sind ein spirituelles Symbol für die Auferstehung und das Leben nach dem Tod. Die Raupe wird Schmetterling. Darüber hinaus gilt ein Schmetterling als Symbol für die Präsenz eines Verstorbenen. Eine Frau erzählte mir:

„Der Tag der Beerdigung meines Mannes, der im Dezember verstorben war, war ein grauer kalter Tag. Während der Totenmesse fiel plötzlich ein heller Sonnenstrahl auf den Sarg meines Mannes. Dann setzte sich ein großer weißer Schmetterling auf seinen Sarg und verblieb dort für den Rest der Messe, zum Erstaunen aller. Ich spürte die Gegenwart meines Mannes. Später sah ich diesen großen weißen Schmetterling auf dem Friedhof und auch in unserem Garten. Er setzte sich sogar auf meinen Rücken und später sogar auf meine Hand. Und das im Dezember. Für mich war das eindeutig ein Zeichen dafür, dass mein Mann um mich war."

Dieses Beispiel steht stellvertretend für viele andere. Man sieht, dass der erhoffte Kontakt manchmal auf unerwartete Art und Weise kommt und dem Trauernden Hoffnung spendet.

SCHUTZ UND WARNUNG

Es gibt unzählige Berichte darüber, dass Verstorbene in akuten Gefahrensituationen Menschen gewarnt haben, um sie vor folgenschweren Unfällen oder Gefahren zu schützen. Allerdings sollte eines bedacht werden: Ein derartiger Eingriff erfolgt nur dann, wenn die Zeit zu sterben noch nicht gekommen ist und Hilfe am dringendsten ist. Verstorbene können in unser Schicksal nicht eingreifen. Alles, was uns widerfährt hat einen tieferen Sinn. Für die Verstorbenen gibt es keine Begrenzungen mehr, da Raum und Zeit aufgehoben sind. Insofern können sie irdische Ereignisse voraussehen. Ein junger Mann berichtete von einer Warnung seitens seines verstorbenen Freundes:

„Ich war auf dem Weg zu meiner Freundin in Berlin. An einem heißen Tag im Juli fuhr ich die Autobahnauffahrt hinauf. Plötzlich vernahm ich die Stimme meines verstorbenen Freundes Thomas im Kopf. Er forderte mich mit lauter, eindringlicher Stimme auf, abzubremsen, ich tat es: Vor mir war ein riesiger Auffahrunfall. Wenn ich nicht abgebremst hätte, wäre ich direkt reingefahren. Ich danke Thomas für diese Hilfe."

Verstorbene versuchen mitunter Suizide zu verhindern oder warnen davor, ein bestimmtes Flugzeug zu besteigen. Im Nachhinein zeigt sich, dass dieser Flieger abgestürzt ist. Sie greifen nur dann ein, wenn es sein soll. Sie warnen auch vor Bränden, die die schlafenden Angehörigen gar nicht bemerkt haben. Jeff erlebte einen Eingriff seines verstorbenen Freundes Phil, der zwei Jahre zuvor gestorben war:

„Ich fuhr eine kurvige Straße und schlief ein. Plötzlich höre ich einen Schrei: ‚Wach auf!' Ich riss die Augen auf und sah zum Beifahrersitz. Dort saß Phil und lächelte. Er war von Licht umgeben – es strahlte von seinem Körper aus und ich konnte durch ihn hindurchsehen. Ich war ziemlich erschrocken. Dann sah ich nach vorne. Die Straße machte eine Kurve. Ich fuhr mit 60 Stundenkilometern genau auf ein Haus zu! Ich konnte das Lenkrad gerade noch herumreißen und hielt an. Das war eine unglaubliche Erfahrung für mich. Ich war überhaupt nicht darauf gefasst. Phil hat mir das Leben gerettet." (114)

DIE BITTE UM VERGEBUNG

Manchmal kommen Verstorbene zurück, um für bestimmte Dinge, die geschehen sind, um Vergebung zu bitten. Wenn wir auf die andere Seite übergewechselt sind, erleben wir eine Lebensrückschau, die uns objektiv aufzeigt, wie wir unser Leben wirklich gestaltet haben. So mancher Verstorbener bedauert, was er anderen angetan hat. Sie versuchen dann, Unerledigtes und Versäumtes in Ordnung zu bringen. Für die weitere geistige Entwicklung ist es erforderlich, sich vom Ballast erdwärtsgerichteten Denkens zu befreien. Eine Frau erzählte mir am Telefon vom Suizid ihres 20-jährigen Sohnes, der nun um Vergebung bat:

„Nach dem Suizid meines 20-jährigen Sohnes war ich total fertig. Ich verstand die Welt nicht mehr. Einerseits empfand ich tiefe Schuldgefühle, andererseits war ich wütend auf ihn. Mein Sohn litt an einer schweren psychischen Erkrankung mit unzähligen Klinikaufenthalten. Ich konnte und wollte seinen Tod nicht akzeptieren. Eines Abends hatte ich plötzlich das Gefühl, dass er bei mir war. Eine Woge von Liebe hüllte mich ein. Er vermittelte mir telepathisch, dass er das Auf und Ab seiner Krankheit nicht mehr ertragen konnte. Es tue ihm leid, was er mir durch seinen Suizid angetan habe. Doch sei ihm auf Erden nicht mehr zu helfen gewesen. Ich fühlte mich durchdrungen von seiner Liebe. Diese Begegnung befreite mich von meinen ambivalenten Gefühlen."

Es ist schwer, einen Suizid überhaupt zu akzeptieren. Wir machen uns jedoch keinen Begriff davon, wie sehr Menschen mit schwierigen psychischen Erkrankungen leiden und dass bestimmte Störungen unheilbar sind. Im folgenden Beispiel litt an Mann an Parkinson, und da er das beständige Zittern nicht mehr aushielt und auch die ständige Verschlechterung seines Krankheitsverlaufs, nahm er sich das Leben. Seine Frau berichtete mir:

„Plötzlich spürte ich sehr deutlich seine Anwesenheit. Er vibrierte vor Liebe, was sich körperlich auf mich übertrug. Ich war immer noch voll Wut, da ich seinen Suizid nicht vergeben konnte. Doch nun war er in meinem Schlafzimmer und bat inständig um Vergebung. Er sagte: ‚Ich musste gehen. Nach über zehn Jahren eines beständigen körperlichen Abbaus war ich nicht mehr imstande, in diesem Körper zu leben.' Dann

war es, als übertrug er mir energetisch das Gefühl, wie es sich anfühlte, mit seiner Erkrankung in diesem zitternden und klopfenden Körper zu sein. Das hat mich bekehrt. Ich konnte ihm aus tiefstem Herzen vergeben. Seitdem spüre ich ihn häufiger um mich.“

Ein Mann war zeit seines Lebens ein schwerer Alkoholiker und drangsalierte seine Familie. Zwei Jahre nach seinem Krebstod erschien er seiner Frau. Sie erzählte mir von der Begegnung:

„Ich bin gekommen, Dich um Vergebung zu bitten. Nach meinem Tod war ich zutiefst verstört darüber, was ich Dir und der Familie zugemutet habe. Ich fühlte mich schuldig und war nicht imstande, das Licht Gottes auch nur anzuschauen. Irgendwann bat ich um Hilfe, um mich von der Last meiner Schuld zu befreien. Es gehört zum Prozess des Übergangs, sich selbst ins Gesicht zu schauen. Bitte verzeihe mir.“

Seine Frau brach in Tränen aus. Sie spürte seine Liebe, die Wahrhaftigkeit seiner Vergebungsbitte und konnte dadurch die Schwere ihres Leidens endlich loslassen und vergeben.

DIE AUSWIRKUNGEN DER NACHTOD-KONTAKTE

In der westlichen materialisierten Gesellschaft überwiegt die Meinung, dass mit dem Tod des Menschen eine Trennung unumkehrbar ist. Sterben wurde in Institutionen verlagert, oft ohne

Beisein der Angehörigen. Viele haben daher keinen oder nur wenig Einblicke darin, was mit uns beim Sterben geschieht, und glauben nicht an ein Leben nach dem Tod.

Vor diesem Hintergrund ist das Erleben eines Nachtodkontaktes eine aufwühlende und geradezu befreiende Erfahrung, die eine völlig neue, früher nicht für möglich gehaltene Erkenntnis in sich trägt: Verstorbene sind nach wie vor um uns. Wer das jemals selbst erlebt hat, gewinnt die innere Überzeugung, dass ein Nachtodkontakt eine authentische und echte Begegnung mit einem Verstorbenen darstellt, zumal sie sich völlig unerwartet ereignen. Eine solche Erfahrung wird häufig als Geschenk betrachtet. Es sind Erinnerungen, die ein Leben lang bewahrt und nie vergessen werden. Frühere, lang gehegte Überzeugungen von Sterben und Tod heben sich auf. Die Unbefangenheit und die Freude darüber ändern sich nicht, da Erlebende aus eigener Anschauung wissen, dass der Tod nicht das Ende ist und die Verstorbenen nach wie vor um uns sind. Diese Erfahrungen führen bei vielen dazu, sich intensiv mit dem Leben nach dem Tod auseinanderzusetzen.

Nachtodkontakte können nicht von uns herbeigeführt werden. Sie geschehen einfach. Die zahlreichen dokumentierten und wissenschaftlich untersuchten Fälle belegen, dass Kontakte mit Verstorbenen genau dann stattfinden, wenn die Empfänger offen, ruhig und gefasst sind, ohne an den Verstorbenen gedacht zu haben, und mit ihrem Alltag beschäftigt sind. Ohne ersichtlichen Grund und unvermittelt ereignet sich der Kontakt, der keine Erwartung erfüllt. Viele Erlebende haben sich nie mit derartigen Phänomenen beschäftigt und sind sehr erstaunt darüber, wie viele Menschen Ähnliches erlebt haben. Wir machen die Erfahrung, in etwas Ungewöhnliches, Unerklärliches einzutauchen. Gleichzeitig machen wir die Erfahrung, dass hinter unserer Alltagswelt eine unsichtbare Macht steht, die von unseren begrenzten Sinnen meistens nicht wahrgenommen wird. Michaela, die von ihrem verstorbenen Mann kontaktiert wurde, gab zu Protokoll:

„Ich bin der festen Überzeugung, dass das, was passiert ist, echt war, weil ich das Glück und das wohlige Gefühl nach diesem Erlebnis nicht erfunden, sondern mit meinem ganzen Wesen gespürt habe." (115)

Die Gewissheit der Echtheit des Erlebens wird durch das familiäre gesellschaftliche Umfeld in Frage gestellt. Manche haben Angst, nicht für voll genommen zu werden, und schweigen deshalb. So mancher wird von seinem Umfeld verlacht, andere zweifeln plötzlich an ihrer Erfahrung und beginnen sogar, ihre geistige Gesundheit in Frage zu stellen. Marie-Claire, die ein sehr intensives, nachhaltiges Erlebnis hatte, schreibt:

„Danach habe ich versucht, in meiner Umgebung davon zu sprechen, denn es fiel mir schwer, eine so große Freude für mich zu behalten, mit ihr einfach so weiterzuleben. Es war eine Katastrophe. Ich musste darauf verzichten, denn sie haben es fertiggebracht, dass ich anfing, an mir selbst zu zweifeln, mir einzureden, dass ich depressiv sei. Ich wollte nicht, dass man mir das wegnahm. Ich fühlte mich zerrissen zwischen der Realität und meinem Empfinden, der Vernunft und dem Bedürfnis zwischen den beiden Welten." (116)

Viele Menschen, mit denen ich persönlich gesprochen habe, sagten mir, dass sie erleichtert seien, mir diese Dinge anzuvertrauen, mit denen sie sonst mit niemandem sprechen konnten. Sterbebettvisionen, geteilte Todeserfahrungen oder Nachtodkontakte sind nach wie vor Themen, die unsere Gesellschaft spalten, weswegen Erlebende auch in der medialen Öffentlichkeit so wenig

Zuspruch erhalten. Der Tod und was danach geschieht, ist immer noch das größte Tabuthema.

In den unterschiedlichen Kapiteln dieses Buches wurde vor allem eines verdeutlicht: Nachtodkontakte haben eine tiefe, heilsame Wirkung auf die Hinterbliebenen. Sie haben zuallererst eine Auswirkung auf den Trauerprozess. Wer einen intensiven Verlust durchlebt hat, Schmerz und Gefühlsschwankungen erlebt hat, erreicht durch einen Nachtodkontakt einen Wendepunkt in seinem Leben. Durch das Durchschreiten der Trauer und ihren Phasen – nicht Wahrhabenwollen, Zorn, Depression bis hin zur Akzeptanz des Todes – erfahren wir seelisch-geistiges Wachstum.

Ein Nachtodkontakt verstärkt dabei den Wachstumsprozess. Aus den sehr persönlichen Berichten dieses Buches können wir den Schluss ziehen, dass jede Trennung von einem geliebten Verstorbenen nur vorübergehend ist und dass wir uns wiedersehen werden, wenn wir sterben. Kein Verlust ist endgültig. Die Botschaft dieser Kontakte ist klar: **Wir sehen uns in jedem Fall wieder.**

Für viele ist es eine Befreiung zu wissen, dass sich die Verstorbenen weiterhin um unser Wohlergehen sorgen. Durch Liebe bleiben wir mit ihnen verbunden. Sie haben einen weitaus tieferen Einblick in unser Leben als wir selbst. Das zeigt sich dann, wenn sie beispielsweise helfend in gefährliche Situationen eingreifen.

Nachtodkontakte schenken Trost, Hilfe und die Kraft, den eigenen Lebensweg ohne den geliebten Menschen weiterzugehen. Die Kontaktierten haben das Gefühl, weiterhin geliebt zu werden. Liebe überdauert den Tod, wenn auch aus einer für uns unsichtbaren Dimension heraus. Bislang ungelöste und konfliktbeladene Beziehungsprobleme finden eine Lösung. Verstorbene haben sich ihrem Lebensrückblick gestellt. Sie wissen, wo sie in ihrem Umgang mit Angehörigen gefehlt haben. Deswegen kommt es häufig zu einer Bitte um Vergebung.

Die einhellige Botschaft der Nachtodkontakte ist, dass Bewusstsein auch nach dem Tod weiterbesteht. Die Verstorbenen beruhigen die Angehörigen mit der Aussage, dass es ihnen gut geht. Sie versichern, dass sie glücklich und zufrieden sind in ihrer neuen Existenzform. Der Tod ist nur ein Übergang in eine andere Form des Seins. Wir haben nichts zu befürchten, da die Quelle allen Seins, Gott, jeden Einzelnen unabhängig von seinen Fehlern bedingungslos liebt.

Die Überzeugung, dass die Verstorbenen weiterleben, verändert das Glaubenssystem. Nachtodkontakte sind unabhängig davon, ob jemand einen festen Glauben hat oder Atheist ist oder was auch immer der Einzelne glauben mag. So mancher, der sich ein Leben nach dem Tod nicht vorstellen konnte, erlebt nun auf eine ganz spezifische Weise, dass die Verstorbenen nach wie vor äußerst lebendig sind. In einem größeren Sinnzusammenhang offenbart sich die universelle Wahrheit: Menschen sind unsterbliche geistige Wesen und das Leben endet nie.

Grundsätzlich nimmt die Angst vor dem Tod bei vielen Kontaktierten ab. Andere beginnen, sich für spirituelle Themen zu interessieren. Nachtodkontakte eröffnen eine neue Perspektive auf das Menschsein wie auch auf den Sinn des Lebens. Das Einzige, was eine dauerhafte Veränderung des eigenen Blickwinkels und sogar des eigenen Lebens möglich macht, ist das direkte Erleben eines Nachtodkontaktes. Dadurch werden die Herausforderungen des Lebens mit etwas mehr Distanz wahrgenommen, durch die intuitive Erkenntnis, dass wir viel mehr sind als der physische Körper, was für jeden Menschen gilt.

Ganz allgemein gesprochen sind Nachtodkontakte positive Erfahrungen, die von Liebe und Fürsorge seitens der Verstorbenen durchdrungen sind und die so manchen Trauerschmerz lindern. Wir wissen nicht, warum manche Menschen mehrere NTKs erleben und andere, die sich sehr danach sehen, gar nicht. Das bleibt ein Mysterium des menschlichen Lebens, das wir akzeptieren müssen. Durch einen Nachtodkontakt bleibt uns aber der Trauerprozess an sich nicht erspart. Evelyn Elsaesser schreibt, dass man sich den Trauerprozess „[w]eder durch NTK noch durch Medien hergestellte Kontakte mit Verstorbenen […] ersparen [kann], denn es ist ein langer, schmerzhafter Prozess, der – in der Abfolge oder auch in Sprüngen – durch Nichtwahrhabenwollen, Wut, Niedergeschlagenheit und Schuldgefühle führt, bis am Ende die endgültige Abwesenheit des geliebten Menschen akzeptiert wird. Ist einmal die physische Abwesenheit wirklich verstanden und akzeptiert, ist die Zeit gekommen, eine neue innere Verbindung zu ihm herzustellen, eine neue Beziehung, die Bestand haben wird und die nichts zerstören kann." (117)

Geleistete Trauerarbeit führt dazu, dass der Verstorbene ein Teil der eigenen Innenwelt wird, mit dem wir durchaus eine innige Beziehung aufbauen können. Die Beziehung zu einem geliebten Verstorbenen wird also nicht abgebrochen, sondern entwickelt sich auf einer anderen Ebene weiter. Genau dieser Prozess wird durch einen Nachtodkontakt verstärkt. Wenn aber die Realität des Todes geleugnet wird, wird der Trauerprozess blockiert.

KAPITEL 7

MEDIALITÄT

Viele Menschen erleben Nachtodkontakte, andere aber nicht. Manche sind geradezu verzweifelt, dass sie kein Zeichen von ihren geliebten Verstorbenen erhalten. Warum das so ist, wissen wir nicht. Je dringlicher der Wunsch nach einer Kontaktaufnahme besteht, desto eher wenden sich Hinterbliebene an ein Medium.

Ein Medium ist eine Person, die mit der geistigen Welt Kontakt aufnehmen kann und eine Verbindung zu einem bestimmten Verstorbenen herstellen kann. Medien empfangen Botschaften aus der jenseitigen Welt, die sie den Klienten übermitteln. Das ist nur möglich, indem sie in einen erweiterten Bewusstseinszustand eintreten, der jeder medialen Tätigkeit zugrunde liegt.

Viele verbinden sich mit dem kosmischen Energiefeld, in dem alles Wissen gespeichert ist. Manche empfangen konkrete Bilder der Jenseitswelt und sehen die Verstorbenen. Andere bekunden ihre Botschaft durch Fühlen oder Hören. In manchen Fällen umfasst Medialität das Hellsehen, die außersinnliche Wahrnehmung der äußeren wie auch der Anderswelt. Handelt es sich also um reale Verbindungen mit dem Jenseits?

KÖNNEN WIR MIT VERSTORBENEN SPRECHEN?

Medien sagen, dass die Verstorbenen anwesend sind. Sie sprechen mit ihnen, können sie sehen, spüren ihre Präsenz und erhalten Informationen, die der Verstorbene übermittelt. Stellen Sie sich vor, dass Sie ein Medium aufsuchen. Ihnen sitzt eine völlig unbekannte Person gegenüber, wie auch Sie dem Medium nicht bekannt sind. Das Medium verbindet sich mit einem oder mehreren Verstorbenen und ist fähig, dem Klienten eine umfangreiche Anzahl faktischer Informationen zu übermitteln, die vom Verstorbenen ausgehen.

Seit mehreren Jahrzehnten wurden Medien und ihre Botschaften wissenschaftlich untersucht. Der amerikanische Neurologieprofessor Gary Schwartz testete über mehrere Jahre die bekanntesten Medien Amerikas unter Laborbedingungen. Er ließ Medien mit den verstorbenen Angehörigen Kontakt aufnehmen, wobei die Medien die Versuchsperson nicht sehen konnten, damit die Möglichkeit eines Betruges ausgeschlossen wird. Die Forscher, die an diesen Experimenten beteiligt waren, sammelten spezifische Informationen über Verstorbene und überprüften sie auf ihren Wahrheitsgehalt.

Ein wesentliches Ergebnis der Forschung war, dass die Testmedien konkrete Sachverhalte, wie beispielsweise den Suizid des Sohnes einer Versuchsperson, angaben. Während des Experiments zeigte sich, dass eine sehr aktive Kommunikation zwischen Verstorbenen und Medien stattfand. Gary Schwartz wertete seine Experimente als wissenschaftlichen Beweis für das Leben nach dem Tod. Das Überleben des Bewusstseins ist die einzig gültige Erklärung, wenn auch Skeptiker nach wie vor bestreiten, dass es ein Leben nach dem Tod gibt.

Auch Julie Beischel untersuchte die Informationen, die Medien während strengstens kontrollierten Versuchen erhalten. Ihre wissenschaftliche Annäherung an Medialität kommt zu dem Ergebnis, dass „das abnorme Empfangen von Informationen eine Tatsache ist, wir aber nicht bestimmen können, wie es entsteht. Die Daten bekräftigen die Hypothese eines Überlebens des Bewusstseins, eines Lebens nach dem Tod. Ein Teil unserer Persönlichkeit oder Identität bleibt über den physischen Tod hinaus bestehen, in einem Zustand, der es möglich macht, mit einem Medium zu kommunizieren." (118)

Auch in England wurden derartige Experimente mit Medien durchgeführt. Professor Archie Roy sowie Tricia Robertson haben eine wissenschaftliche Herangehensweise an das Studium des Beweismaterials etabliert. Dabei stellte Gordon Smith, ein weltbekanntes englisches Medium, sich selbst zur Verfügung und nahm freiwillig an den wissenschaftlichen Untersuchungen teil. Die Analyse seiner Informationen zeigte für den jeweiligen Empfänger einen hohen Grad an Genauigkeit. Das alles ist weiteres Beweismaterial für ein Leben nach dem Tod. Es geschieht etwas um uns herum, das größer ist als das, was wir uns vorstellen können. Gordon Smith schreibt in seiner Biografie *„Spirit Messenger"* über die Experimente:

„Selbst einige der gelehrtesten Vertreter der Wissenschaft haben akzeptieren müssen, dass es nicht für alles eine perfekte logische Erklärung gibt. Im Übrigen kann man davon ausgehen, dass der Schlüssel, der irgendwann die Türen zu einigen der größten Mysterien öffnen wird, mit denen sich die Menschheit seit jeher konfrontiert sieht, nicht in den Händen der Wissenschaft liegt." (119)

Das Buch erschien 2007. Heute, 16 Jahre später, verfügen wir nicht nur in Bezug auf Medien, sondern durch die gesamte Bandbreite der Erlebnisse Sterbender in Todesnähe, den Nahtoderfahrungen und Nachtodkontakte über wissenschaftlich gesicherte Erkenntnisse darüber, dass Bewusstsein den Tod überlebt.

Medien werden häufig gefragt, ob die Verstorbenen wirklich um uns sind. Thomas John, ein populäres Medium in den USA schreibt in seinem Buch „*Was Tote über das Leben wissen*“:

„Ich werde oft gefragt, ob die Geister wirklich um uns sind, und die Antwort lautet Ja und Nein, was nicht leicht nachzuvollziehen ist. Manchmal sage ich scherzhaft, dass die Toten ihr eigenes Leben haben und nicht überall gleichzeitig sein können. Tatsächlich sind sie sehr oft um uns, aber sie gehen immer wieder auch ihren eigenen Dingen nach. Sie haben drüben, auf der anderen Seite, Aufgaben und Pflichten; viele Geister haben sich bei Readings zu Wort gemeldet und mir von ihren Aufgaben in der Welt erzählt. Mit Sicherheit kann ich aber nach Tausenden Readings mit Gruppen, bei Einzelsitzungen oder am Telefon sagen, dass sie wirklich mit uns kommunizieren möchten. Sie freuen sich über die Verbindung, und das ist so, weil sie uns lieben. Die Verbindung hilft uns, aber sie ist auch für die Geister gut. Sie gehört zu ihrem Job auf der anderen Seite. Indem sie die Lebenden unterweisen, können die Geister in höhere Dimensionen aufsteigen.“ (120)

Letztlich sollten wir bedenken, dass es zu allen Zeiten in der menschlichen Geschichte, in allen Kulturen und Religionen, Menschen gegeben hat, die Kontakte mit Verstorbenen hergestellt haben. So war die Grundlage der Schamanen vor über 10.000 Jahren, die Verbindung mit dem Jenseits herzustellen. Priester oder Medizinmänner konnten ihren Körper verlassen und nahmen den Kontakt mit ihren Ahnen auf. Die Grenzen des alltäglichen Bewusstseins hoben sich auf, und die Seele konnte jeglichen Ort im Diesseits wie im Jenseits aufsuchen. Die Urschamanen vertrauten auf die Hilfe der Verstorbenen in schwierigen Situationen. Das verweist auf einen medialen Hintergrund bei schamanischen Heilern.

AUSSAGEN VON MEDIEN

Die geistige Welt durchdringt unsere Realität und hat einen Einfluss darauf. Stephane Allix unternahm einen ungewöhnlichen Test, um die Wahrhaftigkeit von Medien zu überprüfen. Als sein Vater starb, legte er ihm heimlich fünf Gegenstände in den Sarg. Dann befragte er sechs Medien, die Botschaften von Verstorbenen empfangen können. Allix kam zu der Erkenntnis, dass wir mit den Verstorbenen über den Tod hinaus kommunizieren können, vor allem mit denen, die wir lieben. Die Existenz der unsichtbaren Welt ist real. Die geistige Welt übt einen Einfluss energetischer Verbindung zwischen stofflicher und feinstofflicher Welt aus. Das wird von unserer westlichen Gesellschaft nicht als Wirklichkeit anerkannt. In seinem Buch schreibt Allix über das Medium Loan:

„Loan ist mehr oder weniger immer in einem Zustand der Wahrnehmung. Diese Fähigkeit ist bei ihr niemals gänzlich ausgeschaltet. So kann es vorkommen, dass sie völlig überraschend von Verstorbenen in Beschlag genommen wird, die sie um Hilfe bitten. Während der Sitzungen ist es anders, da ist sie darauf vorbereitet und erwartet die Verstorbenen. Zuerst ist da gar nichts, und im nächsten Augenblick kommt etwas herunter und

verdichtet sich. Es ist ein wenig so, als würden sich alle Luftpartikel zu einer Art dichterem Dampf formen, den man wahrnehmen kann. Diese Verdichtung wird von einem Gefühl von Anwesenheit begleitet." (121)

Loan besitzt nicht nur die Gabe, mit Verstorbenen zu kommunizieren, sondern kann auch mit anderen Arten von Geistwesen in Kontakt treten. Das Sichtbare und das Unsichtbare spiegelt sich gegenseitig, da es keine Grenzen zwischen den Welten gibt. Allix fährt fort:

„Diese beiden Wirklichkeiten sind füreinander durchlässig, und zwar in zunehmendem Ausmaß, denn die Energie der Erde ist dabei, sich zu verändern, sagt Joan. Dualität ist eine Illusion … Es ist höchste Zeit, unsere Essenz und unsere Größe wiederzuerlangen." (122)

In diesen turbulenten Zeiten, geht es einzig darum, die ursprüngliche Einheit, die in der Quelle, in Gott, in unserem Ursprung liegt, wiederzuerlangen. Wir haben uns zu sehr mit der Materie identifiziert, obwohl die unsichtbare Welt überall allgegenwärtig ist. Wir haben vergessen oder ignorieren es, dass es nur *eine* Kraft, *ein* Licht, *eine* Liebe, *einen* Geist sowie ein alles umfassendes Bewusstsein gibt. Von diesem Energiefeld sind wir nie getrennt.

WAS GESCHIEHT, WENN WIR STERBEN?

Wenn wir sterben, kehren wir in unseren Ursprung zurück. Die Seele tritt über in die Jenseitswelt durch einen Lichttunnel, eine

Wiese oder über eine Brücke. Wir werden empfangen von Wesen, die in diesem oder einem früheren Leben uns nahegestanden haben. Auch andere Lichtwesen, Geistführer oder Engel kümmern sich um uns. Die grundsätzliche Voraussetzung für eine geistige Weiterentwicklung ist immer die Lebensrückschau. Die Seele verarbeitet die Ereignisse ihres Lebens und setzt nach dem Tod ihre Entwicklung fort. Das Leben geht weiter in einer anderen Form, doch die Seele kann sich auch für eine Reinkarnation entscheiden.

Dieses grundlegende Wissen wird von zahlreichen Medien immer wieder bekundet und es kommt auch durch die millionenfachen Nahtoderfahrungen zum Ausdruck. Ich möchte das hier noch etwas spezifizieren:

Je weniger Angst oder Widerstände wir vor dem Tod aufbringen, je leichter gestaltet sich der Übergang. Am Ende unseres Lebens treffen wir auf etwas, was wir nicht in der Hand haben und auch nicht kontrollieren können. Viele klammern sich am Ende an die irdische Existenz und können sie nicht loslassen. Wir haben während unserer Zeit auf Erden vergessen, dass wir als Seele grenzenlos und mit allem anderen Sein verbunden sind und auch nicht unser Körper sind. Wenn der Geist den Körper verlassen hat, hört jeder Schmerz auf. Wer eine schmerzvolle Krankheit hatte, wird besonders liebevoll von Geistwesen empfangen. Mitunter werden sie auch in einen Heilschlaf versetzt, um diese tiefgreifenden Erfahrungen loslassen zu können. Andere Seelen stehen unter Schreck und sind wie erstarrt, beispielsweise bei einem unerwarteten Tod durch Unfall, eine Naturkatastrophe oder Mord. Auch hier ist natürlich Hilfe nötig.

Wer ein Leben lang glaubte, dass es ein Leben nach dem Tod nicht gibt, mag sich zunächst orientierungslos fühlen, weil das, was erlebt wird, nicht den eigenen Überzeugungen entspricht, es ist nur schwer einzuordnen. Wer eine panische Angst vor der Hölle entwickelt hat, kann Dunkelheit empfinden. Seien Sie sich gewiss, dass selbst Menschen, die schwerste Verbrechen begangen haben oder durch tiefsitzende Ängste blockiert sind, dass auch für diese Hilfe da ist. Natürlich können Angehörige dafür beten.

Unabhängig davon, wie wir mit anderen Menschen umgegangen sind, wie viele Fehler oder Verbrechen wir begangen haben oder Liebe gegeben haben, jede Seele kehrt in die geistige Welt der Einheit allen Seins zurück. Für alle wartet das gleiche Jenseits. Wir erkennen, dass wir multidimensionale Wesen sind. Wenn die Seele den Körper verlässt, schwingt ihre Energie auf einer bestimmten Frequenz. Das bestimmt darüber, an welchem Ort oder in welcher Dimension wir in der Jenseitswelt landen.

Um ein Beispiel zu geben: Mutter Theresa und Adolf Hitler gehen beide über in das Licht des *Einen Geistes*. Sie gelangen aber durch ihre sehr unterschiedlichen Schwingungen an sehr verschiedene Orte oder Ebenen. Unser größtes westliches Problem ist die Dominanz der Vorstellung von Himmel und Hölle, die dem christlichen Menschenbild entspricht und Strafe und Verdammnis impliziert. Nur, auch das wissen wir durch Nahtoderfahrungen oder mediale Botschaften, Gott ist absolute Liebe und urteilt nicht über uns in Form von Strafe und Verdammnis. Wir alle tragen den göttlichen Funken in uns, genauer gesagt, Gott ist in uns. Wenn wir gestorben sind, schauen wir uns selbst ins Gesicht, ohne dass wir von außen verurteilt werden.

Es geht immer um die Eigenverantwortung dafür, wie ich mein Leben gelebt habe. Wir ernten immer, was wir gesät haben. Gedanken, Worte, Taten haben ihre Folgen. Von dem hängt es ab, welche Schwingung unsere Seele hervorbringt. Liebe ist immer der oberste Maßstab, und Gregory, ein Geistwesen, das mich immer begleitet, kommunizierte schon vor ein paar Jahren:

„Immer, wenn Du Dich in einer schwierigen Situation oder Umständen befindest, frage Dich stets: ‚Was würde die Liebe tun?'"

Das ist eine sehr klare Aussage, doch ich weiß aus eigener Erfahrung, dass es schwierig ist, dies in Phasen von Wut und Zorn auch tatsächlich umzusetzen. Doch immerhin, manchmal gelingt es.

Die Seele entwickelt sich nicht nur während des Erdenlebens. Wenn wir sterben, entwickeln wir uns entsprechend auf der geistigen Ebene weiter. James von Praagh, ein weltweit bekanntes Medium, schreibt, dass die Astralwelt „[…] viele Ebenen und Schichten [hat]. Es gibt Seelen, die dort ‚lange' bleiben, […] lineare Zeit [jedoch] nur in der Dreidimensionalität von praktischer Bedeutung ist. Im Reich des Geistes gibt es diese Art von Zeit nicht. Alles, was je existiert hat oder existieren wird oder jetzt existiert, ist gleichzeitig, ist jetzt. Jedenfalls sind wir jetzt geistige Wesen, die körperliche Erfahrungen auf der Erde sammeln, und dazu brauchen wir einfach diesen Zeitsinn, der Vergangenheit, Gegenwart und Zukunft kennt." (123)

Die Umstände der weiteren Existenz, die zu dem Ort führen, die unseren mitgebrachten Schwingungen entsprechen, werden in den astralen Dimensionen erlebbar. Wir gestalten unser Umfeld, wie es unserem Bewusstsein, das wir von der Erde mitgebracht haben, entspricht. Die Seele erlebt nicht unmittelbar, nachdem sie den Körper verlassen hat, einen enormen Bewusstseinssprung. In der medialen Literatur finden sich viele Einblicke in die geistige Welt.

Demnach sind wir nach dem Tod nicht automatisch erleuchtet, darüber sind sich die berühmtesten Medien der Welt einig. Wir ernten stets das, was wir gesät haben, und unterliegen dem Prinzip von Ursache und Wirkung. In den astralen Welten kann sich die Seele entscheiden, entweder wiedergeboren zu werden oder ihren Weg in den geistigen Welten fortzusetzen. Viele Seelen streben aufwärts zu höheren Schwingungsebenen der sogenannten ätherischen Welt, ein formloses Reich reinen Bewusstseins und reinen Geistes. Das Höhere ist hier zuhause in Liebe, Licht und Wahrheit.

Wir entwickeln uns weiter, indem wir die Lektionen und Herausforderungen des Lebens erkennen.

In der geistigen Welt werden alle Zusammenhänge, deren wir uns zu Lebzeiten nicht bewusst waren, in einem klaren geistigen Licht erkannt. Das leitet die Seelen in die verschiedenen Frequenzstufen der astralen Welt, der ätherischen, der Lichtwelt und dem Einssein mit Gott. Jede Seele kann ihren persönlichen Weg finden und gehen. Das Erwachen in das göttliche Licht der Liebe ist ein schrittweiser Prozess, da alles gleichzeitig erlebte Wirklichkeit ist, um zu ermöglichen, unterschiedliche Erfahrungen zu machen. Das Schweizer Medium Bruno Bitterli-Fürst übermittelte 2009 folgende Botschaft von Elisabeth Kübler-Ross, die ihm ihre eigenen Erfahrungen des Erwachens in der Jenseitswelt mitteilte:

„Das Erwachen in der geistigen Welt ist wundervoll. Als ich in dieser strahlend hellen Umgebung aufwachte, wurde ich von der Vielfältigkeit der Eindrücke förmlich überschwemmt. Ich fragte mich, was denn eigentlich anders ist in der geistigen Welt, und ich bin zu dem Schluss gekommen: die vollkommene Abwesenheit von Angst.“ (124)

Die Liebe und der Frieden, deren geistige Erfahrung für den Erdenmenschen nicht beschreibbar ist, führt in die Abwesenheit von Angst. Elisabeth fährt fort:

„[…] dass die zwei Welten nicht voneinander getrennt sind. Lediglich die illusionäre Mauer der Trennung vermittelt Euch das Gefühl, dass es anders sei. Die irdische wie auch die geistige Welt bestehen im Grund aus dem gleichen Stoff, aus Liebe.“ (125)

Das allerdings scheint die Menschheit offensichtlich vergessen zu haben. Gott ist in jedem von uns und wir tragen den inwendigen göttlichen Funken in uns. *Er* ist uns näher als der Atem und lebt in jedem Einzelnen von uns. Dadurch sind wir Menschen alle schon jetzt in der Einheit des *Einen Geistes*, weder getrennt von Gott noch von den Mitmenschen. In den Turbulenzen dieser Tage mit ihren Spaltungen, den hereinbrechenden Klima- und Naturkatastrophen wäre diese Art von Wiedererinnerung die einzig mögliche Hilfe, der wahren Wirklichkeit der Liebe immer näher zu kommen. Es geht immer um das gleiche Thema, diesseits wie jenseits. Elisabeth übermittelt:

„[…] Der Göttlichkeit im eigenen Innern immer näher zu kommen, die Wunder der Göttlichkeit immer tiefer zu ergründen und vor allem die eigene göttliche Schöpferkraft zum Segen aller anzuwenden. Auch in der geistigen Welt warten Lektionen und Lernerfahrungen auf Euch. Das ändert sich mit dem Wechseln der Ebenen nicht." (126)

Letztlich gibt es keine wie auch immer geartete Hierarchie in der geistigen Welt, sondern, ob astral, ätherisch, die kausale Lichtwelt und die Einheit mit Gott sind verschiedene Energiefelder, in denen wir uns weiterentwickeln. Die Polarität zwischen Richtig und Falsch, Gut und Böse etc. ist aufgehoben. Die Anpassung und Neuorientierung an die für uns unsichtbare Jenseitswelt sind wichtige Schritte, die wir alle durchlaufen werden. Nur so ist Wachstum möglich. In diesem Prozess werden wir an unseren Ursprung erinnert – woher wir kommen und wohin wir zurückkehren. Ebenso geht es um die Bereinigung von Unerledigtem. Stets stehen Geistwesen zur Verfügung, die uns dabei unterstützen.

Genauso können wir ein Medium aufsuchen, wenn wir einen nahestehenden Menschen verloren haben. Das ändert nichts an der Notwendigkeit, den Trauerprozess selbst zu durchschreiten. Das wohl derzeit bekannteste und jüngste Medium in Amerika, Taylor Henry, schreibt in seinem Buch *„Diesseits und Jenseits“*: „Wenn es darum geht, einen Abschluss zu finden, sage ich immer, dass ein Reading kein Heilmittel der Trauer ist. Es bestätigt, dass das Bewusstsein über den körperlichen Tod hinausgeht, aber es ist kein Allheilmittel für den natürlichen Trauerprozess. Abschluss beinhaltet einen Endpunkt, während in Wahrheit nur ein Komma möglich ist. Wir können Augenblicke erleben, in denen wir bei unserer Trauerarbeit Fortschritte machen, aber sie ist immer in irgendeiner Form da. Readings können solche Fortschritte erleichtern und die Menschen daran erinnern, dass ihre Lieben in anderer Form weiterexistieren. Selbst mit diesem Wissen müssen wir den körperlichen Verlust und die Trauer, die dieser hervorruft, verarbeiten. Dies zu leugnen, hieße, das Menschsein zu leugnen.“ (127)

Es geht darum, die Beziehung zum Verstorbenen von allen äußeren Beeinflussungen zu einer inneren, im Herzen wohnenden Liebe zu verwandeln.

EIN PERSÖNLICHES SITTING

Damit sich der Leser, die Leserin eine Vorstellung vom Ablauf eines Readings machen kann, veröffentliche ich hier einige Auszüge aus dem Sitzungsprotokoll vom 12.7.2006, das in Stansted stattgefunden hat und auf einer Kassette aufgezeichnet wurde. Ich habe keine einzige Frage gestellt und das Medium sprach fast eine Stunde ohne Unterbrechung.

Sie fragte mich, ob meine Mutter in der geistigen Welt sei. Ich nickte, und die Frau sagte. dass mich meine Mutter umarme. Sie sprach dann direkt durch das Medium zu mir:

„Du hast Dich bewusst für dieses Leben entschieden, um Dein persönliches Schicksal zu erfüllen. Verfolge Deinen Weg und Deine Berufung. Du wirst geistig unterstützt, obwohl Du vielleicht noch nicht erkannt hast, wie stark dieser Einfluss wirklich ist. Es kommt Neues in Dein Leben und Du wirst die Veränderung in Dir spüren."

Damals war ich noch eher skeptisch dieser Aussage gegenüber. Heute kann ich sagen, dass sich nur ein Jahr später diese Prophezeiung bewahrheiten sollte. Gregory trat in mein Leben und überbrachte mir telepathische Botschaften über den Transformationsprozess, von dem global die ganze Menschheit betroffen ist. Ob nun Gregory ein Bote Gottes ist, ein Geistführer oder was auch immer, *Er* ist mit meiner Innenwelt verwoben, in der wir *eins* sind. Gregory ist da für mich und die Kommunikation hält bis heute an. Mir wurde erst beim Schreiben die Verzahnung zwischen der Ankündigung meiner Mutter und der Verschmelzung mit Gregory wirklich bewusst. Margret berichtet weiter:

„Deine Mutter hat vor ihrem Tod sehr gelitten und fühlte sich ausgebrannt, leer und müde. Sie wollte sterben, was sie aber im Außen nicht zeigte. Heute weiß sie, dass Gott sie nicht vor ihrer Zeit genommen hat. Sie brauchte ihren langen Prozess, um wirklich loslassen zu können, besonders Dich. Deine Mutter ist heute immer für Dich da."

Das spüre ich heute nach 33 Jahre nach ihrem Tod. Es gibt immer wieder Situationen, wo ich das Gefühl habe, dass meine Mutter Teil meiner Innenwelt ist, und fühle spontan ihre Präsenz. Natürlich gehören die schrecklichen Umstände ihrer Krebserkrankung der Vergangenheit an. Meine Mutter sprach davon, dass sie einen langen Tunnel durchquerte und direkt in das göttliche Licht schwebte. Sie wurde von meinem Vater in Empfang genommen, der etwa drei Monate vor ihr gestorben ist. Sie berichtet:

„Ich dachte, wie herrlich, endlich kann ich gehen. Ich sah das Licht und eine große Menge von Menschen, die mich erwarteten. Ich sah meine Mutter und meinen Vater und viele andere Menschen, die ich gekannt hatte. Alle wollten mein Leben feiern für alles, was ich getan und erreicht habe. Ich erkannte, dass alle Ereignisse meines Lebens einen tieferen Sinn haben – positiv wie negativ. Das Leben ist ein einziger Lernprozess auf der Erde wie auch in der geistigen Welt.“

Überraschenderweise spricht meine Mutter davon, dass Sie weiterhin mit meinem Vater zusammen sei. Das wollte ich immer schon wissen und so elektrisierte mich ihre Aussage. Die beiden hatten ihre Höhen und Tiefen und mein Vater machte es der Familie nicht immer leicht, durch übermäßigen Konsum von Alkohol, was sein normalerweise liebenswertes Wesen veränderte. Er wurde dann tyrannisch und aggressiv und tobte ganze Nächte. Für mich war das keine schöne Kindheit. Ich hatte ein sehr zwiespältiges Verhältnis zu meinem Vater und es kam zu häufigen Auseinandersetzungen. Ich habe lange Zeit nicht verstanden, warum meine Mutter sich nicht scheiden ließ. Heute weiß ich, dass trotz aller Schwierigkeiten eine tiefe Verbundenheit und Liebe zwischen meinen Eltern bestand. Als Kind verstand ich nicht, dass die Ursache für den Alkoholismus in der Nichtverarbeitung seiner Kriegserlebnisse bestand. Mein Vater sprach zu mir:

„In der geistigen Welt siehst Du Deinen Lebensfilm. Du erkennst unmittelbar, wo Du versagt hast. Es ist schwer und braucht viel Zeit, sich seine Fehler einzugestehen. Ich verweigerte mich zunächst der Lebensrückschau. Ich konnte es nicht aushalten, so negativ gewesen zu sein. Deine Mutter hilft mir dabei, vor Dich hinzutreten und um Vergebung zu bitten. Es tut mir leid, Bernard. Ich bin stolz auf Dich, wie Du Dein Leben führst. Du bist durch harte Zeiten gegangen und hast sie überlebt, weil Du an Dir gearbeitet hast. Ich möchte für Dich da sein."

Das Medium in der Bibliothek von Stansted kannte mich nicht. Präziser und stimmiger konnten die Übermittlungen meiner Mutter und meines Vaters nicht sein. In diesem Reading fand Heilung statt und auch ich konnte den Groll, der damals noch in mir schmorte, auflösen, wodurch alter Schmerz bereinigt wurde. In der Tat ist es heute so, dass ich die liebevolle Präsenz meines Vaters immer noch spüre.

Fassen wir kurz zusammen: Medien können eindeutig mit Verstorbenen kommunizieren. Sie übermitteln ihre Botschaften innerhalb eines erweiterten Bewusstseinszustandes, in dem sie Informationen über Vergangenheit, Gegenwart und Zukunft und auch über das Leben im Jenseits von den Verstorbenen erhalten durch Sehen, Hören oder Fühlen. Sicherlich sind die Fähigkeiten der einzelnen Medien unterschiedlich, was sich in der Qualität der Durchgaben zeigt. Es gibt sehr viele Skeptiker, die alles als Scharlatanerie abtun. Wie wir auf den letzten Seiten durch authentische Aussagen gesehen haben, kann der Kontakt mit Verstorbenen den Trauerprozess erleichtern. Ich kann aus eigener Erfahrung sagen, dass ein Reading sehr heilsam sein kann, selbst noch viele Jahre nach dem Tod der Bezugsperson, was bei mir 16 Jahre waren.

KAPITEL 8

ENDLOSE LIEBE ZWISCHEN DEN WELTEN

Ich lernte Berti Janssen durch ein von mir gehaltenes Seminar vor ein paar Jahren kennen. Wir hatten sofort einen Draht zueinander und sie erzählte mir von ihren außergewöhnlichen Nachtoderfahrungen mit Norbert, ihrer Jugendliebe, der nach über 30 Jahren nach seinem Tod mit ihr in Kontakt trat. Sie wird bis heute von der geistigen Welt begleitet und unterstützt. Ich bat sie, ihre Erlebnisse aufzuschreiben:

VORGESCHICHTE

Bevor ich an dieser Stelle meine Geschichte erzählen möchte, richte ich zuallererst ein großes DANKESCHÖN an Bernard Jakoby, der mir einen Platz in seinem Buch schenkte, damit wir, Norbert und ich, diese außergewöhnliche Nachtodkommunikation veröffentlichen konnten.

Unser größter Wunsch ist es, mit dieser Geschichte Trost und Heilung zu ermöglichen, aber auch Mut! Mut dazu, auf die Zeichen zu achten, die uns unsere lieben Verstorbenen jeden Tag senden. Wir sollten uns selbst das Vertrauen schenken, dass wir diese Zeichen wahrhaftig wahrnehmen können und dürfen.

Die Erzählung handelt von einer großen Liebe, die weit über den Tod hinausgeht und, nach langer Trauer, Heilung gebracht hat und das sichere Wissen, dass ein Leben nach dem Tod existiert.

Ich, Berti, lernte Norbert 1977 kennen und lieben. Er war die große Liebe meines Lebens. Mitte 1978 nahm ich an Norbert immer mehr ein depressives Verhalten wahr. Als ich Norbert darauf ansprach, um den Grund für sein Verhalten zu erfahren, blockte er ab mit den Worten: „Ich kann noch nicht darüber sprechen. Bitte gib mir Zeit."

An einem schönen Tag schlug Norbert vor, einen Ausflug zu einer Talsperre zu machen. Ich hätte mir niemals vorstellen können, was dort Schreckliches passieren würde. In einem unbeachteten Moment stieg Norbert auf das Brückengeländer, um hinunterzuspringen. Herbeieilende Menschen konnten es gerade noch verhindern. Ich stand unter Schock, konnte überhaupt nicht begreifen, was da gerade passiert war. Norbert sprach während der Rückfahrt kein Wort und war wie versteinert. In den nächsten Tagen weinte er immer wieder und ich konnte fast körperlich seinen seelischen Schmerz spüren. Ich fühlte mich so hilflos, und jeder Versuch, mit ihm über das Geschehene zu sprechen, misslang. Er wollte weder über den Grund noch über diesen Suizidversuch sprechen. In einem späteren Brief versprach er mir, dass ich mir keine Sorgen mehr zu machen brauche, denn er würde es nicht nochmal versuchen.

In den folgenden Jahren traten immer wieder depressive Phasen auf, in denen ich versuchte, den Grund dafür zu erfahren. Aber Norbert schwieg.

Die Abstände zwischen seinen depressiven Phasen wurden immer kürzer und brachten uns einige Male an unsere Grenzen. Doch unsere starke Liebe zueinander gab uns den nötigen Halt, und so verlobten wir uns im Sommer 1978.

Berti und Norbert in der Blüte ihrer Beziehung

Leider blieben meine weiteren Versuche, den Grund für Norberts Depressionen zu erfahren, erfolglos. Ich erlebte ein beständiges Auf und Ab seiner Stimmungen und auch die Abstände zwischen depressiven und guten Phasen variierten stark. Für unsere Beziehung war es eine große Belastung und brachte uns so manches Mal an unsere Grenzen. Trotzdem wollte ich unbedingt an seiner Seite sein, um ihm beizustehen. Ein Leben ohne Norbert konnte und wollte ich mir nicht vorstellen. Aber es kam leider anders.

1982 beendete Norbert die Beziehung mit den Worten: „Bitte glaube mir, es ist besser so. Irgendwann wirst Du verstehen, warum!" Für mich brach eine Welt zusammen. Da wir aber beide in dem gleichen kleinen Ort lebten, ließ es sich nicht vermeiden, dass wir einander immer wieder begegneten. Wir fühlten uns jedes Mal wie magnetisch zueinander hingezogen – was das Ganze nicht einfacher machte.

Im Oktober 1983 begegneten wir uns erneut. Ich wohnte mittlerweile in einer eigenen Wohnung und so verabredeten wir ein Treffen für den gleichen Abend. Wir redeten die ganze Nacht und Norbert sagte: „Ich dachte, es wäre besser, alleine zu bleiben, aber ich weiß jetzt, dass ich nicht ohne dich sein kann und möchte!" Wir entschieden uns dazu, es noch einmal miteinander zu versuchen, zumal wir unsere Liebe zueinander nie verloren hatten.

Jedoch schon am nächsten Morgen beendete Norbert die Beziehung abermals mit den Worten: „Ich kann einfach nicht anders!" Und wieder brach für mich die Welt zusammen. Ich konnte nicht mehr, und brach auch meinerseits den Kontakt endgültig ab. Etwa ein halbes Jahr später, in der Nacht zum 6. März 1984, nahm sich Norbert das Leben. Es war die Nacht des Rosenmontags, der Höhepunkt des Karnevals. Sein Vater fand ihn morgens tot in der Badewanne. Er hatte Gift genommen. Alle Hilfe kam zu spät.

Als ich die Nachricht über Norberts Tod bekam, brach ich zusammen. Der Schmerz war unerträglich, es war, als würde man mir bei lebendigem Leib das Herz herausreißen. Sein Tod verursachte bei mir ein schweres Trauma, dessen ich mir allerdings lange nicht wirklich bewusst wurde. Ich hatte das Gefühl, als läge mein Herz in einem Scherbenhaufen, den ich niemals mehr zusammensetzen konnte. Irgendwie lebte ich weiter.

Ein halbes Jahr nach seinem Suizid nahm ich erstmalig einen starken Rosenduft in meiner Wohnung wahr, obwohl ich keinerlei Blumen in der Wohnung hatte. Ich brachte diesen Duft sofort mit Norbert in Verbindung – ich hatte schon von solchen Phänomenen nach dem Tod eines lieben Verstorbenen gehört. Die Rose hatte nämlich große Bedeutung in unserer Beziehung gehabt. Immer wieder mal nahm ich diesen Rosenduft wahr, wenn auch in großen Zeitabständen. Die große Frage bewegte mich immer wieder: Warum hatte Norbert sich das Leben genommen? Der tiefsitzende Schmerz wurde nicht besser, und ich zog mich zeitweise tagelang zurück. Meine Familie zeigte nach einer gewissen Zeit kaum noch Verständnis für meinen Schmerz und so zog ich mich auch von meiner Familie immer mehr zurück. Das Leben ging aber natürlich irgendwann weiter und obwohl auch die Zeit manche Wunden nie heilen kann, konnte ich neues Glück finden: Ich lernte einen tollen Mann kennen, heiratete und bekam zwei wundervolle Kinder. Diese unendliche Traurigkeit, die Norberts Verlust in mir hinterließ, verließ mich aber trotzdem nie mehr.

BEGINN DES REGELMÄSSIGEN NACHTOD-KONTAKTES MIT NORBERTS SEELE

Im April 2018 spürte ich nach langer Zeit unverhofft wieder Norberts Gegenwart. Es begann mit dem schon erlebten Rosenduft, doch dann nahm ich zum ersten Mal eine Art telepathische Übermittlung von Gedanken wahr. Ich war mir ganz sicher, dass diese Gedanken nicht meine eigenen waren. Ich wusste, ohne Zweifel, dass es Norbert war, der mit mir kommunizierte. Am Anfang war ich noch unsicher, welche Gedanken nun wirklich meine eigenen und welche Norberts „Durchsagen" waren. Doch mit der Zeit gelang es mir, immer sicherer die beiden zu unterscheiden.

Es vergingen ein paar Wochen, doch die Kommunikation mit Norbert blieb. Am Anfang waren es einzelne Sätze, die er mir übermittelte, aber nach einigen Monaten fanden regelrechte Zwiegespräche statt. In dieser Zeit wollte ich meine Mutter besuchen, doch Norbert bat mich, dieses Treffen um eine Woche zu verschieben. Ich erfuhr nicht den Grund dafür, dennoch vertraute ich ihm und machte mit meiner Mutter einen neuen Termin eine Woche später aus.

Es sollte sich als ein sehr wichtiges Ereignis herausstellen, was jetzt seinen Gang nahm. Als ich nach einer Woche meine Mutter besuchte, erfuhr ich, dass Norberts Vater einen Tag zuvor gestorben war. Hätte ich eine Woche zuvor wie geplant meine Mutter besucht, hätte mich diese Nachricht wahrscheinlich gar nicht erreicht. Seit Norberts Tod hatte ich einen großen Wunsch: Ich wollte noch einmal ein Gespräch mit Norberts Mutter führen, doch leider war das in den vergangenen 34 Jahren seit Norberts Tod nicht möglich gewesen. Da Frau K., Norberts Mutter, die wahren Gründe der Trennung zwischen Norbert und mir nicht kannte, setzte sie voraus, dass die Trennung der Grund für Norberts Suizid gewesen sein musste, und war zu keinem Gespräch bereit, da sie die Schuld bei mir suchte. Nun, da ich vom Tod seines

Vaters erfuhr, sah ich eine eventuelle Möglichkeit, noch einmal einen Versuch zu wagen, um mit Frau K. zu sprechen. Ich erfuhr, dass Frau K. seit ein paar Jahren in einem Seniorenheim lebte, und beschloss, sie dort ein paar Wochen später zu besuchen.

EINE HEILENDE BEGEGNUNG

Der Tag des Besuches war da und ich war sehr aufgeregt, weil ich nicht wusste, was mich erwarten würde. Als ich auf den Parkplatz des Seniorenheimes fuhr, verließ mich der Mut und ich wollte schon wieder zurückfahren. Da nahm ich Norberts Gedanken wahr. Er „sagte" zu mir: „Bitte schalte das Radio ein." Automatisch drückte ich den Knopf des Radios und traute meinen Ohren nicht: Es erklang ein Lied von Hot Chocolate, das wir damals immer wieder gemeinsam gehört hatten: „I Believe in Miracles". Ich glaube an Wunder. Für mich war völlig klar, was er mir damit sagen wollte, und so stieg ich aus und ging in das Seniorenheim.

Ich erfuhr von einer Pflegerin, dass Frau K. sich im Aufenthaltsraum befinden würde. Zuerst erkannte ich Frau K. nicht, weil ich natürlich immer noch das Bild von vor 34 Jahren in meiner Erinnerung trug. Dieses Bild hatte nicht mehr viel gemeinsam mit dem Bild, das sich mir gerade zeigte. Vor mir saß eine kleine, zerbrechliche Person in einem Rollstuhl. Meine Emotionen fuhren Achterbahn, zwischen Freude und Trauer, aber dann auch von einer unendlichen Liebe zu dieser zierlichen, hilflosen Person. Da war sie: Norberts Mama …Wie lange hatte ich auf diesen Moment gewartet! Ich zitterte am ganzen Körper, als ich auf Frau K. zuging, da bemerkte ich, dass sie schlief.

Eine Pflegerin bemerkte meine Verzweiflung und kam auf mich zu. Auf die Frage, wer ich denn sei, erzählte sie mir, dass Frau K. leider dement sei, aber dennoch auch noch klare Momente habe. Sie sprach Frau K. laut an, um sie zu wecken. Frau K.

schlug die Augen auf und sah die Pflegerin an, die sagte: „Frau K., hier ist Besuch für Sie. Kennen Sie eine Berti?" In diesem Moment wurden ihre Augen ganz klar und ein Lächeln zeigte sich auf ihrem Gesicht, als sie sagte: „Ja, sie hat mit meinem Sohn Norbert poussiert!" Dies war ein ganz besonderer Augenblick, eine Welle der Erleichterung ging durch meinen Körper, denn mir wurde klar, dass es keinen Groll mehr bei Frau K. gab, ihr Lächeln sagte alles. Dies war für mich der erste Schritt der Heilung.

Norbert hat dieses Treffen möglich gemacht. Später erklärte er mir: „Die Zeit, die ihr gemeinsam miteinander hattet, war dazu da, um Scherben zusammenzufügen im Herzen meiner Mutter und in deinem Herzen." Ein paar Monate nach dieser Begegnung starb Frau K.

Norbert, der sich täglich auf eine seiner Weisen bemerkbar machte, sei es durch Rosenduft, einem kühlen Windhauch oder ein sanftes Streicheln über meine Haare, war in der Zeit, als sich Frau K. auf den Weg „nachhause" machte, nicht präsent. Später übermittelte er mir, dass er in der Zeit des Überganges seiner Mutter an ihrer Seite war, um sie zu empfangen und sie zu begleiten.

Anmerkung: Um die weitere Reihenfolge der Ereignisse zu verstehen, möchte ich festhalten, dass es drei Dinge gab, die ich mir in Bezug auf Norberts Tod in all den Jahren sehr gewünscht hatte: Erstens wollte ich noch einmal mit Frau K. sprechen, um die Beziehung zu ihr zu heilen. Dass sie mir Mitschuld an Norberts Tod gab, hatte mich sehr belastet. Diese Begegnung hatte Norbert bereits möglich gemacht. Zweitens war es mir ein Anliegen gewesen, mehr über die Beweggründe seines Suizids zu erfahren – was hatte diesen wundervollen Menschen dazu getrieben, sein junges Leben zu beenden? Und drittens wollte ich noch einmal in seinem Elternhaus sein, um an dem Platz zu sein, wo Norbert sich das Leben nahm. Ich wusste, dass dieses schwierige Vorhaben wichtig war, um dann endlich ein Stück mehr loslassen zu können.

DURCHSAGE IN DER NACHT

Eines Nachts wurde ich plötzlich wach. Ich nahm wieder den Rosenduft wahr und es dauerte nicht lange, da schickte Norbert mir seine Gedanken. Er sagte mir, es gehe um einen Unfall, der 1978 bei seiner Arbeit passiert sei. Norbert arbeitete damals als Schlosser unter Tage. Ich solle suchen, ob es darüber Einträge im Internet gebe. Mit einem Schlag war ich hellwach, auch wenn ich in diesem Moment den Zusammenhang nicht verstand. Ich konnte mir nicht vorstellen, nach so langer Zeit noch etwas über einen Unfall zu finden, wollte es aber dennoch versuchen, es schien ja wichtig zu sein, wenn Norbert mich darauf hinwies.

Ich fand alle möglichen Berichte über die damalige Zeche, aber nichts über einen Unfall. Als ich schon aufgeben wollte, fiel mir ein Zeitungsartikel ins Auge. Was ich dann las, versetzte mir einen regelrechten Schock. In diesem Artikel stand beschrieben, dass am 6. März 1978 zwei Arbeiter unter Tage ums Leben kamen. Seile, die einen Transporter hielten, waren gerissen, weil wohl das Gewicht falsch berechnet wurde. Der Transporter kippte und begrub die beiden Arbeiter unter sich, die sofort tot waren.

Was mich besonders schockte war das Datum, der 6. März 1978. Am 6. März 1984 nahm Norbert sich das Leben. Hatte Norbert sich an dem Unfall eine Mitschuld gegeben? Ist er niemals damit klargekommen? Fakt ist, dass seine Depressionen 1978 anfingen. Wollte er mir mit diesem Artikel den lange ersehnten Hinweis geben? Auf diese Frage habe ich bis heute keine Antwort von ihm erhalten. Aber ich bin überzeugt, dass das alles kein Zufall war.

In der Zeit, die danach folgte, verstand ich, warum Norbert an meiner Seite war und blieb.

Er unterstützte mich nicht nur dabei, all die alten Wunden meiner Seele zu heilen; er zeigte mir außerdem Wege, die auch mein gegenwärtiges Leben in eine positive Richtung lenkten. Das möchte ich gerne in den folgenden Geschichten aufzeigen.

KRANKHEITSBILD

2019 fühlte ich mich körperlich überhaupt nicht gut. Ich hatte große Stimmungsschwankungen, nahm enorm an Gewicht zu und war körperlich kaum belastbar. Ich suchte verschiedene Ärzte auf, aber eine zufriedenstellende Diagnose wurde nicht gefunden. Das erstreckte sich über Monate, ohne dass eine Besserung eintrat. Dann plötzlich bekam ich eine Durchsage von Norbert, der mich auf verschiedene Krankheitsherde in meinem Körper aufmerksam machte, die ohne eine spezielle Untersuchung nicht erkennbar waren. Geistführer oder Verstorbene können von der geistigen Ebene alles erkennen, was den Lebenden ausmacht. Seine Mitteilungen haben sich als zutreffend erwiesen, wie ein hinzugezogener Arzt feststellte. Die Diagnose war eine Autoimmunerkrankung, die vorher nicht erkannt wurde.

FAMILIENZUSAMMENFÜHRUNG

Immer wenn mich diese mir bekannte Traurigkeit wieder im Griff hat, hilft mir nur eines: ich setze mich ins Auto und fahre all die Plätze in der Umgebung ab, an denen ich mit Norbert glücklich war. Ich fühlte mich zwar nicht besser, aber es ist eine Art Aufarbeitung und auf der Heimfahrt fühle ich mich meistens etwas erleichtert.

Der Tag, von dem ich nun erzähle, war wieder einer von diesen Tagen:

Ich fuhr die verschiedenen Plätze ab, und als letztes Ziel meiner Fahrt parkte ich mein Auto und ging durch eine schmale Gasse, durch die Norbert mich früher oft nach Hause begleitet hatte, denn diese Gasse endet an der Ecke der Straße meines ehemaligen Elternhauses. Als ich, ganz in Gedanken versunken, an der Ecke stehen blieb, hörte ich plötzlich eine laute Stimme hinter mir, die ausrief: „Ich glaube, ich sehe eine Erscheinung." Erschrocken drehte ich mich um und glaubte meinen Augen nicht zu trauen: Da stand doch tatsächlich meine Tante, die ich seit mindestens 15 Jahren nicht mehr gesehen hatte. Wir freuten uns beide über dieses unerwartete Wiedersehen und ich erfuhr, dass sie mittlerweile direkt neben der Gasse wohnte. Sie wollte just in diesem Moment ihren Hund rauslassen, als sie mich dort stehen sah. Das konnte kein Zufall sein! Sie lud mich ein, mit ihr in die Wohnung zu kommen, um auch meinem Onkel Hallo zu sagen und einen gemeinsamen Kaffee zu trinken. Gerne willigte ich ein. Wir erzählten und erzählten und ein kurzes Telefonat hatte zur Folge, dass auch meine Cousinen noch vorbeikamen und es eine große Wiedersehensfreude gab. Wir versprachen uns, ab jetzt den Kontakt zu halten. Was geschah alles plötzlich in meinem Leben, seitdem Norberts Seele zu mir Kontakt aufgenommen hatte? Unglaublich!

NORBERTS ELTERNHAUS

Ein paar Wochen nach der Familienzusammenführung verabredeten mein Mann und ich uns mit den Cousinen und ihren Partnern zum Essen. Es stellte sich heraus, dass der Mann einer meiner Cousinen bei der Stadt in Norberts früherem Wohnort arbeitete. Ich ergriff sofort die Gelegenheit, um ihn zu fragen, ob er wisse, welcher Gesellschaft die ehemaligen Zechenhäuser, worunter sich auch Noberts Elternhaus befand, gehörte. Die Häuser standen fast alle leer. Ich hoffte so sehr, dass sich nun vielleicht eine Möglichkeit ergeben könnte, doch noch in Norberts Elternhaus gehen zu können. Ich erzählte ihm, worum es ging, und er versprach mir, sich zu erkundigen. Schon zwei Tage später rief er mich an und gab mir eine Telefonnummer des zuständigen Kontaktes bei der Immobiliengesellschaft.

Ich konnte mein Glück kaum fassen und rief sofort die Nummer an, um einen Termin für ein Gespräch zu vereinbaren. Ich traf mich mit Herrn B. und erzählte ihm mein Anliegen. Er hörte mir aufmerksam zu und stellte mir die Frage, ob ich mir wirklich sicher sei, alleine in das Haus gehen zu wollen. Als ich dies bejahte, gab er mir ohne zu zögern den Haustürschlüssel. Ich zitterte, als ich den Schlüssel in der Hand hielt. Ich bedankte mich nochmals und fuhr sofort zum Haus.

Mit weichen Knien schloss ich die Tür zu Norberts früherem Elternhaus auf und trat zögernd ein. Ein vertrauter Geruch, trotz all der vergangenen Jahre, kam mir entgegen. Ich ging in jedes Zimmer und machte zur Erinnerung Fotos. Als ich in Norberts früheres Zimmer ging, konnte ich die Tränen nicht mehr aufhalten. Bilder aus längst vergangenen Zeiten erschienen vor meinem inneren Auge. Ich setzte mich einen Moment auf den kahlen Boden und lehnte mich an die Wand. Dann verließ ich das Zimmer, um in den Raum zu gehen, vor dem ich die größte Angst hatte: das Badezimmer – der Ort, an dem er sich das Leben nahm. Als ich den Raum betrat, hatte ich das Gefühl, als ob die Temperatur um mehrere Grade fiel. Meine Kehle schnürte sich zu und meine Beine wurden weich. Fluchtartig verließ ich das Badezimmer und das Haus. Ich hatte es geschafft, ich hatte es versucht und hoffte, dass ich damit wieder ein Stück mehr loslassen konnte. Norbert hatte mir auch diese Möglichkeit geschenkt, das alles konnte kein Zufall mehr sein. Später machte er mir klar, wie wichtig es sei, zu versuchen, das Vergangene zu bereinigen, damit es in die Heilung führen kann. Einen Satz, den er sagte, habe ich nicht vergessen:

„Man kann auf einer Müllhalde keine Blumen pflanzen!“

EIN GEBURTSTAGSGESCHENK FÜR MICH

Ich wachte früh auf. Es war der Tag meines Geburtstages. In den letzten Jahren hatte sich an diesem besonderen Tag eine Art Ritual verankert. Ich hatte festgestellt, wie gut es tat, sich den Vormittag komplett frei zu nehmen und, wenn es das Wetter erlaubte, nur mit mir alleine einen ausgedehnten Spaziergang in der Natur zu machen. Leider spielte das Wetter an diesem Morgen nicht so richtig mit. Also beschloss ich spontan, meine Lieblingsplätze anzufahren. Als ich aus unserem Wohnort hinausfuhr, schaltete ich wie immer zuerst das Radio ein. In Gedanken sprach ich mit Norbert und fragte ihn scherzhaft „Na, fährst du heute an meinem Geburtstag auch mit? Falls du da bist, wäre es ein tolles Geburtstagsgeschenk, wenn du mir als Zeichen während der Fahrt unser Lied schicken könntest!“

Unser Lied war „Rivers of Babylon“ von Boney M. Ich konzentrierte mich wieder auf den Verkehr und wäre fast in den Graben gefahren, als ich keine Minute später den Radiosprecher sagen hörte: „Und nun kommen wir zu einem alten religiösen Lied, das über die Flüsse von Babylon erzählt!“ Ich war ja schon einiges von Norbert gewohnt, aber so eine prompte Reaktion machte mich sprachlos. Was für ein tolles Geburtstagsgeschenk! Er zeigte mir, dass er tatsächlich neben mir war und mir unser Lied schenkte. Aber dabei sollte es nicht bleiben. Jedes Mal, wenn ich einen Platz anfuhr, spielte ein anderes Lied, das für uns früher eine Bedeutung hatte. Was für ein großartiger Geburtstag! Gut gelaunt fuhr ich nach Hause und freute mich auf die kleine Feier, die ich für später noch geplant hatte.

NORBERT WIRD ZU MEINEM THERAPEUTEN

An einem Sommertag unternahm ich einen Spaziergang. Ich genoss die Sonne und den leichten Wind und hing meinen Gedanken nach. Da nahm ich plötzlich wahr, dass Norbert anfing mit mir zu „reden". Dieses Mal kamen seine Worte sehr klar und deutlich durch. Ich möchte hier versuchen, den Verlauf des Gespräches so gut es geht wiederzugeben. Er sagte, dass er, als er den Entschluss getroffen hatte, zu sterben, niemals damit gerechnet hätte, dass ich so sehr und so lange leiden würde. Deswegen sei sein größter Wunsch, dass ich endlich heilen könnte. Diese Aufgabe habe er für sich gewählt, um mit mir gemeinsam den Weg der Heilung zu gehen und mich dabei zu unterstützen. Ein wichtiger Schritt sei es, meine geschriebenen Tagebücher, die ich bereits mit zwölf Jahren angefangen hatte zu schreiben, zu lesen, und zwar eines nach dem anderen.

In mir wehrte sich alles und ich gab ihm aufgewühlt zu verstehen, dass ich das auf keinen Fall tun würde. Ich verband mit meinen Tagebüchern sehr viel Schmerz. Sie waren in meiner frühen Jugend notwendig gewesen, um viele Dinge, die mich verletzt hatten, irgendwo „abzuladen". Das letzte Tagebuch endete mit dem Suizid von Norbert. Danach habe ich kein weiteres mehr geschrieben. Und jetzt riet Norbert mir allen Ernstes dazu, mir das alles nochmals anzutun? Warum? Da hörte ich Norberts Worte:

„Du hast dir nie wirklich Zeit für die Trauer genommen, hast immer irgendwie weitergemacht. Deswegen konntest du sie bis heute nicht verarbeiten. Der einzige Weg zur Verarbeitung führt noch einmal durch den Schmerz hindurch. Manchmal muss man die gebildete Kruste noch einmal ablösen, damit keine hässlichen

Narben zurückbleiben und die Wunde die Chance bekommt, neu und besser zu heilen!"

Ich verstand, was er mir damit sagen wollte, aber ich hatte auch Angst vor diesem Schritt. Am nächsten Tag nahm ich mit einem mulmigen Gefühl das erste Tagebuch zur Hand und fing an zu lesen.

Ich las ein Tagebuch nach dem anderen und verstand, wie Recht Norbert mit der Durchsage „Du musst noch einmal durch den Schmerz hindurchgehen" hatte. Bilder längst vergangener Zeiten tauchten auf, Bilder der Kindheit, Bilder der Schulzeit und manchmal auch der Schmerz der Erinnerungen. Allerdings, je mehr ich las, desto klarer zeigte sich mir eine Tatsache, die ich mir niemals hätte vorstellen können: Der größte Teil der Wahrnehmung meiner Erinnerungen war völlig verfälscht. Ich empfand z.B. meine Schulzeit als eine absolut negative Erfahrung, war ein Außenseiter, wurde belächelt, hatte kaum Freunde. Doch das, was ich jetzt im Tagebuch las, ergab ein komplett anderes Bild. Ich wurde „Sonnenschein" in der Klasse genannt, hatte eine Menge Freundinnen und viel Spaß. Natürlich gab es auch Situationen, die nicht freudig waren, aber hat das nicht schon jeder mal in seiner Schulzeit erlebt? Wie konnte das sein, dass ich speziell diese prägende Zeit so negativ und schmerzvoll empfunden hatte? Darauf hatte ich keine Antwort.

In mir war in diesem Moment eine große Traurigkeit; was hatte ich mir mit diesen von mir selbst projizierten Erinnerungen ein Leben lang angetan?! Ständig der Kampf mit meinem Selbstwertgefühl, Misstrauen jedem Menschen gegenüber, bis hin zu Panikattacken bei größeren Menschenmengen. So wenig ich auch verstehen konnte, wie das alles geschehen konnte, wurde mir aber jetzt eines ganz klar: Hier ging es nicht nur um die Heilung des Schmerzes durch Norberts Tod, hier ging es um viel mehr – es ging darum, dass „ver-rückte" Bild, dass ich meinem Eigenwert zugeordnet hatte, wieder in die richtige Position zu bringen. Ein tiefes Gefühl der Dankbarkeit stieg in mir auf. Danke, Norbert, dass du mir diesen Weg gezeigt hast.

NORBERT ZEIGT SICH AUF EINEM FOTO

Das letzte Tagebuch war zu Ende gelesen und ich fühlte mich völlig leer. Der letzte Eintrag lautete: „MEINE GROSSE LIEBE NORBERT IST TOT!!! ER HAT SICH AM 6. MÄRZ 1984 DAS LEBEN GENOMMEN UND MEINES AUCH." Die Tagebücher unserer gemeinsamen Zeit zu lesen, waren teilweise die Hölle gewesen. Die Gefühle, die zu den aufgeschriebenen Geschichten hochkamen, waren so real. So, als wäre alles gestern erst geschehen. Das traf auf negative wie auch auf positive Einträge zu. Als ich dann zur Stelle kam, als wir uns zum letzten Mal vor seinem Tod trafen, fiel ich erst einmal in einen tiefen Abgrund. Mein Innerstes fühlte sich an wie eine große, offene Wunde. Ich beschloss, zu einem unserer Plätze zu fahren.

Dieser Platz befand sich in einem Naturschutzgebiet. Die Heidelandschaft hat sich auch in all den Jahren kaum verändert. Es ist ein Ort der Stille, an dem ich jedes Mal, wenn ich ihn aufsuche, meinen Kopf frei kriegen kann. Ich parkte mein Auto, nahm meinen Rucksack und machte mich auf den Weg. Ich versuchte eine Verbindung zu Norbert herzustellen und sagte zu ihm in Gedanken: „Norbert, wenn du gerade bei mir sein solltest, dann möchte ich dich um etwas bitten. Mir geht es überhaupt nicht gut und ich wünsche mir einen Beweis, an dem ich mich festhalten kann. Etwas, das mir jedes Mal wieder Halt gibt und mir zeigt, dass du WIRKLICH existierst. Kannst du dich nicht einmal auf einem Foto, das ich von unserem Platz mache, zeigen?"

Als ich diese Sätze ausgesprochen hatte, fühlte ich mich noch schlechter. Wie konnte ich an ihm zweifeln? Zeigte er mir nicht jeden Tag aufs Neue, dass er an meiner Seite war? Ich empfand mich als sehr undankbar und schämte mich …

Als ich an unserem Platz ankam, holte ich meine zusammengerollte Matte aus dem Rucksack und setzte mich unter einen Baum. Langsam wurde es ruhiger in mir … Ich blieb eine Weile dort und bevor ich ging, nahm ich mein Handy aus dem Rucksack und machte rundum Fotos von dem gesamten Platz. Dann ging ich zum Auto und fuhr nach Hause. Zu Hause angekommen, öffnete ich die Fotogalerie, um mir die Fotos anzuschauen. Ich war überzeugt, nichts auf den Fotos zu finden, und klickte jedes einzelne Foto an, um es genauer zu betrachten. Mir fiel etwas Seltsames auf, was ich mir nicht erklären konnte. Ich war mir hundertprozentig sicher, dass ich rundherum Bilder des Platzes gemacht hatte, was heißt, dass ich nach jedem fotografierten Bild da ansetzte, wo das vorangegangene endete.

Was ich aber jetzt sah, war, dass von ein und derselben Stelle fünf Fotos existierten! Das konnte ich mir absolut nicht erklären. Ich sah mir diese fünf Fotos genauer an, konnte aber nichts Besonderes entdecken. Als ich die Fotos schon löschen wollte, hörte ich ganz deutlich Norbert durchsagen: „Schau genau hin!" Ich schaute mir also die Fotos noch einmal ganz genau an, zoomte jede einzelne Stelle heran, und plötzich sah ich doch etwas! Ganz deutlich war am unteren Stamm einer Birke eine Art Nebel zu erkennen. Ich zoomte das erste Bild auf max. heran und sah etwas, das aussah wie ein gezeichnetes Strichmännchen. Was war das?

Dann sah ich mir das zweite Foto an und bemerkte auch da den schon vorher gesehenen Nebel. Als ich das Foto vergrößerte, konnte ich das Strichmännchen wiedererkennen, allerdings hatte es sich verändert. Der Kopf war nicht mehr geradeaus gerichtet, sondern hatte sich zur Seite gewandt. Mein Herz schlug mir bis zum Hals, als ich mir das dritte Foto anschaute.

Ich kann mit Worten nicht beschreiben, was ich in diesem Moment fühlte, als ich sah, was sich auf diesem Foto zeigte: Ich sah ganz klar Norberts Gesicht im Profil! Es sah aus wie das Negativ einer Fotografie. Ein Wort drückt vielleicht am ehesten das aus, was ich empfand: Fassungslosigkeit. Ich konnte mich überhaupt nicht beruhigen und zeigte meinem Mann das Foto.

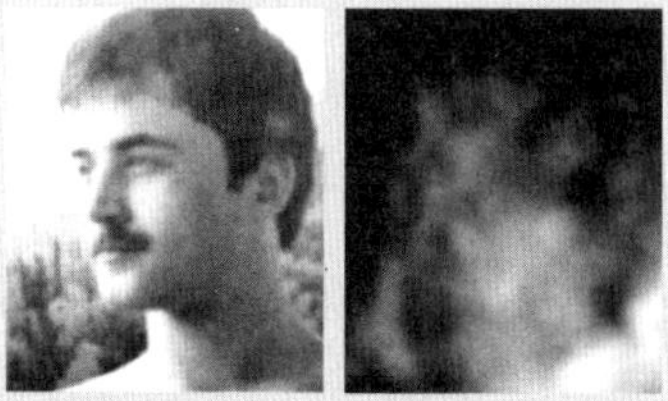

Norbert als junger Mann (li.). Norbert zeigt sich. Man erkennt seine Gesichtskonturen und sogar seine Frisur (re.).

Auch er erkannte Norbert, da er ihn von alten Fotos her kannte. Das Gefühl der Fassungslosigkeit machte einem anderen Gefühl Platz – unendliches Glück!

In einem späteren Gespräch erklärte mir Norbert, dass es bei der Erscheinung nicht darum ging, mir etwas zu beweisen. Sondern vielmehr darum, mein Vertrauen in ihn zu stärken, um dadurch eine größere Sicherheit darin zu erlangen, immer deutlicher seine Durchsagen zu empfangen und zu verstehen, um sie dann auch mit anderen teilen zu können. Nur so wäre es möglich, vielen Menschen zu vermitteln, dass die Geistige Welt tatsächlich existiert und unsere Verstorbenen nicht einfach weg sind, sondern an unseren Leben weiterhin teilnehmen und an unserer Seite sind.

Er vermittelte mir dazu eine Botschaft, die ich sofort notieren konnte:

„Nur wer immer mehr mit sich im Vertrauen ist, kann die reale Präsenz der Geistigen Welt wahrhaftig wahrnehmen und sich so der Liebe, der Geborgenheit und dem Rat der geistigen Welt öffnen und anvertrauen!

Und nur, wer dem vertraut, ist in der Lage, den nötigen Samen zu säen, damit auch den Menschen, die noch nicht im Vertrauen sind, die Möglichkeit geschenkt wird, sich zu öffnen."

Dann sprach er mich persönlich an und sagte:

„Du kannst nur säen. Ob die Saat aufgeht, liegt nicht in deiner Verantwortung. Bitte höre niemals damit auf, eine Brücke zu sein! Ich werde unterstützend an deiner Seite sein."

ERSTE ERKLÄRUNG DER ZUSAMMENHÄNGE

Es waren schon einige Wochen vergangen, als Norbert auf einem Spaziergang ein Gespräch begann. Er begann damit, dass er mir gerne erklären würde, warum meine Wahrnehmung der Vergangenheit oft verfälscht war. Er sagte mir, dass ich in dem Augenblick, als ich von seinem Tod erfuhr, ein Trauma erlitten hätte. Mein Herz sei in zwei Teile zerbrochen. Der eine Teil hatte versucht, irgendwie weiterzumachen, wobei der andere Teil im Schatten blieb und alles mit Dunkelheit zudeckte, was ich vor seinem Tod gelebt hatte. Das Lesen der Tagebücher hatte nun meine negative Wahrnehmung verändert und ich bemerkte, dass die Vergangenheit, die im Dunkeln lag, Stück für Stück erleuchtet wurde, sodass ich die Wahrheit erkennen konnte. Damit konnte Heilung meiner Kindheit und meiner Schulzeit stattfinden. Es gab einen wunderschönen Satz, den Norbert mir in diesem Zusammenhang sagte:

„Ich bin bei dir, um dein zerbrochenes Herz wieder zusammenzufügen, es zu heilen, um es dann komplett in ein helles Licht zu tauchen, damit die Zeit der Dunkelheit endlich vorbei ist!“

Ich spürte in diesem Moment seine unendliche Liebe und wusste, dass auch, wenn mich von Zeit zu Zeit die negativen Gefühle einholen würden, ich mich immer auf seine Unterstützung verlassen konnte.

EIN SITTING BEI EINEM MEDIUM

Schon nach den ersten Gesprächen mit Norbert bat er mich darum, alles aufzuschreiben, was er mir an Zeichen und Botschaften senden würde. Das tat ich sehr gerne, weil ich es so jederzeit für mich nachschlagen konnte und mich über dieses wundervolle Geschenk, das er mir damit machte, freuen konnte. Als er mich jedoch nach einigen Wochen bat, ein Buch darüber zu schreiben, damit andere Menschen auf diesem Wege erfahren könnten, dass die Geistige Welt wirklich existent sei, streikte ich. Es war unmöglich, den Gedanken zuzulassen, ein eigenes Buch zu schreiben, weil mir dazu das Selbstvertrauen fehlte. Stattdessen suchte ich im Internet nach Büchern zu diesem Thema. Es gab einige Bücher über Erfahrungen von Nachtodkontakten, allerdings fand ich nur eines mit dem Thema einer längeren Nachtodkommunikation.

Ich recherchierte die Autorin und wurde auf ein Forum aufmerksam, das sie mit diesen Themen anbot. Ich las einige Kommentare, und dabei fiel mir der Name eines Mediums auf, das dort erwähnt wurde: Stefanie Keise! Die Autorin schilderte, dass sie in der Zeit der Nachtodkommunikation dieses Medium aufgesucht habe, um von ihr zu erfahren, ob sie wirklich mit ihrem verstorbenen Ehemann kommunizierte. Mir gefiel diese Idee. Auch ich wollte gerne die Sicherheit haben, dass ich Norberts Botschaften richtig verstanden hatte.

So wollte ich also online einen Termin bei Frau Keise ausmachen. Die Wartezeit dauerte bis zu drei Monaten. Aber es funktionierte irgendwie nicht. Die Verbindung wurde jedes Mal unterbrochen. Als ich schon überlegte, ob das ein Zeichen sein könnte, dass ich diesen Termin besser nicht ausmachen sollte, hörte ich, wie Norbert sagte, ich solle besser anrufen. Zuerst fand ich diesen Gedanken nicht so gut, da auf ihrer Seite ganz klar geschrieben stand, dass man einen Termin online reservieren solle. Aber dann musste ich über mich selber lachen: Ich wollte doch jetzt nicht allen Ernstes mit Norbert diskutieren! Also nahm ich mein Handy, rief ihre Nummer an und erschrak, als ich nach einem Klingeln Stefanie selbst am Telefon hatte. Ich entschuldige mich dafür, dass ich wegen eines Termins anrufen würde anstatt ihn online zu reservieren, und erklärte ihr, dass es aber leider nicht anders funktioniert habe. Stefanie war in ihrem Auto unterwegs und bat mich einen Moment zu warten, damit sie anhalten konnte, um zu telefonieren. Dann lachte sie und meinte: „Na, dann hat es wohl jemand besonders eilig, mit dir zu reden. Es scheint wichtig zu sein!“ Ich musste ebenfalls lachen und war total überrascht, als sie mir einen Termin noch in derselben Woche vorschlug. Denn normalerweise hätte ich bis zu drei Monate auf einen Termin warten müssen. Da stellte sich mir die Frage, wer diesen Termin nun wirklich ausgemacht hatte.

Als ich ein paar Tage später zu Stefanie fuhr, war ich sehr aufgeregt. Ich wusste ja nicht, was mich erwarten würde. Würde Norbert auch wirklich da sein? Dann hatte ich eine Idee: Ich bat Norbert in Gedanken darum, falls er da sein sollte, Stefanie das Wort „Bild“ durchzugeben. Damit meinte ich das Foto, auf dem er sich gezeigt hatte. Das wäre doch ein schöner Beweis dafür, dass Stefanie wahrhaftig mit Norbert eine Unterhaltung führte. Ich parkte mein Auto und klingelte bei der angegebenen Adresse.

Die Tür öffnete sich und eine sehr sympathische Stefanie öffnete mit den Worten: „Hey Berti, schön, dass du da bist. Komm rein, und den jungen Mann neben dir kannst du auch gleich mit reinbringen!" Vor Erstaunen blieb ich wie angewurzelt in der Tür stehen. Unglaublich! Ich hatte ihr doch gar nichts von Norbert gesagt! Das Sitting war richtig gut, und alle Durchsagen von Norbert, die ich glaubte verstanden zu haben, bestätigte Stefanie.

Als sie mich dann plötzlich fragte, was Norbert ihr die ganze Zeit von einem Bild erzählen wolle, konnte ich mich vor Lachen kaum halten. Ich erzählte ihr, dass ich mit Norbert eine Art Codewort ausgemacht hätte, um einen Beweis zu haben, dass sie wirklich mit ihm redete. Sie musste ebenfalls lachen und sagte, dass sie so etwas vorher auch noch nie erlebt habe.
Norbert sprach auch über seinen Tod. Er sagte, besonders wichtig sei ihm, dass ich verstand, dass er ganz allein für seinen Tod verantwortlich gewesen sei. Ich hätte es nicht verhindern können. Er dachte, mit dem Tod würde alles enden und danach käme nichts mehr. Aber stattdessen befand er sich nach seinem „Übergang" in einer Art Nebel. Er fühlte sich wie in einem Vakuum. Lange Zeit war da nur ein Nichts. Er erlebte genau das, was er sich nach dem Tod vorgestellt hatte.

Er brauchte einige Zeit, bis ihm bewusst wurde, dass es den Tod nicht wirklich gibt, sondern dass wir als ewig geistige Wesen unsterblich sind.

Neben vielen Dingen, die Stefanie sagte und die ich alle bestätigen konnte, hatte sie eine für mich sehr wichtige Nachricht. Sie sagte, dass Norbert jetzt zu meinem geistigen Team gehören würde und mich in Zukunft immer bei meiner „Arbeit mit Menschen" unterstützen würde.

NORBERTS UNTERSTÜTZUNG BEI MEINER „ARBEIT“

Was ich bis zu diesen Zeitpunkt noch nicht erwähnt habe, ist, dass ich vor 28 Jahren meinen Sohn verloren habe. Von diesem Zeitpunkt an änderte sich mein Leben komplett. Ich versuche es immer so zu erklären, dass durch die Trauer und den Schmerz um meinen Sohn eine Tür zur Geistigen Welt geöffnet wurde, die mich dann zu meiner wahren Bestimmung führte. Es ist schwierig, zu beschreiben, was alles passierte. Manchmal fühlte ich mich wie ein Beobachter in meinem eigenen Leben und ließ alles instinktiv auf mich zukommen, ohne einen Plan zu haben.

Eine Freundin von mir, die sehr schwer an Krebs erkrankte, entdeckte, dass sie keine Schmerzen mehr hatte, wenn ich bei ihr war und ihre Hand gehalten hatte. Ich konnte mir das absolut nicht vorstellen und „probierte“ es an meinem Pferd aus, das an Arthrose litt und immer dann Schmerzen hatte, wenn zu hohe Temperaturen herrschten. Ich konnte es kaum glauben, aber es schien wirklich wahr zu sein und meinem Pferd schien es deutlich besser zu gehen, wenn ich ihm die Hände auflegte.

So kam eins zum anderen und es sprach sich sehr schnell herum, dass ich Heilenergien geben könnte. Zuerst wusste ich gar nicht, wie ich damit umgehen sollte. Ich fand es unangenehm, mit dieser Gabe in die Öffentlichkeit zu gehen. Wer den Weg zu mir fand, dem versuchte ich zu helfen, aber ich tat nichts dazu, dass es bekannt wurde. Oft war es dann so, dass die Heilbehandlung nur ein Teil eines Besuches war, der andere Teil bestand aus sich ergebenden Gesprächen. So kam es, dass immer mehr Menschen mit Problemen zu mir kamen und ich versuchte, so gut es ging, sie zu beraten.

Dabei fiel mir auf, dass ich immer häufiger Zusammenhänge einfach wusste, ohne dass sie mir vorher geschildert worden waren. Es war wie ein Wissen ohne zu wissen. Obwohl ich immer sicherer wurde in dem, was ich tat, überließ ich es weiterhin dem Zufall, wer den Weg zu mir fand. Als Norbert bei dem Sitting zu Stefanie sagte, dass er mich bei meiner Arbeit mit den Menschen unterstützen würde, war ich sehr gespannt, wie das aussehen würde. Ich sollte es schon bald erfahren.

Es ist unglaublich, wie sehr Norbert sich bei meinen Gesprächen oder der Energieübertragung einbringt. Meistens ist es so, dass ich ihn am Anfang eines Gespräches noch nicht wahrnehmen kann, es aber nicht lange dauert und er sich in meine Gedanken „einschaltet". Von dem Moment an spreche ich aus, was er mir durchgibt. Er arbeitet sehr viel mit Bildern und Gefühlen, sodass mir immer ganz klar ist, was er versucht auszudrücken. Jedes Mal versetzt er mich in Erstaunen, wie treffend seine Aussagen sind und mit welchen Vergleichen er arbeitet, damit sowohl ich als auch der Klient das wahre Problem erfassen können. Bei der Energieübertragung verhält es sich genauso. Ich spüre sehr stark, wenn er bei mir ist und mich unterstützt. Es ist selbst einige Male vorgekommen, dass der Klient seine Anwesenheit während der „Behandlung" spüren konnte.

VERGEBUNG FÜR EINEN STERBENDEN

Nach über 35 Jahren traf ich einen früheren Jugendfreund wieder. Er gehörte damals zu unserer Clique, kannte also auch Norbert sehr gut. Er lud mich auf einen Kaffee zu sich nach Hause ein, wo er gemeinsam mit seiner Partnerin lebte. Natürlich redeten wir über frühere Zeiten und hatten unseren Spaß daran. Plötzlich spürte ich ganz stark die Anwesenheit von Norbert, aber sie fühlte sich anders an als gewohnt. Beschreiben würde ich es so, als versuche er, mir etwas Wichtiges zu vermitteln, aber ich verstand es nicht, so sehr ich mich auch bemühte.

Als ich meinen Jugendfreund dann fragte, wie es ihm denn

eigentlich so gehen würde, meinte er wie nebenbei, dass seine Mutter im Sterben liege. Verwundert fragte ich, wieso er denn jetzt nicht bei ihr sei und unser Treffen abgesagt habe. Daraufhin antwortete seine Partnerin, dass das Verhältnis miteinander sehr schwierig sei, da seine Mutter sie als seine Partnerin nie akzeptieren konnte. Er hatte sich vor einigen Jahren von seiner ersten Frau scheiden lassen, und das hatte die Mutter nie annehmen können.

Für mich fühlte sich diese Situation nicht gut an, und in diesem Moment konnte ich endlich verstehen, was Norbert mir zu übermitteln versuchte. Es waren nicht nur seine Worte, die er mir durchgab, mit ihnen empfing ich ebenfalls eine emotionale Dringlichkeit.

Er sagte, es sei äußerst wichtig für meinen Jugendfreund, seine Partnerin, aber besonders für die Mutter, dass sie noch einmal zu ihr gingen, um ihr zu vergeben. Es gehe gar nicht darum, es laut auszusprechen, das sei nicht notwendig. Seelen, die sich auf den Weg „nachhause" machen, befinden sich schon in einem anderen Bewusstseinszustand. Deswegen würden alleine die Gedanken der Vergebung ausreichen, um die Seele des Sterbenden zu erreichen. Das Wichtigste dabei sei allerdings, den Wunsch der Vergebung wirklich von Herzen zu spüren! Ihn nur zu denken würde nichts bewirken. Norbert drückte es in einer seiner „Durchsagen" so aus:

„Liebe geht nicht ohne Vergebung, und Vergebung geht nicht ohne Liebe! Vergebung findet nur im Herzen statt. Findet Vergebung nur im Kopf statt, hat sie keinen Wert, weil sie das Herz und die Seele des anderen nicht erreichen kann!"

Das Gefühl der Dringlichkeit blieb, und ich verstand, dass es nicht nur um die Vergebung ging, sondern darum, es bald zu tun. Es blieb nicht mehr viel Zeit.

Ich versuchte meinem Jugendfreund schonend zu erklären, was ich gerade „empfangen“ hatte, und hoffte, dass er diesen Schritt, gemeinsam mit seiner Partnerin, machen konnte. Dann fuhr ich nach Hause. Noch am selben Abend rief er mich an und erzählte mir, dass sie noch einmal bei ihrer Mutter waren und mit ihr nun im Frieden seien. Ein paar Stunden danach starb sie. Mir wird erst mit dem jetzigen Schreiben die wahre Bedeutung des großen Geschenkes, das Norbert uns allen mit seiner Durchsage gemacht hat, bewusst. Damit er und seine Partnerin noch in den letzten Augenblicken vergeben konnten, führte Norbert uns alle an genau diesem Tag zusammen – davor hatten wir uns 35 Jahre nicht gesehen. Danke, Norbert!

ROSE DER ERINNERUNG

Vor vielen Jahren pflanzten wir in unserem Innenhof eine Englische Rose. Dieser Rosenbusch blüht frühestens im Mai und, wenn das Wetter mitspielt, noch ein zweites Mal im Spätsommer. Anfang März wird der Strauch immer stark zurückgeschnitten, damit er seine Blütenpracht im Sommer gut entfalten kann. Das tat ich auch Anfang März 2020, wie jedes Jahr zuvor. Als ich zwei Wochen später, am 16. März an dem Rosenbusch vorbeiging, konnte ich nicht fassen, was ich da sah: Der Strauch hatte schon seine ersten grünen Blättchen bekommen und zwischen diesen neuen Blättchen strahlte eine voll erblühte Rose! Wie war das möglich?

Noch am vorherigen Tag war weit und breit keine Blüte zu sehen gewesen. Wie auch? Die Blütezeit hätte ja erst sechs bis acht Wochen später begonnen! Ich fand einfach keine logische Erklärung dafür. Plötzlich nahm ich Norberts Worte wahr: „Weißt Du nicht welcher Tag heute ist? Schau ins Tagebuch.“

Ich ging sofort ins Haus, nahm mein Tagebuch und sah nach. Da stand: „Seit dem 16.3.1977 bin ich mit Norbert fest zusammen …" Was für ein unglaubliches Geschenk! Ich hatte dieses Datum absolut nicht mehr im Kopf. Das bedeutete, dass unsere Verstorbenen selbst bedeutende Tage bzw. Daten nicht vergessen! Ist es nicht ein wirkliches Wunder, dass sie in der Lage sind, uns solch wunderschöne Zeichen zu schicken, um uns zu sagen, dass sie immer in unserer Nähe sind? Was für eine Freude!

DER VERLOBUNGSRING

Am 28.7.1978 feierten Norbert und ich unsere Verlobung. Wir gaben uns beim Anstecken der Ringe das Versprechen, für immer zusammenzubleiben … Selbst nachdem unsere Beziehung beendet war, schaffte ich es nicht, den Ring abzunehmen. Nach seinem Tod wurde es mir noch unmöglicher. Ich trug diesen Ring zum Andenken an einen wunderbaren Menschen. 2015 hatte ich das Gefühl, ihn abnehmen zu müssen. Ich konnte nicht einmal sagen, wieso. Es war eine innere Stimme, die mir dieses Gefühl vermittelte. Trotz dieses inneren Gefühls fiel es mir unsagbar schwer, ihn abzunehmen, schließlich trug ich ihn seit fast 40 Jahren!

Als der Kontakt zu Norbert 2018 begann, überlegte ich, ob ich den Ring wieder tragen sollte. Ich wollte Norbert wohl damit zeigen, dass ich ihn nicht vergessen hatte, auch wenn ich seinen Ring nicht mehr trug. Aber diese Überlegung wurde schon im Keim von ihm erstickt. Er gab mir zu verstehen, dass es besser sei, den Ring nicht mehr zu tragen. Verständnislos fragte ich ihn, was der Grund dafür sei. Da sagte er: „Der Ring ist wie eine Fessel, die die Energie des Schmerzes der Erinnerung bündelt!"

Ich verstand, was er mir damit sagen wollte. Dann übermittelte er mir aber eine ganz andere Idee: Ich könnte den Ring einschmelzen lassen und mir daraus ein neues Schmuckstück von einem Goldschmied anfertigen lassen. Ich fand den Gedanken sehr schön, so hatte ich die Möglichkeit, ein „neues“ Schmuckstück als Andenken weiterhin tragen zu können. Mir stellten sich nur zwei Fragen: Wie sollte das Schmuckstück aussehen und wie würde ich einen geeigneten Goldschmied finden? Dieser Ring war das Einzige, das mir von Norbert geblieben war, und somit ein nicht zu ersetzender Schatz. Aber auch mit diesen Entscheidungen ließ Norbert mich nicht alleine.

Schnell war klar, dass ich mir gerne einen Kettenanhänger davon anfertigen lassen wollte. Es sollte etwas mit einer Rose sein, weil die Rose eine große Bedeutung in unserer damaligen Beziehung hatte. Im Internet suchte ich nach Ideen und fand drei Beispiele, die mir gut gefielen. In Gedanken fragte ich Norbert, welchen Anhänger ich am besten wählen sollte. Die Antwort kam prompt: ein Anhänger mit einem Engelsflügel, auf dem zusätzlich eine Rose eingearbeitet war. „Wunderschön!“, dachte ich mir. Dann hörte ich Norberts Worte: „Der Engelsflügel, der dich daran erinnern soll, dass ich immer auf dich aufpassen werde, und die Rose als Zeichen unserer endlosen Liebe!“

So entschied ich mich für diesen Anhänger und überlegte mir, wie ich einen geeigneten Goldschmied finden könnte. Auch dabei unterstützte Norbert mich. Er gab mir zu verstehen, dass es gut wäre, einen älteren Goldschmied zu finden, jemand, der sein Handwerk mit Leib und Seele ausüben würde. Aber wie sollte ich so einen Goldschmied finden? Ich suchte im Internet nach Goldschmieden in der näheren Umgebung. Ich fand drei Adressen, wusste aber natürlich nicht, ob es sich dabei nun um ältere Personen handelte. Ich schaute mir alle drei Webseiten genauer an und erhielt in diesem Augenblick den Rat von Norbert, welchen Goldschmied ich auswählen sollte.

Schon am nächsten Tag fuhr ich, gemeinsam mit meinem Mann, zu der angegebenen Geschäftsadresse. Wir konnten nicht einfach eintreten, sondern mussten zuerst an der Tür klingeln.

Nach einem kurzen Augenblick öffnete uns ein älterer Herr die Tür und ließ uns eintreten. Wie sich herausstellte, war das der Goldschmied. Seine Frau war ebenfalls im Geschäft und fragte freundlich nach, was sie für uns tun könne. Ich erzählte ihr von meiner Idee und zeigte ihr das Bild des Engelflügels und den Ring. Sie erklärte uns, dass der Ring, durch die lange Zeit des Tragens, sehr dünn geworden sei und somit die Goldmenge für das gewünschte Schmuckstück nicht ausreichen würde. Deswegen müsse man noch eine gewisse Menge Fremdgold hinzufügen. Ich war einverstanden und sollte ihr nun den Ring in die Hand legen. In einem kurzen Moment hätte ich es mir fast wieder anders überlegt. Noch nie zuvor hatte ich den Ring an eine andere Person gegeben. Es fiel mir wirklich nicht leicht, als ich ihr den Ring dann schließlich doch in die Hand legte.

Ich hatte keinerlei Vorstellung, wie hoch die Kosten für ein angefertigtes Schmuckstück sein würden, und fragte nach. Doch leider konnte sie mir dazu noch nichts sagen. Sie schlug mir vor, alles auszurechnen und mich am nächsten Tag anzurufen.

Schon auf dem Weg zum Auto nannte Norbert mir den Betrag, den der Anhänger kosten würde. Am nächsten Tag rief die Frau des Goldschmiedes an und nannte mir den Preis. Es war exakt der Betrag, den Norbert mir zuvor genannt hatte. Es wurde ein wunderschöner Anhänger, der mit viel Liebe gestaltet wurde.

NORBERTS ENERGIEFORM

Es geschah in einer der Nächte, in denen ich nicht einschlafen konnte. Wie so oft wendete ich mich an Norbert und bat ihn um Hilfe, damit ich endlich einschlafen konnte. Außerdem stellte ich ihm zum ersten Mal die Frage, wie ich mir eigentlich seine jetzige „Gestaltsform" vorstellen müsse. Welche Form konnte er annehmen, um sichtbar zu werden. Es dauerte eine ganze Weile, als ich plötzlich etwas mit meinen physischen Augen wahrnahm, das aussah wie kleine Wölkchen aus Nebel. Sie schwebten vor meinem Gesicht... dann verschwanden sie mal aus meinem rechten, dann wieder aus meinem linken Gesichtsfeld. Das ging ein paar Minuten so, bis ich Norbert mit den Worten wahrnahm: „Das ist eine der möglichen Formen, die für dich sichtbar sind." Ab und zu spüre ich auch, wie sich die Luft bzw. Atmosphäre zu verändern scheint. Die Luft, die ich dann einatme, fühlt sich so leicht und rein an. Es ist sehr schwer zu erklären. Für mich fühlt es sich jedes Mal an, als würde ich absolut reinen Sauerstoff einatmen. Dafür habe ich bis jetzt noch keine Erklärung gefunden.

NORBERT BESCHÜTZT MEINE TOCHTER

Dieses Ereignis habe ich nicht selber erlebt, es wurde mir glaubhaft von meiner Tochter erzählt.

Meine Tochter, sie war damals 33 Jahre alt, fuhr morgens ihren Partner auf der Frankfurter Autobahn zur Arbeit. Plötzlich nahm sie den Geruch von Rosen im Auto wahr, als ihr Freund sie im selben Moment fragte, ob sie ein neues Parfum benutzen würde. Ihm war der blumige Geruch genauso aufgefallen.

Kurz danach scherte vor einem Autobahnzubringer ein Wagen mit Wohnanhänger, ohne auf das Auto meiner Tochter zu achten, auf den rechten Fahrstreifen ein. Meine Tochter erzählte mir:

„Ohne nachzudenken tat ich etwas völlig Unlogisches: Ich riss das Lenkrad nach links anstatt nach rechts, wo kein fließender Verkehr gewesen wäre. Ich kam völlig schräg auf der Autobahn zum Stehen und sah erst in diesem Augenblick, wie viel unglaubliches Glück wir gehabt hatten."

Hinter ihrem Wagen hatte sich nämlich ein LKW befunden, der eine Vollbremsung machen musste, um keinen Unfall zu verursachen. Dadurch, dass meine Tochter den Wagen nach links gelenkt hatte, kam der LKW mit etwa 10 cm Abstand zum Wagen meiner Tochter zum Stehen. Hätte meine Tochter den Wagen nach rechts gelenkt, hätte er einen Zusammenstoß nicht mehr vermeiden können. Meine Tochter ist der festen Überzeugung, dass Norbert sich durch den Rosenduft bemerkbar gemacht hatte und sie vor einem furchtbaren Unfall beschützt hatte. Ich werde ihm mein Leben lang unendlich dankbar dafür sein.

DIE UNGLAUBLICHE GESCHICHTE MIT DEM SCHLÜSSEL

Wie bereits in einer vorherigen Geschichte erwähnt, stand Norberts Elternhaus seit ein paar Jahren schon leer. Niemand wusste so genau, da es sich ja um eine Zechenhaussiedlung handelte, was mit den leerstehenden Häusern geschehen sollte. Die Frage, ob Abriss oder Verkauf, stand jahrelang immer wieder zur Debatte. Aus diesem Grund fuhr ich immer mal wieder dort vorbei, um zu schauen, ob sich etwas entschieden hatte. Die Fahrt von meinem jetzigen Wohnort bis zu Norberts Elternhaus dauerte in etwa 30 Minuten und jedes Mal spürte ich eine Unruhe in mir, weil ich nie wusste, was mich erwarten würde.

Eigentlich konnte ich mich mit keinen der beiden Ideen, ob Verkauf oder Abriss, anfreunden. Am liebsten wäre mir gewesen, es würde alles so bleiben, wie es war, was natürlich auch keine Lösung war. Der Gedanke, dass das Einzige, was immer noch als ein Teil von Norbert geblieben war, nicht mehr existieren würde oder von Fremden bewohnt würde, machte mich zutiefst traurig.

An eben so einem Tag fuhr ich also wieder einmal zu Norberts Elternhaus. Ich parkte mein Auto vor dem Haus und wollte durch die Fenster schauen, ob im Inneren noch immer alles wie gewohnt war. Doch als ich auf die Haustüre zuging, sah ich mit Erschrecken, dass vier Innentüren und ein großer Container im Hauseingang standen. Es war also so weit. Die Veränderung, vor der ich solche Angst hatte, war nicht mehr aufzuhalten. Mit einem unguten Gefühl in der Magengegend ging ich auf die vier Türen zu. Ich erkannte sofort die kleinere Badezimmertür, hinter der sich vor fast 40 Jahren das Schreckliche ereignet hatte. An dieser und an zwei anderen Türen steckten Schlüssel. Sie waren schon ziemlich verrostet und ohne groß zu überlegen, zog ich den Schlüssel vom Badezimmer ab. Ich wollte nicht, dass dieser Schlüssel verloren ging, denn er war mit Norberts letzter Stunde verbunden.

Ich hielt ihn fest in meiner Hand und wollte schon zum Auto zurückgehen, als ich beschloss, die anderen beiden Schlüssel ebenfalls mitzunehmen. Der zweite Schlüssel ließ sich ebenfalls leicht abziehen. Leider funktionierte es beim dritten Schlüssel absolut nicht. Er ließ sich zwar im Schloss drehen, aber nicht daraus entfernen. Ich sah mir die Tür genauer an, sie unterschied sich von den anderen Türen insoweit, als sie nicht von beiden Seiten braun, sondern auch eine weiß lackierte Seite hatte. Ich versuchte ein paarmal diesen Schlüssel zu entfernen, doch schließlich gab ich auf. So ging ich nun endgültig zum Auto zurück und befestigte den Badezimmerschlüssel an meinem Autoschlüssel. Den zweiten Schlüssel steckte ich in meine Hosentasche. Zuhause angekommen, legte ich den zweiten Schlüssel in ein kleines Schmuckkästchen auf meiner Nachtkonsole.

Zwei Wochen später war ich mit meinem Hausputz beschäftigt. Auf den Küchenstühlen habe ich als Auflage kleine runde Schafsfelle liegen, die ich, beim Absaugen der Stühle, abnehmen muss. Als ich das erste Fell abnehmen wollte, stand ich wie vom Blitz getroffen und konnte absolut nicht fassen, was ich da sah. Unter dem Fell, auf der Sitzfläche, lag ein verrosteter Schlüssel!

In meinem Kopf drehte sich alles. Ich versuchte für das, was ich sah, eine logische Erklärung zu finden. Ich wollte absolut nicht glauben, dass dieser Schlüssel der dritte Schlüssel war, den ich nicht von der Tür vor Norberts Haus entfernen konnte. Das war schier unmöglich! Ich lief also zuerst zu meinem Autoschlüssel, um zu überprüfen, ob sich der Schlüssel von Norberts Badezimmer noch am Schlüsselbund befand, doch dieser Schlüssel war immer noch an meinem Schlüsselbund befestigt.

Dann blieb nur noch die Möglichkeit, dass es sich um den zweiten Schlüssel, den ich in mein Schmuckkästchen im Schlafzimmer gelegt hatte, handeln musste. Allerdings hätte ich mir auch dabei nicht erklären können, wie er von da aus in die Küche gelangt war. Als ich das Kästchen öffnete, sah ich auch den zweiten Schlüssel an seinem Platz liegen. „Was?", dachte ich. Ich setzte mich aufs Bett und versuchte einen klaren Gedanken zu fassen. Wie war das möglich? Und warum passierte das? Ich befand mich in einem absoluten Gefühlschaos. Lachen und Weinen wechselten sich ab und mein Herz schlug mir bis zum Hals. Als ich etwas ruhiger wurde, sah ich mir den dritten Schlüssel genauer an. Es war eine Nummer eingestanzt und so verglich ich diese Nummer mit den anderen beiden Schlüsseln. Sie hatten die gleiche Nummer!

Es handelte sich, ohne Zweifel, um den dritten Schlüssel, der sich auf der braun-weißen Tür befunden hatte und sich nicht abnehmen ließ. Ich überlegte, zu welchem Raum diese braun – weiße Tür wohl gehören würde. Mir fielen sofort die Fotos ein, die ich vor einiger Zeit im Haus von Norbert gemacht hatte, als ich die Erlaubnis bekam, ein letztes Mal, ins Haus zu gehen. Ich suchte auf meinem Handy nach dem Ordner, worin sich diese Fotos befanden. Ein Foto nach dem anderen sah ich mir genau an, und plötzlich sah ich sie, die braun-weiße Tür … Es war die Tür zu Norberts Zimmer! Ich war einfach nur sprachlos.

In den nächsten Tagen stellte ich mir ständig die Frage, was das zu bedeuten hatte. Erst nach etwa einer Woche bekam ich die Antwort in Form einer Durchsage von Norbert.

Er sagte: „Bitte entferne den Schlüssel von deinem Schlüsselbund. Dieser Schlüssel ist mit der Energie des Schmerzes verbunden. Nimm stattdessen den Schlüssel, den du gefunden hast, denn er gehört zu dem Ort, an dem wir glücklich waren. Er wird dich immer beschützen." Ich war sehr berührt, und Ja, ich verstand.

Sofort entfernte ich den Badezimmerschlüssel vom Schlüsselbund und befestigte stattdessen den dritten Schlüssel daran.

EIN WUNDER DER HEILUNG

Ich habe lange überlegt, ob ich diese Geschichte überhaupt mit in dieses Buch aufnehmen sollte. Sie ist so unglaublich, dass sie bestimmt einige Zweifel hervorrufen wird, was ich natürlich auch bei meinen anderen Erzählungen nicht verhindern kann. Trotz alledem habe ich mich nun entschlossen, sie hier zu erzählen. Sie handelt von meiner Freundin Marlene.

Marlene und ich waren viele Jahre befreundet, doch leider ging diese Freundschaft durch ein dummes Missverständnis auseinander, sodass wir seit beinahe zwei Jahren keinen Kontakt mehr zueinander hatten. Seit einigen Tagen nun musste ich immer wieder an sie denken.

Ich kenne dieses Muster, schon oft habe ich erfahren, dass Gedanken immer wieder in meinem Kopf aufblitzen und sich später herausstellt, dass ich anscheinend in diesem Moment nicht auf „Empfang" war, um zu erkennen, dass mir die Geistige Welt etwas mitteilen wollte. In diesem Fall war es tatsächlich Norbert, dessen Durchsage ich nicht richtig deuten konnte.

Als ich an einem Abend gemeinsam mit meinem Mann einen Film anschaute, spürte ich plötzlich das dringende Gefühl, Marlene eine Nachricht zu schreiben. Ohne weiter darüber nachzudenken, nahm ich sofort mein Handy und schrieb: „Hallo Marlene, ich muss seit einigen Tagen immer wieder an dich denken. Wie geht es Dir?" Innerhalb einer Minute bekam ich eine Antwort: „Hallo Berti, mir geht es nicht gut … Ich habe Krebs!"

Diese Nachricht traf mich mit voller Wucht! Mein Magen verkrampfte sich. Sofort packten mich schmerzhafte Erinnerungen … Erinnerungen von vor ein paar Jahren, in denen ich schon einmal eine gute Freundin an diese schreckliche Krankheit verloren hatte. Aber was Marlene sofort danach noch schrieb, machte mich sprachlos. Sie schrieb:

„Ich weiß, dass es kein Zufall ist, dass du dich jetzt meldest! Ich habe Dich und Norbert um Hilfe gerufen! Ich weiß es erst seit Freitag!" Marlene hatte den Beginn der Anwesenheit von Norbert vor drei Jahren noch miterlebt. Und heute war Dienstag. Vier Tage nachdem Marlene die Diagnose bekommen hatte und zudem auch noch Norberts Geburtstag! In dem Moment wusste ich, dass das alles kein Zufall war, sondern geführt!

Für mich stand sofort fest, dass ich an Marlenes Seite sein und bleiben würde, egal was auch auf uns zukommen sollte. Alles andere, dieses dumme Missverständnis, das zum Bruch unserer Freundschaft führte, spielte überhaupt keine Rolle mehr. Es fühlte sich an, als wären wir keinen Tag auseinander gewesen.

Die Zeit, die dann begann, war eine sehr schwere Zeit für Marlene. Sie bekam noch eine ausführlichere Diagnose, die absolut nichts Gutes verhieß. Ein Tumor auf ihrem Kopf breitete sich bereits im Inneren ihrer Schädeldecke aus, in sämtlichen Organen und auch im Knochen wurden Metastasen gefunden und der Chemo-Marathon begann.

Immer dann, wenn Marlene zwischen den einzelnen Chemo-Behandlungen eine Pause hatte und sie sich einigermaßen gut fühlte, trafen wir uns. Beim zweiten Treffen empfing ich eine Botschaft von Norbert. Er bat mich darum, Marlene die Hände aufzulegen und ihr mit seiner Unterstützung Heilenergie zu schenken. Ich sagte Marlene, was ich gehört hatte und sie willigte gerne ein. Diese Behandlung fühlte sich für mich sehr intensiv an, mir wurde etwas schwindelig und ich begann stark zu schwitzen. Auch Marlene empfand diese Intensität. Sie erzählte mir nach der Behandlung, dass sie eine starke Wärme in ihrem Körper gespürt habe und einen deutlichen Druck im Kopf. Das sagte mir, dass auf jeden Fall Energie geflossen war.

Vor unserem nächsten Treffen meldete sich Norbert abermals mit einer Nachricht.

Sie war zuerst etwas außergewöhnlich für mich. Er bat mich, für Marlene einen Stein zu finden, einen ganz normalen Stein. Er gab mir zu verstehen, dass dieser Stein ihr während ihrer Krankheit Kraft geben würde. Ich fragte ihn, wo ich diesen Stein denn finden sollte. Daraufhin sagte er, ich solle vertrauen, ich wüsste, welcher Stein es sein würde, wenn ich ihn sähe.

Am nächsten Tag machte ich mit meinen Hunden einen Spaziergang. Schon nach einer kurzen Zeit entdeckte ich einen Stein, der mitten auf dem Weg lag. Er sah nicht irgendwie besonders aus, aber ich wusste, dass das der richtige Stein für Marlene war. Also hob ich ihn auf und steckte ihn in meine Tasche.

Zu Hause angekommen, legte ich den Stein erstmal zur Seite, weil ich ja noch gar nicht wusste, was jetzt weiter damit geschehen sollte. Diese Frage wurde mir jedoch schon nach kurzer Zeit beantwortet. Norbert bat mich, diesen Stein mit Liebe für Marlene zu gestalten. Mir gefiel diese Idee, ich dachte daran, dass es dann eine Art Talisman für Marlene werden könnte, den sie immer bei sich trug. Also überlegte ich, wie ich diesen Stein gestalten könnte; ich hatte so etwas noch nie gemacht.

Irgendwie ging es dann fast von alleine. Ich malte ihn nach meiner Phantasie an und verzierte ihn mit kleinen Schmucksteinchen. Als er fertig war, gefiel er mir selber sehr gut. Nichts erinnerte mehr an den grauen Stein, den ich gefunden hatte. Er sah jetzt aus wie ein funkelndes Schmuckstück. Ich versuchte eine Verbindung zu Norbert herzustellen, um ihn zu fragen, ob ich ihn nun so verschenken sollte. Da sagte er mir, dass ich den Stein in meine Hände nehmen solle, und mir vorstellen, dass er von Heilenergie aufgefüllt werde. Er würde mich wieder dabei unterstützen. Ich nahm den Stein also in meine Hände und versuchte mir vorzustellen, dass heilende Energie in diesen Stein floss. Danach legte ich ihn in einen kleinen Schmuckbeutel.

Beim nächsten Treffen mit Marlene schenkte ich ihr den Stein und sagte ihr, was Norbert mir später noch erklärt hatte. Dieser Stein sollte Marlene während ihrer ganzen Behandlung begleiten und unterstützen. Sie sollte ihn, so oft wie möglich, in ihre Hände nehmen und ihn ansonsten bei sich tragen. Marlene war sehr berührt von dieser Idee und versprach, es genau so zu tun. Nach ihrer nächsten Chemo-Behandlung rief sie mich an und sagte mir, dass sie den Stein die ganze Zeit bei sich getragen habe und die Chemo erstaunlich gut vertragen habe. *Danke Norbert!*

Etwa zwei Monate später machte ich mit meinem Mann einen Kurzurlaub über ein verlängertes Wochenende, als mich eine Nachricht von Marlene erreichte. Ich wusste, dass sie einen Termin hatte, wo sie erfahren sollte, ob die Chemo-Behandlung überhaupt angeschlagen hatte oder nicht. Mit einem unsicheren Gefühl öffnete ich mein Handy, um die Nachricht zu lesen. Dort stand in Großbuchstaben geschrieben: „DER KREBS IST WEG!"

Ich glaubte meinen Augen nicht trauen zu können! Wie war das möglich? Ihr ganzer Körper war voller Metastasen gewesen! Die Behandlung dauerte noch nicht mal ein halbes Jahr, und doch ist genau das geschehen! Es fand sich keine einzige Metastase mehr in ihrem Körper. Der Tumor auf und in ihrem Kopf war ebenfalls komplett verschwunden.

KAPITEL 9

NACHTODKONTAKTE UND IHRE TIEFE BEDEUTUNG

Nachtodkontakte sind heute ein Massenphänomen. Sie gehen von den Verstorbenen aus und können auch nach längerer Zeit noch erlebt werden, wie wir das im Beispiel von Berti gelesen haben. Nachtodkontakte sind mächtige spirituelle Erfahrungen, die uns mit geistiger Energie erfüllen. Das Vorhandensein einer geistigen Welt wird zu einer unumstößlichen Gewissheit. Dahinter steht die tröstliche Erkenntnis, dass Liebe niemals verloren geht. Liebe ist der Urgrund allen Seins. Durch unsere Liebe bleiben wir mit den Verstorbenen verbunden.

Ziel und Sinn unseres Lebens ist es, seelisch und geistig zu wachsen, um dann mit Gott als Individuum zu verschmelzen. Wir sind hier, um Erfahrungen zu sammeln, um uns wiederzuerinnern, dass wir mächtige geistige Wesen sind. Deswegen gehen wir durch unterschiedliche vielfältige Inkarnationen, um dieses Ziel irgendwann zu erreichen. Auf diesem Weg nachhause kann keine einzige Seele verloren gehen. Den Verstorbenen geht es nach ihrem

Tod offenbar sehr gut. Selbst Menschen, die sich zu Lebzeiten schwer an anderen vergangen haben, bitten ehrlich um Vergebung, damit sie auf ihrem geistigen Weg weiter voranschreiten können.

In den vorliegenden Fallbeispielen handelt es sich um einfache Menschen aus allen sozialen Schichten mit ihren persönlichen Ängsten, Schuldgefühlen oder Verfehlungen. Millionen von Menschen erleben Kontakte mit Verstorbenen und doch ist in den Berichten der Menschen weder von einer Hölle noch von einer ewigen Verdammnis die Rede. Die Phänomene treten kulturübergreifend auf. Sie sind unabhängig von den verschiedenen Religionen oder spezifischen kulturellen Prägungen eines Landes. Auf der ganzen Welt werden ähnliche Botschaften von Verstorbenen erhalten: „Ich lebe weiter", „Mir geht es gut", „Ich liebe Dich", „Lebe Dein Leben, bis wir uns wiedersehen".

Das lässt sich als universale Botschaft der Liebe interpretieren und auch, dass unser Leben in alle Ewigkeit weitergeht. Wir sind das Produkt der eigenen Gedanken, Taten und Worte. Dafür ist jeder selbst verantwortlich. Das bedeutet, dass ungelöste Probleme auch nach dem Tod aufgearbeitet und erledigt werden müssen. Das hat aber mit menschlichen Vorstellungen von Strafe und Verdammnis nicht das Geringste zu tun. Das geistige Grundgesetz: „Was Du säst, das erntest Du" gilt in dieser wie in der anderen Welt.

Deswegen ist die Bitte um Vergebung seitens der Verstorbenen für die Hinterbliebenen sehr wichtig. Erst wenn wir uns selbst von Wut, Hass, Zorn, Angst oder Schuldgefühlen befreit haben, können wir einen Verstorbenen wirklich loslassen. Das erfordert von uns, den Verstorbenen mit all seinen Schwächen und Fehlern so anzunehmen, wie er war und eben auch verletzende Ereignisse zu akzeptieren. Vergebung ist die wohl schwierigste Aufgabe unseres Lebens.

Wenn die Berichte in diesem Buch genauer angeschaut werden, lässt das den Schluss zu, dass jede Trennung von einem geliebten Menschen vorübergehend ist. Wenn wir sterben, werden wir die

Verstorbenen wiedersehen. Nachtodkontakte zeigen, dass sich die Verstorbenen weiter um unser Wohlbefinden sorgen und uns liebevolles Verständnis und Mitgefühl zeigen. Auch in für uns gefährliche Situationen kann es mitunter direkt zu einem Eingriff seitens der Verstorbenen kommen. Millionen von Menschen erhalten auch durch Medien den konkreten, fassbaren Beweis für ein Fortleben nach dem Tod.

In den vorliegenden Berichten und Aussagen über das Tabuthema „Spontane Kontakte mit Verstorbenen" offenbaren sich bei genauerer Analyse Ähnlichkeiten mit den Erkenntnissen der Nahtodforschung. Verstorbene werden bei Erscheinungen oder Träumen als ganz und heil wahrgenommen. Das verweist darauf, dass die Seele unberührt bleibt von äußerlichen körperlichen Einschränkungen. Die Erforschung der Nahtoderfahrungen brachte überdies den Beweis, dass Blinde, die ihr Leben lang keine Lichtwahrnehmung hatten, während ihrer außerkörperlichen Erfahrung über eine Geistsicht verfügten. Sie konnten Dinge beschreiben, die sie gesehen hatten. Auch in den Nachtodkontakten kommt es zu einer Begegnung mit verstorbenen Verwandten. Aufsehenerregend ist dabei die Aussage, dass sie Verstorbenen begegneten, von denen sie gar nicht wussten, dass diese schon gestorben waren.

In den Nachtodkontakten erscheinen Verstorbene manchmal feststofflich in materieller Gestalt und manchmal eher durchsichtig, wenn nicht sogar als Projektion. Viele Menschen sprechen von direkten körperlichen Berührungen, andere nehmen die Toten als Bild oder Hologramm wahr, die sie nicht berühren dürfen. Die unterschiedlichen Fähigkeiten der Verstorbenen, Energietransformationen zu erbringen, entsprechen dem jeweiligen geistigen Entwicklungsstand.

Kontakte mit Verstorbenen entsprechen nicht den Gesetzen der Logik. Sie geschehen einfach. Das gilt besonders für das Gegenwartsempfinden. Die subtilste Form eines Nachtodkontaktes ist wenig greifbar und doch sprechen die Erlebenden von der Nähe oder Ausstrahlung eines spezifischen Verstorbenen, wodurch dieser unmittelbar identifiziert wird. Offensichtlich liegt ein erweiterter Bewusstseinszustand zugrunde, Momente, in denen wir für die feinen Schwingungen empfänglich sind. In den Beschreibungen tauchen Begriffe auf wie Zeitlosigkeit, Sanftheit, Wärme oder Liebe, die den Erlebenden von innen nach außen erfassen. Sie fühlen sich mit einer anderen Ebene des Seins verbunden.

Noch deutlicher zeigt sich der erweiterte Bewusstseinszustand in Träumen und außerkörperlichen Erfahrungen. Eine geteilte Todeserfahrung ist von ihrem Wesen her eine Nahtoderfahrung, aber ohne sich in Todesnähe zu befinden. Energien, die im Sterbeprozess auftreten, machen uns offener dafür, in das Sterbegeschehen mit einbezogen zu werden. Eine Frau beschreibt ihr Erlebnis wie folgt:

„Mein Mann lag im Sterben. Seine Lunge funktionierte nicht mehr und die Ärzte versuchten, ihn zu reanimieren. Ich saß an seinem Bett, als ich bemerkte, dass mich etwas aus dem Körper zog. Ich fand mich an der Decke wieder und schaute auf mich und meinen Mann herab. Dieser befand sich gleichzeitig in seinem Geistkörper direkt neben mir. Wir waren eingehüllt vom Licht, aus dem seine verstorbene Großmutter hervortrat. Sie wollte ihn offensichtlich in Empfang nehmen. Plötzlich war ich wieder in meinem Körper. Auch mein Mann kam zurück – die Ärzte hatten ihn erfolgreich reanimiert. Heute haben wir ein intensiveres Verhältnis denn je. Diese kurze außerkörperliche Erfahrung im Licht hat mich davon überzeugt, dass etwas weitaus Größeres existiert, ebenso wie es ein Weiterleben nach dem Tod gibt."

In diesem Gesamtzusammenhang ist festzustellen, dass es zwischen den Nachtodkontakten und den Nahtoderfahrungen eine Übereinstimmung in ihren Elementen gibt. Beide erleben veränderte Bewusstseinszustände. Manchmal erleben Menschen eine Begegnung mit Verstorbenen durch eine außerkörperliche Erfahrung. Auch von übersinnlichen Wahrnehmungen der Anderswelt wird berichtet Lichtphänomene werden beschrieben. All diese Elemente tauchen in den vorliegenden Beispielen in unterschiedlicher Form auf. Es ist offensichtlich, dass die gleichen Metaphern für die Umschreibung des Erlebten benutzt werden.

Nachtodkontakte haben mit der Empfänglichkeit des Einzelnen für die auftretenden Energien und Schwingungen zu tun. Das ist wahrscheinlich der Grund dafür, dass manche gleich mehrere Zeichen von Verstorbenen erhalten, andere aber gar nichts bemerken. Millionen von Menschen auf der ganzen Welt berichten von intensiven Nachtodkontakten. Sie erleben über Zeichen und innere Begegnungen eine tröstende Verbundenheit mit ihren Lieben, die weit über den Tod hinausgeht. Für viele Menschen sind Nachtodkontakte eine innere Kraftquelle.

Als Gesamtresümee werden Phänomene in Todesnähe wie auch die Nachtodkontakte unabhängig von aller Religion oder Kultur oder dem jeweiligen Gesundheitszustand erlebt. Die vielfältigen Berichte die sie in diesem Buch gelesen haben, sind eindeutige Beweise für das Leben nach dem Tod, der Existenz eines Jenseits und der göttlichen Quelle allen Seins. Das Wissen darüber kann dazu beitragen, den Tod nicht länger als Feind zu betrachten, ja ihn sogar zu begrüßen.

SCHLUSSWORTE

In den vergangenen 50 Jahren sind eine Vielzahl von Phänomenen in Todesnähe Gegenstand wissenschaftlicher Forschung geworden. Ob Nahtoderfahrungen, Nachtodkontakte, die Visionen Sterbender, terminale Geistesklarheit am Ende des Sterbeprozesses, geteilte Todeserfahrungen oder mediale Kontaktaufnahmen – sie alle verweisen auf ein Leben nach dem Tod. In diesem Kontext ist es überaus wichtig, die unterschiedlichen Phänomene nicht isoliert zu betrachten, sondern sie in einen größeren Sinnzusammenhang und Kontext zu stellen, die rund um den Tod, kurz vorher oder danach, auf der ganzen Welt als universelle menschliche Erfahrungen auftreten.

All diese Erlebnisse sind nur dadurch erklärbar, dass Bewusstsein (Seele) unabhängig vom menschlichen Körper auch nach dem Tod weiterexistiert. Meiner Ansicht nach, ist das Fortleben nach dem Tod durch die Vielzahl seriöser wissenschaftlicher Publikationen erwiesen, obwohl es immer noch viele Wissenschaftler gibt, die das in Frage stellen, da die Begegnungen mit dem Unsichtbaren weder fassbar noch messbar sind. Das ist eine zutiefst materielle Sichtweise, wonach Bewusstsein als ein Nebenprodukt des Gehirns angesehen wird. Durch die vielfältigen Erkenntnisse der Sterbeforschung wird dieses alte Paradigma in Frage gestellt.

Die sorgfältig dokumentierten Erlebnisse der Sterbenden oder der Nahtoderfahrungen – von denen Sie hier einige Berichte lesen konnten- verweisen darauf, dass wir ewige unsterbliche Wesen sind. Wir sind viel mehr als unser Körper und verfügen über inwendige, im Seelenbereich angesiedelte Potenziale, die es – würden sie entsprechend angewandt – ermöglichen, sogar Materie in verschiedenen Erscheinungsformen zu verwandeln. Jeder von uns trägt den Lebensfunken, den Gottesfunken, in sich. Da wir nie von der Quelle allen Seins getrennt sind, unabhängig davon, ob uns dies bewusst ist oder nicht, sind wir ewige geistige Wesen, ohne Anfang und ohne Ende, und somit mit multidimensionalen Fähigkeiten ausgestattet. Das gilt für alles Leben auf der Erde.

Die große Aufgabe unserer Zeit ist es, sich kollektiv wiederzuerinnern, wer wir sind. Dem innersten Wesen nach sind wir Liebe. Indem wir sie entfalten, leben und zum Ausdruck bringen, können wir kollektiv in den göttlichen Seinsgrund erwachen, um mit Gott zu verschmelzen. Alles Leben entspringt dem allumfassenden Bewusstsein des *Einen Geistes.* Es geht im Leben darum, sich wiederzuverbinden mit der einzigen Quelle allen Seins. Leben an sich endet nie – es geht beim Tod nur in eine andere Form über. Die Seele als Träger unserer Erfahrungen verlässt den Körper, der sterblich ist, doch wir sind nicht der Körper. Die Seele ist unsterblich und bleibt unberührt von Leben, Tod und Wiedergeburt.

Wenn wir uns nun von den grundlegenden Hintergründen unseres Lebens den unterschiedlichen Phänomenen als Ganzes zuwenden, so wird eine Grundstruktur unseres Lebens ersichtlich. Sie zeigt uns, wenn diese Erkenntnis auftritt, dass wir alle in einen weitaus größeren Sinnzusammenhang eingebunden sind, als wir während unseres Erdenlebens erkennen können. Wir sind umgeben von einer unsichtbaren Welt, die sich im Umfeld des Todes, in akuter Todesnähe und nach dem Tod manifestiert, um uns beizustehen.

In den Sterbebettvisionen erscheinen Engel, vorangegangene Angehörige, die den Sterbenden abholen wollen und es vermögen, ihm jegliche Angst vor dem nahenden Tod zu nehmen. Das sind keine Halluzinationen, wie das von einigen Forschern immer noch betrachtet wird, sondern reale Wahrnehmungen eines klaren Bewusstseins. Die Sterbenden blicken in ein sich öffnendes Tor zur geistigen Welt, wobei derartige Wahrnehmungen für Umstehende unsichtbar bleiben.

Auf der Basis langjähriger beruflicher Erfahrungen in häuslicher Palliativpflege und in Hospizen haben die beiden Hospizschwestern Maggie Callanan und Patricia Kelly die wiederkehrenden Verhaltensweisen ihrer Patienten erfasst. Sie sprechen von einem gesteigerten Bewusstsein beim Herannahen des Todes. Sterbebettvisonen weisen viele Ähnlichkeiten mit den Nahtoderfahrungen auf. So wird von Licht gesprochen, das die Verstorbenen umgibt oder im Hintergrund wahrgenommen wird, ein Gefühl von Frieden und Liebe bis hin zum Einblick in paradiesische Welten.

Ich frage mich immer wieder, wie es sein kann, dass wir derartige Schauungen ignorieren und ihnen keine Bedeutung beimessen. Das Licht, von dem hier die Rede ist, wird in den Nahtoderfahrungen als Begegnung mit Gott beschrieben. Da ist von einer Liebe die Rede, die alles menschlich Vorstellbare überschreitet. Gott ist *Liebe.* Und diese Liebe durchdringt alles Sein – die Pflanzen, die Tiere, uns Menschen – nicht nur im Leben, sondern auch im Sterben und in alle Ewigkeiten. Es ist die Kraft, die Energie, die das Universum im Innersten zusammenhält. Eine von uns aus gesehen nicht kontrollierbare oder denkbare heilige Kraft.

Es ist im wahrsten Sinne des Wortes der *Heilige Geist*, der mit uns ist. Wir können nie verloren gehen. Liebe urteilt nicht noch verdammt sie. Es sind menschliche Ego-Vorstellungen, die Strafe, Verdammnis oder Hölle suggerieren. Wir sind alle Geschöpfe *seiner* Liebe. Durch die Ebenbildlichkeit der Seele sind wir von unserem eigentlichen Wesen her Liebe, die wir durch unser Leben zum Ausdruck bringen sollten.

Alle Menschen, unabhängig von Kultur oder Religion, auf der ganzen Welt und auf jedem Kontinent sind aufgerufen, nach unzähligen Inkarnationserfahrungen zu der erlösenden Erkenntnis zu gelangen, ein ewiges, multidimensionales Wesen zu sein. Wir sind geistige Wesen, die eine vorübergehende Erfahrung in einem menschlichen Körper machen mit dem Ziel, zur Quelle allen Seins, zu unserem Ursprung, zurückzukehren. Dazu verfügen wir über einen freien Willen, wodurch wir die Angst, die Wut, den Zorn, den Hass überwinden können, um uns für die Liebe, das Mitgefühl, die Akzeptanz und den Respekt allen Andersdenkenden gegenüber entscheiden können.

Alle Kriege, alle Spaltungen und selbst die Klima-Naturkatastrophen sind Ausdruck des negativ geprägten kollektiven Denkens der Menschheit. Wenn wir uns als Menschheit, die nicht getrennt voneinander ist, bewusst wären, könnten wir die Welt in ein Paradies verwandeln. Die Todesnäheerfahrungen verweisen durch die Lebensrückschau auf diesen Umstand: Der Maßstab jeglichen Rückblicks auf das vergangene Leben ist stets verbunden mit der Frage, ob wir Liebe gegeben haben oder eher nicht. Dadurch wird uns aufgezeigt, ob wir geistigen Fortschritt erreicht haben.

GEDICHTE UND MEDITATIONEN ZUM ABSCHIEDNEHMEN

Der Übergang in den Tod ist ein zutiefst menschliches Ereignis, das oft von einer Vielzahl von Emotionen und Herausforderungen begleitet wird. In dieser Phase des Lebens ist die Sterbebegleitung von entscheidender Bedeutung, um den Betroffenen und ihren Angehörigen Unterstützung, Trost und Hoffnung zu bieten. Auch für die begleitende Person kann das Abschiednehmen, wenn sie es zulässt, eine reinigende Erfahrung sein. Deswegen möchte ich über die Grundsätze der Sterbebegleitung sprechen, wie Sie mit Trauer umgehen können und Ihnen zusätzlich Gedichte und Meditationen bieten, mit denen Sie Hoffnung schenken können.

GRUNDSÄTZE DER STERBEBEGLEITUNG

- Wenn Sie einen sterbenden Angehörigen begleiten, ist es das Wichtigste, einfach mitfühlend für ihn da zu sein. Die Bedürfnisse des Sterbenden werden dadurch besser wahrgenommen. Signalisieren Sie Gesprächsbereitschaft und dass Sie bereit sind, zuzuhören. Seien Sie ehrlich und authentisch und offen für alles, was der Sterbende thematisiert.

- Bevor Sie das Sterbezimmer betreten, stimmen Sie sich ein. Bitten Sie innerlich um Kraft und Energie für einen friedlichen Übergang. Öffnen Sie Ihr Herz für die geistigen Energien, die sich einstellen, damit Sie die Anwesenheit des Heiligen im Raum zulassen können.
- Wichtig ist eine Atmosphäre des Friedens. Sie können z. B. Musik spielen, die den Sterbenden entspannt und ihm guttut. Auch Kerzenlicht vermag eine harmonische Atmosphäre herzustellen.
- Manche wünschen sich religiöse Symbole (Kreuz, Buddha etc.). Gebete, die gesprochen werden, sind ein Lichtstrahl und eine Hilfe für den Übergang. Die Macht des Gebetes wird heutzutage unterschätzt.
- Sterbende wissen ab einem bestimmten Zeitpunkt von ihrem bevorstehenden Tod. Das ist ein inneres Wissen. Wenn die sterbende Person darüber spricht, sollten Sie genau hinhören. Vermeiden Sie jede Beschönigung oder Verleugnung ihres wahren Zustandes. Sie schaffen dadurch ein Vertrauensverhältnis, da Sie es ihr ermöglichen, offen alles auszusprechen, was noch zu sagen bleibt. Wenn der bevorstehende Tod weder von den Angehörigen noch vom Sterbenden akzeptiert werden kann, macht es das Sterben schwer und er kann nicht mit sich selbst ins Reine kommen.
- Sprechen Sie mit dem Sterbenden und fragen Sie ihn, ob er noch etwas bereinigen möchte, sich nach Aussöhnung und Vergebung sehnt. In manchen wird damit der segensreiche Prozess der Lebensbilanz angestoßen. Der Sterbende kann Unerledigtes bereinigen, was das Sterben leichter macht.
- Lassen Sie die auftretenden Gefühle zu. Nehmen Sie aber nichts

persönlich und werten Sie nicht. Was immer der Sterbende kurz vor seinem Tod äußern mag, ist seine letzte Wahrheit und muss in keinem Fall Ihrer persönlichen Sichtweise entsprechen. Die Bereinigung unausgesprochener Dinge und die Sehnsucht nach Aussöhnung ist mit Gefühlsschwankungen, Emotionen und tränenreichen Ausbrüchen verbunden. Diese Aussprachen sind zutiefst heilsam.

- Der Sterbende muss alle Dinge, die ihm im Leben etwas bedeutet haben, hinter sich lassen. Das ist traurig und schmerzhaft. Deswegen ist es sinnvoll, Bekundungen von Trauer oder Festhaltenwollen zu unterlassen. Das zögert den Sterbeprozess hinaus, da es ein Schuldgefühl erzeugt.
- Als Angehöriger ist es sehr hilfreich, dem Sterbenden zu sagen, dass er gehen darf. Der laut ausgesprochene Satz „Du darfst jetzt gehen" vermag den Druck aus der Sterbesituation zu nehmen und den Sterbenden zu entlasten.
- Sollten Sie mit einem Sterbenden noch etwas bereinigen wollen, seien Sie so offen und ehrlich wie möglich. In Todesnähe sollte alles ausgesprochen werden, was für die Angehörigen persönlich wichtig ist. Das entlastet und hilft, alte Traumata loszulassen. Wenn Ihr Vater ein Tyrann war, können Sie diesen Umstand dadurch ausdrücken, dass Sie sagen: „Du hast mir das Leben nicht immer leicht gemacht". Damit geben Sie ihm die vielleicht letzte Möglichkeit, sich mit Ihnen auszusprechen.
- Selbst wenn jemand im Koma liegt, sprechen Sie alles, was Ihnen auf dem Herzen liegt, aus. Beziehen Sie diese Menschen immer in Ihre Gespräche mit ein. Der Komapatient erlebt eine Bewusstseinserweiterung und bekommt alles mit, was um ihn herum geschieht.
- Der Sterbende spürt seinen herannahenden Tod. Signalisieren Sie Ihre Bereitschaft, offen über Tod und Jenseits zu sprechen. Sie können aus Büchern Entsprechendes vorlesen. Wenn der Sterbende nicht bereit ist, über seinen Tod zu sprechen, kön-

nen Sie das nicht erzwingen. Wenige Stunden, manchmal auch Tage vorher, zeigt sich durch die Lockerung der Seele vom Körper, dass der Sterbende vorangegangene Verwandte wahrnimmt, die ihn abholen wollen. Erschrecken Sie nicht – diese Sterbebettvisionen sind keine Halluzinationen, sondern gehören zum Prozess der Ablösung der Seele vom Körper. Für den Sterbenden sind sie hilfreich für den Übergang. Die so häufig wiederkehrenden Visionen verweisen darauf, dass niemand alleine stirbt.

- Es besteht nun die letzte Möglichkeit, Unerledigtes zu klären und letzte Fragen auszusprechen. Zentrieren Sie sich auf das Geschehen auf dem Sterbebett. Die Ruhe und Stille, die nun eintritt, kündigt das Nahen des Todes an. Sie können jetzt gar nichts mehr tun, sondern nur noch da sein. Unterlassen Sie jegliche Hektik. Das Zurechtmachen des Bettes, den Sterbenden zum Essen und Trinken zu nötigen oder ihn zu waschen ist unangebracht. Wenn Sie das akzeptieren können, kehrt innerer Frieden ein. Sie werden das anwesende Heilige im Raum spüren und die Loslösung der Seele vom Körper mitbekommen.

WIE SIE MIT DER TRAUER UMGEHEN KÖNNEN

Durch den Tod eines geliebten Menschen kommt eine Zeit des Abschieds. Da ist die Sehnsucht nach dem Menschen, den wir nie wieder berühren können, überaus schmerzvoll. Das bisherige Leben wird den Betroffenen fremd. Es gibt Phasen von Verzweiflung und vieler Fragen. Der Weg, einen Sinn zu finden, ist nicht leicht. Wo wir uns auch immer aufhalten mögen, sind wir durch Gedanken, Erinnerungen und Sehnsüchte mit dem Verstorbenen konfrontiert.

Ist die Trauerphase durchlebt, kommt der Trauernde in eine Phase der Zuversicht. Die eigentliche Leistung besteht darin, zu einer Akzeptanz des Todes zu gelangen. Wenn wir die Trauer durchschritten haben, wird der Verstorbene ein Teil der eigenen Innenwelt. Eine reine, absolute Empfindung bleibt übrig, und alles Unerledigte ist bereinigt. Je mehr wir zu einem Einverständnis gelangen, zeigt sich Großes und Wunderbares. Aus dieser zutiefst innigen Erfahrung kann der Weg in ein neues Leben gefunden werden. Der Verstorbene ist nun ein Teil von uns geworden und durchflutet uns mit reiner Liebe.

Im Folgenden möchte ich ein paar hilfreiche Hinweise geben, wie Sie besser mit Trauer umgehen können:

- Wichtig ist es immer, sich mitzuteilen. Sprechen Sie mit anderen über Ihren Verlust. Erzählen Sie genau, was passiert ist. Lassen Sie die Unterstützung durch Freunde zu.
- Versuchen Sie, jede Form von Abdämpfung durch Psychopharmaka oder Alkohol zu vermeiden, damit Sie den Schmerz eines Verlustes annehmen können. Viele Ärzte verabreichen allzu schnell Medikamente, um den Schmerz zu betäuben, doch er wird dadurch nur verdrängt und holt Sie bei der nächsten Gelegenheit wieder ein.
- Bleiben Sie unbeirrbar in Ihrer Liebe zu dem Toten und sprechen Sie mit ihm. Liebe hört niemals auf, nur die Form der Beziehung muss sich wandeln!
- Ausgangspunkt für jeden Trauerprozess ist es, den Verlust zu akzeptieren. Erst dann kann der eigentliche Prozess einsetzen. Solange wir im Was-wäre-wenn-Denken verharren, sind Wut, Hass, Verbitterung oder Verhärtung die unmittelbare seelische Folge. Wir bleiben dann im Schmerz stecken.
- Wenn Sie voll Wut und Zorn auf einen Verstorbenen sind, weil er sie plötzlich für immer verlassen hat, denken Sie darüber nach, was er Ihnen wirklich bedeutet und im Leben an Schönem gegeben hat. Das führt dazu, dass Sie ruhiger und friedlicher werden. Sie können natürlich zu jeder Zeit eine Zwiesprache mit dem Verstorbenen führen und ihm alles

sagen, was Ihnen auf dem Herzen liegt. Durch unsere Gedanken sind wir stets mit den Verstorbenen verbunden.

- Versuchen Sie zu vergeben und zu verzeihen, selbst wenn Sie sich z. B. durch einen Suizid tief verletzt und gekränkt fühlen. Alles Unerledigte und Unausgesprochene blockiert Ihren natürlichen Lebensfluss. Seien Sie offen und ehrlich in dem, was Sie sagen. Gestehen Sie sich ein, ob Sie etwas und was Sie versäumt haben. Schreiben Sie einen Brief an den Verstorbenen und entlasten Sie sich. Wenn Sie das Gefühl haben, etwas unterlassen zu haben, bitten Sie um Verzeihung. Alles ist hilfreich, was wir uns durch Aufschreiben und Aussprechen bewusst machen.
- Wenn Sie nicht weiterwissen, bitten Sie liebe Freunde oder Verwandte um Unterstützung. Es ist immer besser, seinen Kummer mit anderen zu teilen. Lassen Sie sich dabei aber von niemandem Vorschriften machen, da jeder Trauerprozess individuell ist. Es gibt keine genau begrenzte Zeit, nach der Sie wieder funktionieren müssen. Wenn andere Sie schneiden oder Ihnen aus dem Weg gehen, sprechen Sie diese Menschen einfach an. Oft es Hilflosigkeit und Unwissenheit, was man sagen soll, die zu einem solchen Verhalten führen.
- Für manchen mag es hilfreich sein, eine Trauergruppe mit Gleichgesinnten aufzusuchen. Beim Verlust eines Kindes sind die Selbsthilfegruppe der ‚Verwaisten Eltern' sehr hilfreich.
- Achten Sie auf alle Zeichen, die Ihnen Verstorbene als Trost und Hoffnung vermitteln wollen. Wenn Sie gläubig sind, nutzen Sie alle Möglichkeiten Ihrer Religion, um sich das Herz zu erleichtern. Bitten Sie um Unterstützung, auch durch das Gebet.
- Sehr vielen Trauernden hilft es, sich mit Literatur über das Leben nach dem Tod zu beschäftigen. Das Wissen um das Fortleben nach dem Tod ist außerordentlich hilfreich. Vielleicht finden Sie in den Erkenntnissen der Sterbeforschung sogar Hinweise darauf, dass Sie bereits Zeichen der Verstorbenen

bekommen haben, die Sie aber nicht als solche erkannt haben. Das spendet Mut und Hoffnung und bestärkt das Gefühl, nicht alleine mit der Trauer zu sein.

- Wer an ein Leben nach dem Tod glaubt, hat es in der Bewältigung seiner Trauer leichter. Dennoch ist der Verlust eines Menschen für jeden schwer zu verkraften, da sich eine große Lücke auftut. Aber: Wir sind niemals wirklich getrennt von der geistigen Welt.

GEDICHTE

Aufstieg

Wenn meine Seele davongeflogen ist,
bin ich Dir näher
als je zuvor.
Ich umkreise Dich
bin in Deinem Herzen
und fliege ins Licht,
das mich zu sich zieht.
Allumfassende Liebe
in einer nie gekannten
Weichheit und Zartheit,
das Einssein mit der höchsten Kraft.
Und Du
bist ein Teil von mir.
Ich sehe Dich,
wie ich Dich nie zuvor erblickt habe:
Du auf der Erde,
ich im Licht.
Das ist kein Abschied,
sondern Neubeginn
und Aufstieg in die Ungetrenntheit.

Abschied

Abschied ist schwer und tut weh.
Seit Du gegangen bist,
ist ein Vakuum in meinem Herzen.
Und doch fühle ich Deine Nähe
und Deinen Atem, als wärst Du da.

Vergib mir das Ungesagte,
dass ich so selten von Liebe sprach!
Doch ich vermisse dich unsagbar.
Die Ewigkeit würde ich entzünden,
wenn ich Dich noch einmal berühren könnte.

Abschied ist schwer und tut weh,
denn Deine Liebe ist noch in mir.
Komm in meine Träume
und halte mich,
damit ich weiß, Du bleibst bei mir.

Ich weiß, dass nichts verlorengeht,
weder der Schmerz noch die Freude.
Doch wer lebt schon bewusst abschiedlich,
in jenen Augenblicken, die nun vergangen.
Meine Seele spricht von Dir zu mir.

Wie soll ich Unfassbares fassen?
Wie soll ich von Dir Abschied nehmen?
Dein Abschied wird zur Neugeburt
von Dir in mir in Ewigkeit.

Wir können nicht verloren gehen

Aus dem innersten Herzen
fließt das Manna Seiner Liebe
unaufhörlich in alle Welten.
Würde dieses Herz stillstehen,
würde sich die gesamte Schöpfung auflösen.
Das unaufhörliche Leuchten
des göttlichen Geistes
hält die gesamte Schöpfung
in alle Ewigkeit zusammen.
Höre, was gesagt wird:
Gott ist unendliche Liebe,
jenseits aller Vorstellungskraft,
jenseits des Denkbaren
und jenseits des Jenseits.
Gott ist.
Du brauchst nie mehr Angst haben,
da Deine Seele unsterblich ist.
Vertraue auf den EINEN GEIST!
Nur dadurch findest Du Frieden.
Du bist nie von IHM getrennt.
Schon das übersteigt jegliche menschliche Vorstellung.
ER sandte den Heiligen Geist
in Deinen Geist.
Ihm kannst Du alles übergeben,
wenn Du die Liebe wählst.
Du kannst nie verloren gehen,
denn in IHM bist Du immer geborgen.

Trost

Du bist nicht mehr da,
wo Du warst,
doch Du bist überall,
wo wir sind.

Wenn unsere Tage
verdunkelt sind
und die Nächte
uns schlaflos halten,
weil wir Dich so vermissen,
erinnere Dich an die höhere Kraft des Lichtes,
die wir Gott nennen.
Nur da findest Du Trost.
Er ist der Handelnde,
nicht wir oder ich.

Geleitworte für einen Verstorbenen

Im Augenblick des Todes
wird das Leben neu geboren
in die Ewigkeit des Seins.

Befreie Dich
von erdwärts gerichtetem Denken,
das Dich bindet.

Habe keine Angst
vor der Liebe,
die Dich durchdringen wird.
Gott liebt jeden Einzelnen,

doch unsere irdischen Verblendungen
wollen das nicht wahrhaben.

Du bist frei –
der Atem des ewigen Lebens
befreit Dich vom Staub der Zeit.

Die bedingungslose Liebe
des EINEN
urteilt nicht, sie vergibt.

Bedenke, dass keine Seele
jemals verloren gehen kann
weder in dieser noch der anderen Welt.

Wenn wir sterben,
steigen wir auf
in die Freiheit des Grenzenlosen.

Liebe

Ich war schwerelos geworden
und schwebte über mir.
Aller Schmerz verschwand.
Ein Licht erstrahlte,
am Ende der Dunkelheit,
größer werdend,
bis es mich umfasste, mich durchdrang.

Liebe des nicht Ausdrückbaren,
das Ziel der Erdentage,
verband mich mit allem Sein.

Furchtlos, wehrlos geworden,
ich ergab mich in Seligkeit.
Es gibt kein Wort,
um dessentwillen ich hierhergekommen,
um zu sagen, was Liebe ist.

Liebe ist alles und nichts,
der Ursprung jeglicher Kreatur
und allen Seins.

Die Tränen der Sehnsucht
nach dieser Allgegenwart
trocknen nie.
In IHM zu sein,
ist das Ziel des Ewigen.

Gebet

HERR,
lass uns nicht nur Dein Heil schauen,
sondern schon jetzt Heil sein.
Im Hier und Jetzt des Augenblicks
liegt die Erkenntnis der Liebe,
weil Du in mir bist.
Wenn wir in der Liebe sind,
gibt es keine Angst und keinen Schmerz.
Wenn der Morgentau des Lebens
zu Staub wird,
lass uns vertrauen auf Dich.
Lass und Deine ewige Liebe
erkennen
und in ihr sein.

Herr, gib uns Deinen Frieden
jetzt und in Ewigkeit.
Amen.

MEDITATIONEN

Wir alle verfügen über eine innere Stimme, die sich als Bauchgefühl oder Intuition bemerkbar macht. Das sind Impulse, die das Höhere Selbst aussendet. Viele Menschen sind sich ihrer Innenwelt und ihrer seelischen Werkzeuge nicht bewusst. Und doch finden wir Frieden und Balance nur in der Verbindung mit der Innenwelt.

In unserer Seele ist der göttliche Funke imprägniert – GOTT existiert in jedem Lebewesen, in der Seele jedes Menschen und auch der Tiere. Hier spiegelt sich die Ebenbildlichkeit Gottes wider. Wenn wir wahrhaft meditieren wollen, müssen wir die Verbindung zu den Seeleninnenräumen suchen. In unserer Innenwelt finden wir alles nötige Wissen, was wir für unser Leben brauchen, denn wir sind ewige geistige Wesen, die schon jetzt ein Teil der Quelle sind – ob wir das wahrnehmen oder nicht.

Um diese inneren Welten zu erkunden, ist eine einfach durchzuführende Meditation sehr hilfreich. Viele Kontakte mit Verstorbenen ereignen sich über die Seele. Die Seele geht über jegliche Körperbegrenzung hinaus und deswegen versuchen Verstorbene, über die Seele mit uns in Kontakt zu treten.

Wir können durch Meditation die Erfahrung machen, Teil eines großen Ganzen zu sein. Es gibt keine Trennung zwischen der geistigen Welt und der hiesigen Welt. Der erste Schritt ist immer, in die Ruhe und Stille zu gehen, um die Gedanken zum Schweigen zu bringen. Das dient der Verschärfung der inneren Wahrnehmung.

Wie finde ich mein Höheres Selbst?

Suche Dir einen Ort der Ruhe und der Stille.
Atme tief ein und aus.
Verbinde Dich bewusst mit dem Ein- und Ausatmen Gottes.
Spüre den ewigen Pulsschlag dieser Verbindung,
die immer da ist.
Atme tief ein und aus.

Spüre den Strom des lebendigen Geistes,
horche in die Stille
nach der lautlosen Stimme Deiner Seele.
Fühlst Du ihre Impulse?
Atme tief ein und aus.

Stelle eine persönliche Frage,
nach Deiner Bestimmung, Deiner Lebensaufgabe
oder nach dem Verbleib eines Verstorbenen.
Vermeide es, darüber nachzudenken,
da Gedanken den Verstand mobilisieren
und nicht die Intuition.
Atme tief ein und aus.

Was ist der erste Impuls,
den Du vernimmst?
Bildet sich ein Wort
oder siehst Du ein inneres Bild?
Was immer es sein mag,
schreibe Dir auf, was Du siehst und hörst.
Atme tief ein und aus.

Habe Vertrauen,
wenn Du eine Wärme spürst,

und Liebe Dich
von innen nach außen durchflutet.
Diese Liebe gilt es, zu erwecken.
Atme tief ein und aus.

Nimm Dir immer wieder die Zeit
für diesen kleinen Einstieg.
Hörst Du den sanften Schritt,
der Dich stets in Deinem Leben begleitet?
Gib Dich dieser Liebe hin.
Atme tief ein und aus.

Dein Herz fängt an zu klopfen,
ein Körperteil wird warm,
Du fühlst eine innere Wärme und Vertrautheit,
die Du so vorher nicht kanntest,
Das ist das längst verloren Geglaubte,
wenn eine innere Stimme flüstert:
Ich bin immer bei Dir.
Atme tief ein und aus.

In Deinen Gedanken bilden sich Worte,
die zu einem eigenständigen Bewusstseinsstrom werden.
Du fühlst eine deutliche Gegenwart.
Wenn Du nun in Deinem Körper wieder zu Dir kommst,
ist diese Präsenz mit Dir verschmolzen.
Atme tief ein und aus.

Einstimmung auf einen Kontakt zu einem Verstorbenen

Grundsätzlich sollte jedem bewusst sein, dass ein Nachtodkontakt nicht erzwungen werden kann. Wir können lediglich darum bitten oder beten. Es gibt keine Garantie dafür, dass sich der Verstorbene mit uns in Verbindung setzt. Das sollte respektiert und akzeptiert werden.

Gebete sind ein Lichtstrahl, die den Verstorbenen immer erreichen, wo immer dieser sich in der geistigen Welt aufhalten mag. Bedenken Sie auch, dass wir durch Liebe immer mit den Verstorbenen in Verbindung bleiben. Konzentrieren Sie Ihre Aufmerksamkeit darauf. Das erfordert Geduld.

- Begeben Sie sich in Ruhe und Stille, um einfache, klare Fragen an den Verstorbenen zu richten. Es kann viel Zeit erfordern, bis Sie tatsächlich ein Zeichen erhalten. Vertrauen Sie der eigenen Intuition, da die Zeichen der Verstorbenen oft sehr subtil sind. Entwickeln Sie Vertrauen und öffnen Sie sich, das erleichtert das Spüren einer Gegenwart in Laufe der Zeit.
- Sie können den Verstorbenen durch Gedanken oder durch laut gesprochene Worte ansprechen, ihnen Fragen stellen und sie um Rat bitten. Gedanklich können wir uns jederzeit mit einem Verstorbenen verbinden, da Gedanken reine Energie sind und deswegen ihren Empfänger erreichen.
- Wenn Unerledigtes, Unausgesprochenes noch im Raum steht, sprechen Sie alles aus, was Sie auf dem Herzen haben. Das bedeutet nicht, dass sich unmittelbar ein Gegenwartsempfinden einstellt, doch alles, was Sie persönlich entlastet, ist überaus hilfreich.
- Spüren Sie in sich hinein, ob Sie eine Antwort bekommen. Lassen Sie sich Zeit, erwarten Sie nichts.
- Laden Sie den Verstorbenen in Ihre Träume ein. Achten Sie auf ihre Gefühle, und seien Sie offen für alles, was in Ihrem Umfeld geschieht.
- Atmen Sie mehrfach tief ein und aus. Öffnen Sie Ihr Herz und lassen Sie Ihre Liebesgefühle in die Zeitlosigkeit des Hier und Jetzt fließen. Entspannen Sie sich und machen Sie sich dadurch empfänglicher für die subtilen Impulse Ihrer Innenwelt.

- Konzentrieren Sie sich auf die geistige Dimension des Seins. In ihr liegt unser wahres Kraftpotenzial.
- Schreiben Sie alles auf, was Sie erleben und welche Zeichen Sie bekommen. Achten Sie besonders auf Ihre Träume. Wie sah der Verstorbene aus? Wie war er gekleidet? In welcher Umgebung fand die Traumbegegnung statt?

Wenn Sie diese Übung über längere Zeit wiederholen, können Sie intuitiv die spezifische Ausstrahlung eines bestimmten Verstorbenen spüren. Sie fühlen Nähe, Wärme und Geborgenheit und sind in Liebe eingehüllt. In diesem Moment wird der Schleier zwischen dieser und der anderen Welt durchlässig. Nehmen Sie das Geschenk des Gegenwartsempfindens an und vertrauen Sie der inneren Wahrnehmung. Dann erkennen Sie, dass es keine Trennung gibt und, dass Sie nie mehr alleine sind.

Herzmeditation

Diese kleine Meditation kann dabei behilflich sein, den inwendigen Gottesfunken im Heiligen Herzen zu fühlen. Diese kleine Übung sollte man mehrfach am Tag machen.

Um den göttlichen Funken im Herzen wahrzunehmen, lege die linke Hand aufs Herz.

Atme tief ein und aus und lenke die Aufmerksamkeit auf Dein Herz. So stellst Du die Verbindung zum Gottesfunken her.

Fühle, wie sich diese reine Energie zunächst in Deinem Körper ausdehnt, um dann darüber hinaus zu einer den physischen Körper umgebenden Liebesenergie zu wachsen.

Wenn das öfter durchgeführt wird, werden wir uns mit der Ganzheit der allumfassenden göttlichen Liebe verbunden fühlen.

ANHANG

ANMERKUNGEN

1. Haraldsson, Erlendur, Osis, Karlis. Der Tod, ein neuer Anfang. Visionen am Sterbebett und Erfahrungen an der Schwelle des Seins. Schöneberg 2018, S. 90f.
2. Ebenda, S. 140
3. Kessler, David. Am Ende ist da nur Freude. Was Sterbenden auf dem Weg ins Jenseits begegnet. München 2011, S. 56
4. Kübler-Ross, Elisabeth. Kinder und Tod. Zürich 1984, S. 237
5. Ebenda, S. 235f.
6. Haraldsson, S. 198
7. Ebenda, S. 91
8. Ebenda, S. 204
9. Ebenda, S. 204
10. Ebenda, S. 202
11. Lerma, John. Ins Licht. Besuche von Engeln, Visionen vom Leben danach und andere Erlebnisse vor dem Übergang. Hanau 2012. S. 39
12. Ebenda, S. 137
13. Kessler, S. 171f.
14. Ebenda, S. 213
15. Ebenda, S. 211
16. Ebenda, S. 224
17. Fenwick, Peter, Fenwick Elizabeth. Die Kunst des Sterbens. Warum die Seele offenbar weiterlebt und wie man sich schrittweise auf das Sterben vorbereitet. Hohenwarsleben 2021, S. 66

18. Haraldsson, S. 166
19. Jakoby, Bernard. Das Tor zum Himmel. München 2016, S. 53
20. Schumacher, Carissa. Yeshuas Botschaften von Frieden und Freiheit. München 2023, S. 377
21. Fenwick, S. 74
22. Ebenda, S. 27
23. Elsaesser, Evelyn. Spontane Kontakte mit Verstorbenen. Eine wissenschaftliche Untersuchung bestätigt die Realität von Nachtodkontakten. Amerang 2021, S. 149
24. Fenwick, S. 91
25. Ebenda, S. 104
26. Ebenda, S. 105
27. Guggenheim, Bill und Judy. Trost aus dem Jenseits. Unerwartete Begegnungen mit Verstorbenen. München 1995, S. 203
28. Pearson, Patricia. Blick ins Jenseits. Wahrnehmung an der Schwelle des Todes. Burgrain 2015, S. 50f.
29. Nahm, Michael. Wenn die Dunkelheit ein Ende findet. Terminale Geistesklarheit und andere Phänomene in Todesnähe. Amerang 2012, S. 47
30. Ebenda, S. 59f.
31. Pearson. S. 50
32. Kerr, Christopher, Mardorossian, Carine. Die Träume der Sterbenden. München 2020, S. 59
33. Ebenda, S. 65
34. Ebenda, S. 76
35. Ebenda, S. 80
36. Ebenda, S. 117
37. Lerma, S. 93f.
38. Moorjani, Anita. Heilung im Licht. München 2012, S. 91f.
39. Ebenda, S. 94f.
40. Ebenda, S. 108
41. Jakoby, Bernard. Das Tor zum Himmel. Stuttgart, S. 31
42. Morse, Melvin. Verwandelt vom Licht. München 1994, S. 158
43. Jakoby, Bernard. Die Brücke zum Licht. München 2002, S. 43
44. Ebenda, S. 44
45. Eadie, Betty. Licht am Ende des Lebens. München 1984, S. 94f.
46. Kalweit, Holger. Liebe und Tod. S. 207
47. Eadie, S. 95f.
48. Elsaesser-Valerino, Evelyn. Erfahrungen an der Schwelle des Todes. Wissenschaftler äußern sich zur Nahtoderfahrung. Genf 1995, S. 36
49. Sartori, Penny. Nahtoderfahrungen als Neuanfang. Grafing, S. 215
50. Högl, Stefan. Leben nach dem Tod, Rastatt 1995, S. 46
51. Jakoby, Bernard. Wir sterben nie. München 2007, S. 65

52. Högl, S. 47
53. Van Lommel, Pim. Endloses Bewusstsein. Düsseldorf 2009, S. 60
54. Sartori, Penny, Walsh Kelly. Geborgen in der Ewigkeit. Grafing 2018, S. 115f.
55. Ebenda, S. 133
56. Knüll, Wolfgang. Nahtoderfahrungen. Blick in eine andere Welt. Ostfildern 2023, S. 129
57. Berman, Phillip. Wir sind nicht getrennt vom Himmel. Mystik und Nahtoderfahrungen. Amerang 2012, S. 132
58. Ebenda, S. 124
59. Elsaesser, Evelyn, Ring, Kenneth. Was wir aus Nahtoderfahrungen für das Leben gewinnen. Amerang 2020, S. 110
60. Ebenda, S. 146
61. Ebenda, S. 150
62. Berman, S. 139
63. Moody, Raymond mit Perry, Paul. Zusammen im Licht. Was Angehörige mit Sterbenden erleben. München 2011, S. 20
64. Ebenda, S. 16
65. Ebenda, S. 53
66. Ebenda, S. 108
67. Peters, William, Kinsella, Michael. An der Schwelle zur Unendlichkeit. Geteilte Todeserfahrungen. Wie Menschen den Tod ihrer Lieben miterleben. München 2022, S. 71f.
68. Moody, S. 109
69. Ebenda, S. 108
70. Peters, S. 78
71. Fenwick, S. 204
72. Moody, S. 110
73. Peters, S. 78
74. Moody, S. 125f.
75. Ebenda, S. 120
76. Ebenda, S. 103
77. Ebenda, S. 16
78. Fenwick, S. 214
79. Moody, S. 129f.
80. Peters, S. 233
81. Ebenda, S. 245
82. Ebenda, S. 257
83. Moody Raymond mit Perry, Paul. Blick hinter den Spiegel. Botschaften aus einer anderen Welt. München 1994, S. 7
84. Doore, Gary, Gibt es ein Leben nach dem Tod? Neue Antworten auf alte Fragen. München 1994, S. 71
85. Ebenda, S. 72f.
86. Guggenheim, S. 16
87. Guggenheim, S. 28f.
88. Ebenda, S. 29
89. Elsaesser, Evelyn. Nachtodkontakte. Spontane Begegnungen mit Verstorbenen. Amerang 2019, S. 25f.
90. Ebenda, S. 11

91. Guggenheim, S. 33f.
92. Ebenda, S. 72
93. Elsaesser, Spontane Kontakte, S. 47
94. Guggenheim, S. 39
95. Ebenda, S. 41
96. Ebenda, S. 44
97. Ebenda, S. 45
98. Ebenda, S. 53
99. Elsaesser, Nachtodkontakte, S. 33
100. Guggenheim, S. 53
101. Elsaesser, Nachtodkontakte, S. 37f
102. Guggenheim, S. 92f.
103. Moody, Raymond mit Perry, Paul. Zusammen im Licht. Was Angehörige mit Sterbenden erleben. München 2011, S. 257
104. Guggenheim, S. 97f.
105. Ebenda, S. 130
106. Elsaesser. Spontane Kontakte, S. 98f.
107. Ebenda, S. 97
108. Guggenheim, S. 90
109. Elsaesser, Spontane Kontakte, S. 117f
110. Ebenda, S. 92
111. Ebenda, S. 125
112. Ebenda, S. 115
113. Ebenda, S. 141
114. Guggenheim, S. 236
115. Elsaesser, Nachtodkontakte, S. 104
116. Ebenda, S. 106
117. Ebenda, S. 157
118. Allix, Stephane. Das Experiment. Ein Skeptiker auf der Suche nach Beweisen für ein Leben nach dem Tod. München 2019, S. 16
119. Smith, Gordon, Spirit messenger. Berlin 2007, S. 129
120. Thomas, John. Was Tote über das Leben wissen. Wahrhaftige und unglaubliche Botschaften aus dem Jenseits. München 2016, S. 16
121. Allix. S. 251
122. Allix. S. 252
123. Van Praagh, James. Abenteuer der Seelenreise. München 2015, S. 106
124. Bitterli-Fürst, Bruno. Tod und Leben. Mit Betrachtungen aus dem Jenseits von Elisabeth- Kübler-Ross. Eitenheim 2009, S. 41
125. Ebenda. S. 144
126. Ebenda, S. 146
127. Henry, Tyler. Diesseits und Jenseits. Altendorf 2022, S. 152

LITERATUR

Allix, Stephane. Das Experiment. Ein Skeptiker auf der Suche nach Beweisen für ein Leben nach dem Tod. München 2019

Berman, Phillip. Wir sind nicht getrennt vom Himmel. Mystik und Nahtoderfahrungen. Amerang 2012,

Bitterli-Fürst, Bruno. Tod und Leben. Mit Betrachtungen aus dem Jenseits von Elisabeth- Kübler-Ross. Eitenheim 2009,

Doore, Gary, Gibt es ein Leben nach dem Tod? Neue Antworten auf alte Fragen. München 1994

Eadie, Betty. Licht am Ende des Lebens. München 1984

Elsaesser, Evelyn, Ring, Kenneth. Was wir aus Nahtoderfahrungen für das Leben gewinnen. Amerang 2020

Elsaesser, Evelyn. Nachtodkontakte. Spontane Begegnungen mit Verstorbenen. Amerang 2019

Elsaesser, Evelyn. Spontane Kontakte mit Verstorbenen. Eine wissenschaftliche Untersuchung bestätigt die Realität von Nachtodkontakten. Amerang 2021

Elsaesser-Valerino, Evelyn. Erfahrungen an der Schwelle des Todes. Wissenschaftler äußern sich zur Nahtoderfahrung. Genf 1995

Fenwick, Peter, Fenwick Elizabeth. Die Kunst des Sterbens. Warum die Seele offenbar weiterlebt und wie man sich schrittweise auf das Sterben vorbereitet. Hohenwarsleben 2021

Guggenheim, Bill und Judy. Trost aus dem Jenseits. Unerwartete Begegnungen mit Verstorbenen. München 1995

Haraldsson, Erlendur, Osis, Karlis. Der Tod, ein neuer Anfang. Visionen am Sterbebett und Erfahrungen an der Schwelle des Seins. Schöneberg 2018

Henry, Tyler. Diesseits und Jenseits. Altendorf 2022

Högl, Stefan. Leben nach dem Tod, Rastatt 1995

Jakoby, Bernard, Wege der Unsterblichkeit. München 2011

Jakoby, Bernard. Das Tor zum Himmel. München 2016

Jakoby, Bernard. Die Brücke zum Licht. München 2002

Jakoby, Bernard. Wir sterben nie. München 2007

Kalweit, Holger. Liebe und Tod

Kerr, Christopher, Mardorossian, Carine. Die Träume der Sterbenden. München 2020
Kessler, David. Am Ende ist da nur Freude. Was Sterbenden auf dem Weg ins Jenseits begegnet. München 2011
Knüll, Wolfgang. Nahtoderfahrungen. Blick in eine andere Welt. Ostfildern 2023
Kübler-Ross, Elisabeth. Kinder und Tod. Zürich 1984
Lerma, John. Ins Licht. Besuche von Engeln, Visionen vom Leben danach und andere Erlebnisse vor dem Übergang. Hanau 2012
Long, Jeffrey und Perry, Paul. Neue Beweise für ein Leben nach dem Tod. München 2017
Moody Raymond mit Perry, Paul. Blick hinter den Spiegel. Botschaften aus einer anderen Welt. München 1994
Moody, Raymond mit Perry, Paul. Zusammen im Licht. Was Angehörige mit Sterbenden erleben. München 2011
Moorjani, Anita. Heilung im Licht. München 2012
Morse, Melvin. Verwandelt vom Licht. München 1994
Nahm, Michael. Wenn die Dunkelheit ein Ende findet. Terminale Geistesklarheit und andere Phänomene in Todesnähe. Amerang 2012
Pearson, Patricia. Blick ins Jenseits. Wahrnehmung an der Schwelle des Todes. Burgrain 2015
Peters, William, Kinsella, Michael. An der Schwelle zur Unendlichkeit. Geteilte Todeserfahrungen. Wie Menschen den Tod ihrer Lieben miterleben. München 2022
Ring, Kenneth. Den Tod erfahren – das Leben gewinnen. München1998
Sartori, Penny, Walsh Kelly. Geborgen in der Ewigkeit. Grafing 2018
Sartori, Penny. Nahtoderfahrungen als Neuanfang. Grafing 2015
Schumacher, Carissa. Yeshuas Botschaften von Frieden und Freiheit. München 2023
Smith, Gordon, Spirit Messenger. Berlin 2007
Thomas, John. Was Tote über das Leben wissen. Wahrhaftige und unglaubliche Botschaften aus dem Jenseits. München 2016
van Lommel, Pim. Endloses Bewusstsein. Düsseldorf 2009
van Praagh, James. Abenteuer der Seelenreise. München 2015

DANKSAGUNG

Ich danke allen Menschen, die mir ihre persönlichen Erfahrungen anvertraut haben.

Ein herzliches Dankeschön an den Nymphenburger Verlag und das Team, die mich seit vielen Jahren begleiten. Einen besonderen Dank an Frau Riedlinger und Frau Prota.

Ich danke Gregory, der mich durch seine beständige Präsenz, Inspiration und Liebe seit nunmehr 17 Jahren begleitet.

Vor allen andern danke ich meiner Lebensgefährtin Astrid Greßlin, die mir mit viel Geduld und Liebe bei der Erstellung des Manuskripts behilflich war.

AUTORENPORTRAIT

Bernard Jakoby, 1957 geboren, gilt im deutschsprachigen Raum als der Experte für Sterben und Nachtodkontakte. Durch seine Vorträge und Seminare trägt er wesentlich zu Enttabuisierung des Themas Tod bei. Seine Bücher sind Bestseller und wurden in viele Sprachen übersetzt. Erschienen sind von ihm im Nymphenburger Verlag unter anderem „*Das Erwachen der Liebe*", „*Die Gesetze des Jenseits*", „*Wir sterben nie*", „*Trost und Hilfe aus dem Jenseits*" und „*Warum sind wir auf der Erde?*" Der Autor lebt in Berlin.

KONTAKTE:

Bernard Jakoby:
www.sterbeforschung.de
E-Mail: jakoby@sterbeforschung.de
Beate Jansen:
E-Mail: bertijansen@aol.com

BILDNACHWEIS

Mit 2 Schwarzweißfotos von Beate Jansen.
Mit 1 Schwarzweißfoto von Bernard Jakoby.

IMPRESSUM

Umschlaggestaltung von Gramsci Editorial Design, München/ Claudia Geffert unter Verwendung von 1 Farbfotos von Adobe Stock/iconogenic, die ein Feld mit Pusteblumen zeigt.

Mit 3 Schwarzweißfotos.

ISBN 978-3-96860-090-1
Projektleitung und Lektorat: Laila Prota
Satz: DOPPELPUNKT, Stuttgart
Produktion: Nina Renz
Druck und Bindung: Friedrich Pustet GmbH & Co. KG, Regensburg
Printed in Germany / Imprimé en Allemagne